흥부야 재테크하자

월급쟁이가
배워야 하는
놀부의 재테크

윤효신 지음

흥부야
재테크하자

흥부에게 재테크란?

한 시중은행에서 연이율 8%인 정기예금과 정기적금 상품이 출시되었다고 가정해보자. 가입금액은 무제한이며 판매기간이 정해진 반짝 특판형 상품도 아니다. 은행이 재정위기를 넘기기 위해 무리한 영업을 하는 것도 아니다.

물론 현실에서 정상적인 은행은 이렇게 무리한 조건을 내걸지 않을 것이다. 만일 실제로 그렇다면 이 은행이 곧 쓰러지게 될 재정위기에 처하지 않았는지 의심해봐야 한다. 하지만 이것은 어디까지나 가정일 뿐이어서 은행의 재정 건전성에는 아무런 문제가 없다.

그렇다면 이 상품에 대해 사람들은 어떤 반응을 보일까? 재테크에 대한 관심이 전혀 없다면 모르겠지만 많은 이들은 이 매력적인 상품을 어떻게든 이용해보고 싶어할 것이다. 주로 은행에 예금과 적금을 넣어 돈을 모아왔던 사람일수록 더욱 관심이 높을 것이며, 더 이상 설명이 필요 없을 정도로 엄청난 인기를 끌 것이 분명하다. 그렇다면 과연 사람들은 이 상품에 돈을 얼마나 넣을 것이며 어떻게 재테크에 이용할까?

구체적인 이용 계획에 대한 예상 답변 세 가지를 이유와 함께 적어보면 다음과 같다.

A : 1천만 원을 예금에 넣겠다.

이유 : 지금 수중에 가지고 있는 여윳돈이 1천만 원 정도 되니까.

B : 30만 원씩 적금은 들 수 있겠다.

이유 : 모아둔 돈은 없고 월급에서 쓰고 남는 돈이 30만 원 정도 되므로.

C : 3천만 원을 예금으로 넣고, 10만 원짜리 적금에 가입하겠다.

이유 : 3천만 원 정도의 여윳돈이 있고 매달 10만 원씩 현금이 남기 때문에.

A는 여윳돈으로 예금에 가입하였고, B는 적금에, C는 예금과 적금 모두 가입하였다. 이와 같은 선택의 결과로 1년 뒤에 A, B, C는 얼마를 벌게 될까? 세금은 없다고 가정하고 1년 뒤에 받는 이자를 계산해보자.

A : 1,600,000원 (2천만 원의 예금이자)

B : 312,000원 (월 30만 원의 적금 이자)

C : 2,030,400원(3천만 원 예금이자) + 43,992원 (월 10만 원의 적금 이자) = 2,074,392원

폭발적인 인기에 비해 1년 간 벌어들인 이자는 대단하게 보이

지 않는다. 어쨌든 여윳돈이 많은 C가 2백만 원 가량의 가장 높은 이자소득을 올렸을 뿐이다. 어쩌면 A와 B는 C를 보며 상대적 박탈감을 느낄지도 모르지만 돈으로 돈을 버는 재테크의 특성상 아무리 좋은 투자상품과 저축수단이 있어도 가진 것이 없고 소득이 적으면 성과도 작을 수밖에 없다. 가진 것이 부족한 흥부가 재테크로 만족하기 어려운 이유다.

가장 많은 이자를 받은 C조차 결과에 그다지 만족하지 못했을 수도 있다. C는 A와 B보다 많이 벌었지만 이것은 어디까지나 셋을 비교한 결과일 뿐이기 때문이다. C보다 여윳돈이 많은 누군가는 이번 기회를 통해 한몫 크게 벌었을지도 모르지만 어쨌든 중요한 것은 연간 200만 원 남짓한 소득으로는 C의 인생이 풍요롭게 바뀌지 않을 것이라는 데 있다. A와 B는 말할 것도 없다.

때로 재테크 무용론이 설득력 있게 느껴지기도 한다.

'얼마 안 되는 수익 때문에 공부를 하고 시간을 투자할 바에는 차라리 일을 더 열심히 하는 게 낫다.'

'끊임없이 노력하고 발 빠르게 움직여도 높은 수익률을 올리기 어렵다.'

'평범한 사람들에게는 수익의 기회조차 돌아오지 않을 것이다.'

이렇게 실망한 누군가는 재테크에 대한 관심을 끄고 평범한 삶을 살기로 한다. 그런데 문제는 과연 현실에서 열심히 일을 하는 것만으로 안정적인 삶이 보장될까? 일을 할 수 있는 기간 동안은 차치하고라도 은퇴 이후에 어떤 어려움이 우리를 기다리고 있을지 모르지 않는가. 평생 월급으로 모을 수 있는 돈과 은퇴 후에 살아가며 쓸 돈을 계산해보면 두려움이 깊어져 간다.

동화 속 이야기처럼 흥부에게 박 씨를 물어다 줄 제비는 현실에 없다. 재테크 회의론자의 해결책 없는 비판을 그대로 수용하는 것도 능사가 아니다. 언젠가는 결국 또다시 재테크를 찾아 나설 수밖에 없다. 포기하면 사는 것이 어려워지고 하고자 하면 한계가 보이는 것이 바로 재테크다.

A와 B 그리고 C가 선택한 것 외에 우리 흥부들이 할 수 있는 좋은 재테크는 없을까? 가진 것은 부족하지만 열정만은 가득한 우리들이 해볼 만한 재테크가 있지 않을까?

흥부의 고정관념을 깰 새로운 관점의 재테크, 수익률 8%의 투자로 최고의 결과를 만들어 내는 재테크, 누구에게나 크든 작든 기회가 공평하게 주어지는 재테크, 재정상태를 한 단계 업그레이드시킬 재테크, 흥부처럼 소박한 삶을 살면서 놀부의 경제력을 따라 잡을 수 있는 재테크….

이 책은 이런 재테크에 대한 해답을 담고 있다. 앞서서 발견하고 실천한 사람들이 부를 축적하는 데 이용했던, 흥부가 알아야 할 새로운 개념의 재테크, 그것이 무엇인지 지금부터 확인해보자.

2 자산을 쌓는 진짜 재테크

3 레버리지로 빨리 달리기

4 혼자 하는 자산 재테크 실전

5 재테크의 엔진, 투자

1

재테크의
시작
핵심원리와
기본기

월급관리: 통장쪼개기

월급관리를 잘못해서 돈이 새어나가면 아무리 재테크를 잘 해도 효과가 반감된다. 밑 빠진 독에 물 붓기를 하지 않으려면 재테크로 돈을 모으기에 앞서 월급을 지키는 방법을 먼저 알아야 하는 것이다. 월급에서 가능한 돈을 많이 모을수록 할 수 있는 재테크도 많아진다.

재테크는 돈으로 돈을 버는 것이다. 최선을 다해 투자할 수 있는 돈의 양을 늘리면 점점 더 많은 돈을 벌 수 있게 된다. 따라서 더 많은 월급을 받는 것에 대해서는 논외로 하더라도 주어진 월급을 최대한 아끼는 것을 재테크의 출발선으로 잡아야 한다.

하지만 돈을 안 쓰고 더 모으는 것은 생각과 의지만큼 쉽지 않다. 수많은 사람들의 재테크가 이 첫 단계에서부터 무너진다. 여기에 공감한다면 월급을 효과적으로 관리할 수 있는 시스템인 통장쪼개기를 적용해보자. 통장쪼개기란, 사용 목적에 맞는 통장을 몇 가지로 나누어 월급을 관리하는 것으로, 소비 습관을 바로잡는 데 유용하며 앞으로의 재테크에 기초가 될 것이다.

많은 직장인들이 월급통장에 급여가 들어오면, 그 상태로 한 달 동안 필요한 생필품을 구입하고 외식을 하는 등 생활비를 지출한다. 그렇게 한 달 동안 월급을 야금야금 쓰다가 잔고가 바닥나면, 때마침 다음 달 월급이 들어온다. 그리고 다음 달이 되면 같은 일이 반복된다. 만약 운이 좋아서 다음 월급 때까지 돈이 남으면 조금씩 저축을 하기도 한다.

그나마 이런 사람들은 양반이다. 통장에 월급이 들어오자마자 카드대금으로 대부분을 빼앗기고 바닥을 드러낸 통장잔고를 보며 한숨을 짓는 사람들도 적지 않다. 남은 날들을 어쩔 수 없이 신용카드로 연명하지만 다음 월급을 받더라도 또다시 카드사에 월급을 빼앗기고 만다. 잡힐 듯 잡히지 않고 스쳐 지나가는 돈의 흔적만 바라보는 나날이 반복되는 것이다.

두 경우 모두 문제가 있다. 한 달 벌어 한 달을 사는 것을 반복하거나 신용카드의 노예가 될 뿐이다. 이런 판국에서는 재테크를 할 생각조차 사치다. 누구의 탓으로 돌릴 수도 없는 이런 상황은 결국 스스로의 의지가 부족했기 때문에 생기는 일이니 남 탓을 할 수도 없다.

의지가 약해서 저축을 잘 하지 못하고 과소비를 줄일 수 없다면 조금은 강제적인 방법을 도입해보아야 한다. 현명하게 소비하고 효과적으로 돈을 모을 수 있는 체계를 갖추어서 부족한 의지를 보완하는 것이다. 효과적인 월급관리 수단인 통장쪼개기, 그 첫 단계는 생활비통장을 만드는 것으로 시작한다.

요점은 생활비 지출용 통장을 따로 만드는 것이다. 만약 지금 카드빚이 많아서 생활비통장에 따로 돈을 넣어둘 여유가 없다면 카드빚을 털어내는 것이 먼저다. 그 후 한 달 동안 사용할 생활비를 모으기 시작해야 한다.

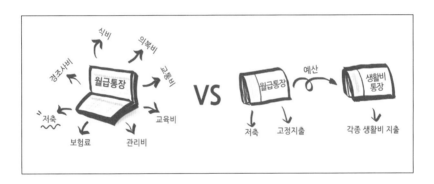

한 달 치 생활비를 따로 이체하여 두고 그 안에서 예산을 지켜 가며 생활하면 월급을 관리하기가 한결 쉬워진다. 나갈 돈과 나가지 않을 돈이 구분되며, 돈의 용도를 조금 더 쉽게 파악할 수 있게 된다.

저축이나 투자를 계획하고 실천할 때도 도움이 된다. 통장에

잔고가 있어도 저축을 하지 못하는 이유는 돈의 용도를 구분하지 못하기 때문이다. 저축을 하고 싶어도 불안해서 할 수가 없는 것이다. 생활비통장을 통해 지출예산을 세우면 여윳돈을 쉽게 파악할 수 있어 안심하고 저축을 할 수 있다.

일반적으로 생활비란 식비, 외식비, 의류비, 교통비, 의료비, 기타 소비성 지출 등 생활을 하기 위해 그때그때 사용되는 돈을 말한다. 우리가 쓰는 돈에는 이런 유형의 지출 외에도 보험료, 대출이자, 각종 회비, 관리비, 공과금 등 거의 비슷하게 정해진 금액이 매달 정해진 날짜에 빠져나가는 것들도 있다. 이와 같은 지출을 고정지출이라 한다.

생활비통장으로 이체하는 돈은 고정지출을 제외한 생활비만으로 충분하다. 어차피 금액과 날짜가 정해진 고정지출 항목은 월급통장에 남아 있든 생활비통장으로 옮기든 지출에서 차이가 없기 때문이다. 그렇다면 그대로 월급통장에 남겨두고 이체로 빠져나가게 해두는 것이 편하다. 가령 월급날이 25일인 경우라면 고정지출 이체일을 27일로 맞추어 두는 식이다.

생활비는 다른 말로 변동지출이라고 한다. 변동지출은 지출하는 날짜나 금액이 그때그때 다른 지출을 뜻한다. 대부분 이 변동지출에서 예상치 못한 과소비가 유발되고 그 결과 돈관리에 실패한다. 생활비통장을 따로 두고 정해진 금액을 옮기는 이유는 강제적으로라도 예산을 지키기 위함이다. 재테크는 월급을 관리하는 것에서 시작되고 월급을 관리한다는 것은 절약을 통해 여윳돈을 만드는 것이다. 생활비통장을 생활화 하여 과소비를 잡고 여윳돈을 최대한 확보하자.

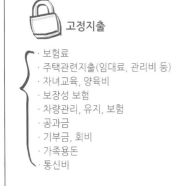

고정지출
- 보험료
- 주택관련지출(임대료, 관리비 등)
- 자녀교육, 양육비
- 보장성 보험
- 차량관리, 유지, 보험
- 공과금
- 기부금, 회비
- 가족용돈
- 통신비

변동지출
- 식비
- 외식비
- 의복비
- 미용비
- 문화생활비
- 의료비
- 경조사비
- 휴가비
- 부부용돈

고정지출과 변동지출 분류

생활비통장은 주로 거래하는 은행의 수시입출금 보통예금통장으로 개설하는 것이 좋다. 통장을 개설한 뒤 연계된 체크카드를 발급해 두면 더욱 편리하다. 매월 생활비를 다르게 정할 생각이 없다면 일정한 생활비가 월급통장으로부터 자동이체가 되도록 신청을 해둘 수도 있다.

여기까지 했다면 이제부터는 생활비로 넣어둔 예산 내에서 소비를 잘 해내는 것이 중요하다. 이것 역시 의지만 있으면 누구나 할 수 있지만 약간의 보조장치를 마련하면 성공 가능성을 높일 수 있다.

생활비 예산을 지키는 노하우

생활비통장에 한 달 치 생활비 예산을 넣어둔다고 해도 현실적으로 그 안에서만 착실하게 소비생활을 하기에는 어려움이 있다. 신상가방, 구두, 계절마다 필요한 옷, 휴대폰, 가전제품 구입, 경조사 등등…. 구미가 당기는 새로운 아이템이 줄줄이 쏟아져 나와 마음을 흔든다. 홈쇼핑 할인상품에 마음이 빼앗기면 눈 깜빡하는 사이에 지름신이 강림하기도 한다. 이밖에도 미처 예상하지 못했던 써야 할 돈이 참 많다.

결국, 다음 달에는 아껴야지, 라는 얄팍한 다짐을 하며 저축을 하려고 남겨둔 돈을 추가로 생활비통장에 넣거나 신용카드를 긁는다. 이러면 애써 생활비통장을 나눠놓은 의미가 없어진다. 지출통장에서 빠져나갈 생활비(변동지출)를 예산 내에서 집행할 수 있도록 효과적인 장치를 마련해야 한다. 쉽게 따라할 수 있는, 생활비를 통제하는 대표적인 안전장치 두 가지를 알아보자.

1. 체크카드 사용
2. 선저축 후소비

신용카드에서 체크카드로 갈아타기 : 경제활동을 하는 대부분의 사람들은 신용카드를 하나 이상 가지고 있다. 신용카드는 굳이 현금을 들고 다니지 않아도 편하게 원하는 물건을 구입할 수 있게 해 주며, 할부를 통해 통장잔고 범위를 넘어서는 지출까지 가능하게 해 준다. 게다가 카드사에서 주는 각종 할인, 적립 혜택까지 더해지니 더할 나위 없이 편리하고 유용하다.

그러나 신용카드에는 이 모든 장점을 상쇄하는 심각한 부작용이 있다. 익히 잘 알고 있듯 과소비를 조장한다는 점이다. 대다수 신용카드는 할인이나 포인트 혜택을 주는 조건으로 일정수준 이상의 카드지출 조건을 내건다. 전월 사용실적이 30만 원 이상이면 추가 할인과 포인트 적립을 해 준다는 식이다. 신용카드를 사용하면 따라 붙는 할인과 포인트 적립은 우리가 종종 꼭 필요하지 않거나 능력범위를 넘어선 지출을 하도록 교묘하게 설득한다.

더욱이 신용카드를 이용하면 카드 결제일까지 지불을 유보할 수 있고, 돈이 부족해도 할부라는 대출을 손쉽게 승인받을 수 있다. (신용카드의 할부는 대출의 한 종류이다.) 차후에 카드대금을 갚지 못할 정도로 재정상태가 악화되면 고금리를 대가로 카드빚을 나누어 갚을 수 있는 리볼빙 제도도 있다. 이렇듯, 신용카드에 한번 길들여지면 스스로 돈을 얼마나 쓰고 있는지 가늠하기 어렵게 되며 자연스럽게 과소비가 습관화 된다.

체크카드와 문자알림 서비스 활용하기 : 한편 체크카드에는 신용카드와 달리 할부 기능이 없다. 그리고 카드를 사용하는 즉시 연계된 통장에서 돈이 빠져나간다. 통장잔고 안에서만 현금 대신 사용이 가능하게 만들어진 것이 체크카드이다. (포인트 적립이나 할인 혜택은 신용카드와 비슷한 수준으로 제공된다.)

체크카드를 잘 사용하면 생활비통장 잔고를 수시로 확인할 수 있으므로 예산을 지키는 것이 한결 수월해진다. 만약 일일이 통장 잔고를 조회하기가 번거롭다면 카드사나 은행에서 제공하는 문자알림(SMS) 서비스를 신청하면 된다. 문자알림 서비스를 받으면 체크카드를 사용하는 즉시 사용내역과 통장 잔액이 문자로 들어오므로 지출통장에 남은 생활비가 얼마인지 손쉽게 알 수 있다.

돈은 영악해서 누구라도 있으면 있는 만큼, 없으면 없는 만큼 쓰게 만든다. 용돈이 넉넉지 않았던 학창시절을 기억하는가? 당시에는 얼마 되지 않는 용돈으로도 살아왔던 우리다. 그런데 직장생활을 시작하고 월급을 받으면서 전에 없었던 큰돈을 만지게 되자 자신도 모르게 씀씀이가 늘어났을 것이다.

신용카드가 무상으로 주는 신용의 기능은 본인의 소득수준을 넘어선 소비를 유발한다. 이것이 신용카드의 가장 큰 문제이다. 돈을 쓰는 것에 대한 절제심을 무뎌지게 만드는 것이다. 신용카드의 편리성과 각종 혜택이 아까운 것은 이해할 수 있지만 재테크의 기본을 지키기 위해서는 되도록이면 신용카드의 사용을 자제하고 대신 체크카드와 문자알림 서비스를 이용하도록 한다.

문자알림은 매월 300원에서 1,000원 정도의 비용이 들어가는 유료 서비스이다. 그래도 비용 대비 얻을 수 있는 효과가 훨씬 크므로 아까워하지 말자. 만약 무료로 비슷한 서비스를 받고 싶다면 스마트폰 애플리케이션을 이용하면 된다. 각 시중은행은 알림 기능이 있는 애플리케이션을 무료로 배포하고 있다.

선저축 후소비 시스템 만들기 : 생활비 지출을 통제하기 위해 반드시 해야 할 또 한 가지는 선저축 후소비 시스템을 만드는 것이다. 월급통장과 생활비통장을 쪼개고, 체크카드로 예산 내에서만 지출을 하더라도 잠깐만 방심하면 생활비가 바닥나고 월급통장에서 남은 돈을 꺼내 쓸 궁리를 하게 될 가능성이 높다. 결국 통장을 쪼갠 의미가 없어지고 오히려 번거로움만 늘어난다.

혹시 모를 미래의 과소비(생활비 초과지출)를 미연에 방지하기 위해서는 생활비통장으로 예산을 옮기고, 생활비로 돈을 모두 쓰기 전에 월급통장에 남은 돈을 미리 저축하는 것이 좋다. 즉 생활비를 이체시킨 뒤 월급통장에서 고정지출로 나갈 돈을 제외한 모든 돈을 미리 저축통장에 넣어버리는 것이다. 저축통장의 종류는 은행의 정기적금, 정기예금, 적립식펀드, 청약통장, 저축보험 등 다양하다. 필요와 성향에 따라 다양하게 선택하면 된다.

요약하자면, 다음과 같은 순서로 생활비를 통제하는 것이다.

1. 월급통장에 월급이 들어온다.

2. 생활비통장으로 한 달 예산을 이체한다.

3. 월급통장에서 저축할 돈은 별도의 저축통장(투자통장)으로 이체한다.

4. 월급통장에서 저축을 하고 남은 돈은 고정지출로 빠져나간다.

5. 남은 돈이 없으니 생활비 예산에서 지출을 할 수밖에 없다.

6. 체크카드와 문자알림 서비스로 생활비 잔액을 확인하며 꼼꼼하게 소비한다.

누구나 크든 작든 의지와 열정을 가지고 있다. 그러나 세상사가 마음만으로 되는 것은 아니다. 돈을 모을 의지가 있고 부자가 되고자 하는 열망과 열정이 있다고 스스로를 과신하지 말자. 꿈을 이루기 위해서는 열정이 식지 않을 최적의 환경을 갖추는 것도 중요하다.

고정지출도 줄일 수 있다

절약에도 단계가 있다. 식비, 외식비, 의복비, 문화생활비와 같은 생활비를 줄이는 것은 1단계 절약이다. 1단계의 절약은 마음만 먹으면 그럭저럭 해낼 수 있지만 어느 정도 한계가 있다. 살아가는 데 최소한의 지출은 필요하기 때문이다. 대형마트에서 재래시장으로 바꾸고, 옷을 덜 사고, 문화생활을 덜 해서 아끼고 아껴도 마지노선은 있는 것이다.

더 이상 생활비를 아끼는 게 불가능하다면, 다음으로 눈을 돌려야 하는 곳은 고정지출이다. 고정지출은 대출이자, 보험료, 공과금, 통신요금 등 대체적으로 매월 정해진 대로 빠져나가는 지출이다. 쓰고 싶지 않아도 나갈 수밖에 없는 것들이 대부분이라서 줄이기가 어렵지만 그 어려움을 극복하면 지출을 줄이는 데 큰 효과를 볼 수 있다.

대출이자 : 대출은 어디에서 어떻게 받느냐에 따라 이자가 다르다. 제1금융권 은행이라 하더라도 은행별로, 상품별로 금리에 다소간 차이가 있으며 정부의 정책으로 출시된 상품을 이용할 수 있는 경우 큰 폭으로 이자를 줄일 수 있다.

처음 대출을 받을 때부터 정확한 상품 비교를 하는 것이 좋지만, 만약 그러지 못한 경우 기존에 가지고 있는 대출을 더 낮은 금리의 대출로 갈아타는 전환대출을 꾸준히 확인해볼 필요가 있다. 대출을 받는 시점에서는 최선의 조건이었지만 시간이 흐르면서 상황이 바뀌어 더 유리한 금리의 대출이 나오기도 한다. 이미 대출을 받아 대출금을 상환 중이라 하더라도 이자 지출을 줄이는 차원에서 대출상품에 관심을 가지고 있어야 한다.

대출이자를 상쇄하는 투자수익을 올려서 지출을 줄이는 방법도 있다. 대출을 받은 경우, 은행의 대출이자보다 높은 수익을 내는 투자를 병행한다면 새어나가는 대출이자를 줄이고, 잘하면 대출이자를 넘어서는 수익을 올릴 수도 있다. 그러기 위해서는 투자와 재테크에 대한 심도 있는 이해가 필요하다. 이에 대해서는 차차 알아보겠지만 우선은 대출금리 비교를 통해 이자를 줄이는 것 정도로 시작하자. 대출금리는 전국은행연합회 홈페이지 및 여러 대출금리 비교사이트를 방문하여 온라인상에서 비교해 볼 수 있다.

보험료 : 보험료는 대다수 가정의 대표적인 고정지출이다. 보험에 가입하는 목적은 보험금을 받기 위해서이므로 지출이 아니라 저축이라고 생각하는 사람도 많다. 하지만 보험이란 저축에 목적을 두기보다 보장을 위해서 조금씩 나눠서 비용 지출을 하고 있는 것이므로 지출로 분류하는 것이 맞다.

모든 지출은 줄이면 줄일수록 좋다. 그러나 보험의 경우는 가입을 하지 않으면 사고에 대한 대비가 전혀 되지 않고, 보험료를 낮춘다 하더라도 보험금이 덩달아 줄어서 문제다. 지출을 줄이자고 보험을 마구 해지하거나 축소해서는 곤란한 것이다.

그렇지만 보험료를 합리적으로 줄이는 게 불가능한 것도 아니다. 가입한 보험을 구석구석 뜯어보면 보장을 유지하면서 보험료를 줄일 수 있는 방법이 나올 수 있다.

보험료를 점검할 때는 첫째, 가입 목적에 맞지 않는 불필요한 보장항목을 없애며 둘째, 낡아서 거의 쓸모없는 보험을 과감하게 해지하고 저비용으로 효과적인 보장을 해 주는 대체 보험상품을 가입하거나 셋째, 중복이 되는 보장 내용을 줄여서 통합하고 넷째, 적립보험료의 비중을 낮추는 것을 고려한다.

문제는 보험의 경우 일반인들이 공부해서 분석하는 것이 매우 까다롭다는 것이다. 시간이 흐르면서 기존 보험의 성격이 바뀌거나 새로운 상품이 만들어지기도 하는 등 생각보다 복잡한 면이 많다. 보험료를 조정하기 위해서는 보험업종에 종사하는 사람들의 도움이 필요하다. 다만 한 사람의 보험설계사를 맹신해서는 안 된다. 좋은 예금에 가입하려면 여러 은행에 발품을 팔아야 한다. 마찬가지로 보험료를 줄이기 위해서는 보험 관련 사이트나 커뮤니티에서 다양한 설계사에게 본인의 보험 증권에 대한 분석을 요청하여 옥석을 가리는 노력이 필요하다.

비상금통장의 중요성과 선택요령

지금까지 생활비통장을 만들어서 예산을 세우고 체크카드를 사용하며, 선저축 후소비 시스템을 만들었다. 여기에 보험료, 대출이자 등 주된 고정비용을 줄이면 월급관리가 잘 될 것 같지만 실전에서는 이것만으로 부족하다. 생활비 예산을 초과한 지출이 어떻게든 생기게 되는 것이다.

살다 보면 예산에 잡히지 않았던 돈을 써야 할 일들이 많이 생긴다. 수시로 경조사비가 나가고, 잘 쓰고 있던 냉장고가 고장이 나서 새로 사야 한다거나, 스마트폰이 고장이 나거나 잃어버리는 등 초과지출을 유발하는 일이 빈번하게 우리 앞에 놓인다.

통장쪼개기 시스템을 잘 만들어 놓았다면 갑자기 닥친 초과지출에 더욱 속수무책일 수 있다. 신용카드를 봉쇄하고, 생활비 예산을 빡빡하게 세워놓은 데다 남은 돈은 미리 저축을 한 상황이라 초과지출에 대한 대응이 더욱 어렵다.

봉인해 두었던 신용카드를 꺼내 쓴다든지, 마이너스통장으로 급한 불을 끄는 방법도 있다. 하지만 단 한 번이라도 예산 내에서의 지출이 깨지면 빌려온 돈을 갚아야 하는 것 때문에라도 그 이후의 생활비 예산을 지키기가 매우 어려워진다. 공들여 세운 월급관리의 공든 탑이 원치 않았던 한 순간의 초과지출로 인해 급격하게 무너지게 되는 것이다.

따라서 이에 대비한 안전장치가 반드시 필요하다. 예산을 초과

해서 돈을 쓸 일이 생기는 것에 대비하는 비상금이다.

비상금과 비상금통장

비상금은 여러 이유로 인해 갑자기 늘어나는 생활비를 커버하기 위해서 미리 비축해 두는 자금이다. 때로는 저축하기 어려워질 때를 대비해서 가지고 있어야 하는 자금이기도 하다. 지금까지 통장쪼개기로 마련한 생활비통장과 저축통장을 지키기 위한 비장의 카드인 셈이다.

많은 사람들은 목돈을 모으기 위해 은행의 정기적금을 든다. 그런데 그 적금을 만기가 될 때까지 유지하는 사람은 과연 몇이나 될까? 3년 만기 정기적금을 예로 들면 가입자 100명 중 80명 이상이 3년 만기를 채우지 못하고 중도해지를 함으로써 약정이자를 받지 못한다. 저축이나 투자를 할 때 노출되는 가장 빈번한 리스크가 만기를 지키지 못하는 상황이다.

저축이든 투자든 기간이 길면 길수록 상품을 해약하지 않고 지키는 사람들의 수가 크게 줄어든다. 대다수 사람들이 눈앞의 계획만으로 저축과 투자를 시작하고, 중간에 상황이 바뀌었을 때 적절히 대처하지 못하기 때문이다. 다시 말해서 장기적인 재정 계획을 세우지 않았기 때문이다.

그런데 솔직히 장기적인 계획을 세우고 지키는 것은 여간 어려운 일이 아니다. 하루하루 벌어서 힘들게 살아가는 흥부들에게 먼 미래의 일을 예측하는 것이 어찌 쉬울 수 있단 말인가. 설령 계획을 세운다 한들 어느 누구도 삶을 미리 그린 설계도대로 살아갈 수는 없고, 기간이 길어질수록 돈관리는 자기 마음대로 잘 되지 않는다. 비상금통장은 당면한 과소비에 대한 대비책인 동시에 장기적인 저축에 필요한 도구이기도 한 것이다.

그렇다면 비상금통장은 어떻게 만들까?

비상금통장은 은행의 수시 입출금통장이나 증권사(종합금융회사)의 CMA통장을 개설해서 마련할 수 있다. 이것들은 언제든 불이익 없이 돈을 빼서 사용할 수 있는 통장이다. 이 중 CMA통장은 짧은 기간 예치를 해도 은행통장에 비해 높은 이자가 붙어서 비상금통장에 더 적합하다. 돈을 찾아 쓰기가 불편할 수 있는 단점이 있지만 그런 점이 오히려 비상금통장으로서의 제 역할을 하는 데 도움이 되기도 한다. 불편해서 잘 건드리지 않게 되기 때문이다.

CMA통장은 은행통장과 달리 예금자보호가 안 된다. 하지만 종합금융회사와 몇몇 증권사의 일부 CMA상품은 예금자보호가 되어서 5천만 원 한도 내에서 원리금 보장을 받을 수 있다. 사실 증권사의 CMA 역시 안전자산으로 분류되는 국고채로 운용되므로 원금을 잃을 가능성이 희박하므로 큰 문제라고 보기는 어렵다.

비상금통장으로 개설한 CMA통장에는 대략 월급의 2~3배 정도 되는 금액을 넣어 두는 것을 목표로 한다. 처음 통장을 만들면 잔액이 없을 것이므로, 생활비통장에서 사용하고 남은 돈을 이체하여 모아나가도록 한다. 비상금을 충분히 확보한 뒤 본격적인 저축과 투자를 하는 것도 한 방법이다.

CMA가 대중에게 처음 알려지고 인기를 끌면서 적금 대신 CMA로 목돈을 모으는 사람들도 생겨났다. CMA에 붙는 이자가 적지 않기 때문이다. 그러나 생각보다 돈을 모으기 어렵다는 것을 깨닫고는 본연의 용도로 사용하는 경우가 대다수이다. CMA를 정기적인 저축통장으로 활용하는 것은 바람직하지 않다. CMA는 정기적금과 달리 강제적으로 돈을 묶어두는 역할을 하지 못하며, 만기의 개념도 없어서 언제라도 필요에 의해 소비통장으로 둔갑해버릴 가능성이 매우 높다. 비상금통장은 어디까지나 비상금을 저장해 두는 데 활용하고 저축통장과는 반드시 구분하여 관리하도록 하자.

비상금통장은 언제 어떻게 이용해야 할까? 말 그대로 비상금통장은 비상금이 필요할 때, 예산을 책정하지 않은 중대한 지출이 발생할 때를 대비한 최후의 보루라고 생각해야 한다. 본인의 의지와 무관하게 지출이 크게 늘어서 생활비가 부족하거나 적금을 유지하기 어려워서 중도해약의 위기에 처했을 때의 지출을 비상금의 일부로 대처하는 것이다.

하지만 비상금통장에서 빠져 나간 돈은 빠르게 채워 넣겠다는 각오도 필요하다. 비상금을 사용한 후 자금 상황이 정상화 된다면 생활비 예산을 줄이더라도 비상금통장을 원래대로 채우려고 노력해야 한다. 애초에 비상금통장에 넣을 금액을 예상하여 생활비와 저축액을 여유 있게 정하는 것도 월급관리의 요령이다.

저축통장의 유형과 선택요령

여기까지 통장쪼개기를 잘 따라했다면 수중에는 세 개의 통장이 있을 것이다.

1. **월급통장** : 월급에서 생활비를 빼고 남은 돈이 들어 있는 통장
2. **생활비통장** : 매달 필요한 생활비 예산을 넣어두고 사용할 통장
3. **비상금통장** : 월급의 2~3배 정도 비상금을 예치해 두는 통장

월급이 들어오는 즉시 생활비를 생활비통장으로 이체시키고 고정지출까지 빠져나가면 더 이상 사용목적이 없는 돈이 남는다. 이때 남은 돈이 우리가 본격적으로 재테크에 사용할 여윳돈이다. 앞서의 세 가지 통장이 월급을 관리하는 밑바탕이었다면 이제부터 알아볼 저축통장은 돈을 모으고 불려서 자산화 하는 데 필요한 본격적인 재테크 도구라고 할 수 있다.

편의상 저축통장이라 부르지만 사실상 이것은 은행의 예금, 적금 또는 증권사의 펀드와 주식 직접투자, 부동산이나 경매 등 다양한 유형의 저축과 투자를 의미한다.

이들 가운데 무엇을 선택해야 할까? 그 선택은 각자가 처한 자산 형성의 단계와 추구하는 투자 성향에 따라서 달라질 것이다. 막연한 두려움에 사로잡혀 안전만을 추구하는 저축만 이용해서는 곤란하다. 때로는 배우고 학습하여 자산을 늘리는 수단에 대한 선택의 폭을 넓히고 보다 효율적인 재테크를 시도하는 것이 필요하다.

기간에 맞는 재테크 수단 고르기

은행예금과 적금은 통상적으로 만기를 길게 하여 가입할수록 금리(연이율)가 높다. 가령 1년 만기 적금보다 2년 만기가, 2년 만기보다 3년 만기 적금의 금리가 높은 것이다. 그래서 이자를 최대한

많이 받으려는 목적으로 만기를 늘려서 가입하는 사람들도 적지 않다. 그리고 그 결과 대부분 만기를 지키지 못하고 중도해약을 한다.

앞서 말했듯 3년 만기 정기적금을 끝까지 유지하는 사람은 20%도 채 안 된다. 중도에 적금을 해지하면 그나마 약정된 이자도 온전히 받지 못한다. 원금은 지켰으니 별 것 아니라고 생각하기 쉽지만 기회비용을 감안하면 상당한 손실이고, 이는 재테크의 대표적인 실패 사례이다.

예금과 적금의 만기는 되도록 1년 이하로 정해 가입하는 것이 좋다. 애초에 은행의 예금과 적금은 투자라기보다 단기간 유동성을 확보하면서 자금을 모으거나 예치해 두는 목적으로 가입해야 하는 상품이다. 1년이 넘어가면 예측하지 못했던 돈 쓸 일이 생겨서 중도해지의 리스크가 높아진다. 정기적금이나 정기예금은 금리를 떠나서 1년 만기를 기준으로 가입을 고려하는 것이 좋다.

2년이나 3년 정도의 기간을 두고 재테크를 할 계획이라면 적금이나 예금보다 기대수익률을 높일 수 있고 안정적인 투자수단을 이용할 수 있다. 대표적인 것이 적립식펀드이다. 적립식펀드는 펀드에 정기적인 적립을 하여 안정적인 수익을 도모하는 투자기법이다. 펀드는 수시로 가격의 등락이 계속되는데 적립식으로 펀드에 투자를 하면 사는 가격을 평준화할 수 있다. 그렇기 때문에 중장기 동안 돈을 모으고 투자 효과를 볼 때 유리하다. 만약 앞으로 3년 동안 꾸준히 돈을 모을 생각이라면 적립할 돈의 일부를 적립식펀드에 가입하면 예상 수익을 높이는 것이 가능하다.

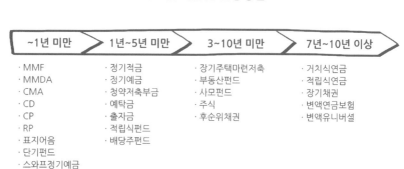

투자기간별 적합한 금융상품

~1년 미만	1년~5년 미만	3~10년 미만	7년~10년 이상
· MMF	· 정기적금	· 장기주택마련저축	· 거치식연금
· MMDA	· 정기예금	· 부동산펀드	· 적립식연금
· CMA	· 청약저축부금	· 사모펀드	· 장기채권
· CD	· 예탁금	· 주식	· 변액연금보험
· CP	· 출자금	· 후순위채권	· 변액유니버셜
· RP	· 적립식펀드		
· 표지어음	· 배당주펀드		
· 단기펀드			
· 스와프정기예금			

개인 성향, 상황에 맞는 재테크 수단 고르기

주식시장이 활황일지라도 누구나 주식을 사고, 주식형 펀드를 들고 싶어 하는 것은 아니다. 무슨 일이 있더라도 원금을 꼭 지키고 싶은 사람은 주위에서 아무리 주식과 주식형 펀드의 수익률에 대한 자랑을 늘어놓아도 선뜻 그것을 선택하기 어려울 것이다. 반대로 원금 손실의 위험이 있더라도 수익을 높이고자 하는 사람에게 은행의 적금, 예금만 강조하면 쇠귀에 경 읽기에 그치고 만다.

재테크의 방법은 연령대에 따라 달라져야 할 필요도 있다. 당장 은퇴를 목전에 둔 40대 후반, 50대에게 고위험 고수익 투자는 위험하다. 원금을 손실하면 회복하기가 어렵고 지금 가지고 있는 자산을 잘 굴려서 노후를 준비해야 하는 입장에 있는 만큼 최대한 원금을 잃지 않는 투자를 하는 것이 유리하다.

그에 반해 20대~30대는 앞으로 재테크를 할 수 있는 기간이 많이 남은 만큼 리스크를 감수하더라도 기대수익이 높은 투자 수단의 가입을 적극적으로 고려해볼 수 있다.

공격적 투자상품의 비율 = 100 − 나이

투자를 어느 정도 공격적으로 할 것인가에 대한 고민이 들 때 100에서 자신의 나이를 뺀 만큼의 비율을 참고해보자. 예를 들어 자신의 나이가 30세라면 100−30=70이므로, 투자 금액의 70%만큼을 공격적으로 투자한다. 젊을수록 투자에 실패하더라도 만회할 기회가 많으므로 공격적인 상품을 적극 활용하라는 의미로 해석할 수 있다.

그러나 어쨌든 본인이 놀부보다 흥부에 가깝다고 생각된다면 반드시 어느 정도 공격적인 투자를 해야 한다. 안전하기만한 저축으로는 무엇도 바꿀 수 없기 때문이다. 안전의 속성은 변하지 않으려는 것이다. 빈곤을 뚫고 풍족한 삶으로 변화하기 위해서는 안전의 틀 안에 갇혀 있으면 안 된다. 각자 성향에 맞는 수단을 선택하되 지속 가능한 투자를 하고자 하는 마음을 접어서는 곤란하다.

투자대상을 정확히 이해할 것

주식이 좋아? 펀드가 좋아? 아니면 적금이 좋아? 이런 질문에 명쾌한 답을 내리기는 어렵다. 투자대상 및 금융상품은 그 특성상 각기 다른 장점과 단점을 지니고 있기 때문이다. 과거 변액연금의 수익률이 기대 이하라는 뉴스 기사가 나오면서 변액연금으로 노후를 준비하는 사람들의 불안감이 고조되었던 적이 있다. 차라리 안정적인 일반 연금이 변액연금보다 좋다는 식으로 여론몰이가 되었던 것인데, 변액연금은 과연 나쁜 금융상품일까?

의견은 분분하겠지만 반드시 그렇다고 말하기는 어렵다. 당시 변액연금의 낮은 수익률은 시기적으로 어쩔 수 없었던 것일 수도 있다. 모든 투자상품은 시황에 따라 평가손익의 높고 낮음이 달라진다. 당시 투자시장의 분위기상 수익성이 악화되어 있었을 가능성도 배제할 수 없다. 물론 꼭 그런 이유 때문이 아니었을 수도 있다. 그러나 중요한 것은, 여론에 휘둘려 판단하기에 앞서 상품의 본질적인 특성을 먼저 따져보아야 한다는 점이다.

뉴스를 보면 주식으로 패가망신한 사람, 투신자살을 한 사람들의 이야기를 심심치 않게 듣게 되는데, 그렇다고 주식을 나쁘다고 할 수 있을까? 주식은 단지 상품일 뿐이다. 다만 그것을 투자에 어떻게 이용하느냐가 사람마다 다른 것이다. 주식을 도박처럼 여길 때 문제가 발생하는 것이지 주식투자 자체가 잘못된 것은 아니다. 다른 투자상품, 재테크상품들도 마찬가지다. 투자자 스스로가 상품마다 다른 특징들을 온전히 이해하고 투자해야 좋은 성과를 거둘 수 있다.

국내에서 적립식펀드 열풍이 불던 2000년 전후, 소액으로도 투자가 가능하고 안정적인 수익이 약속되는 듯한 적립식펀드는 최선의 투자상품으로 인식되었다. 2004년 변액유니버설보험이 국내에 도입되었을 때도 마찬가지로 수많은 사람들이 이 상품에 매료되었다. 그러나 시간이 흐른 지금에 와서 보면, 둘 모두 완벽한 투자상품은 아니라는 사실이 밝혀졌다. 수익이 나지 않거나 손실을 입은 사람들이 생겨난 것이다.

그렇다면 완벽하지 않은 상품은 피해야 할까? 다른 분야에서는 그럴 수도 있겠지만 투자와 재테크에 있어서는 그렇지 않다. 애초에 완벽한 투자는 없다. 종류가 무엇이든 적합하게 투자하면 이용할 가치는 있다.

투자자들이 각 금융상품의 성격에 대해서 제대로 이해를 하지 못하는 것에 진짜 문제가 있다. 명품 티셔츠를 가지고 있더라도 한겨울에 티셔츠 하나로 버틸 수는 없다. 한겨울에는 비록 가격이 만 원짜리일지라도 털이 달린 외투의 가치가 더 높다. 계절을 고려하지 않고 사서 입은 옷이 문제이듯 적합하지 않은 상품의 선택과 잘못된 투자가 실패의 원인이 된다. 투자 대상을 고를 때에도 계절과 몸에 맞는 옷을 입을 때의 지혜가 필요하다.

가령, 변액유니버설보험은 가입 초기 수수료가 높아 적립식펀드보다 불리하지만 10년 이상 투자를 하면 수수료 체계가 완화되는 동시에 소득세가 비과세 되는 혜택이 주어진다. 즉 10년 동안 해약하지 않고 상품을 유지해야 된다는 상품의 특성을 이해해야 할 필요가 있다. 변액유니버설보험을 비롯한 장기투자형 금융상품에 가입하기 전에는, 상품에 대한 이해와 완주를 위한 계획이 뒷받침 되어야 한다. 준비가 안 된 채 장기투자에 뛰어드는 것은 한겨울을 티셔츠 한 장으로 버티려고 하는 것과 같다.

주식형 펀드, 주식과 같은 중단기 투자상품은 고수익의 가능성이 높지만 그만큼 손실에 대한 위험도도 높다. 그래서 반드시 무리가 되지 않는 여윳돈으로 해야 하며 수익을 확정짓는 적절한 관리가 필요하다. 한편 은행의 적금은 100% 원금과 이자가 보장되는 (수익률만 제외하면) 완벽한 금융상품처럼 보인다. 그러나 앞서 말했듯 적금 역시 3년 만기를 지키는 사람은 20%도 채 되지 않는다. 만기를 지킬 수 있는 여건에서 가입해야 은행 적금도 안전한 선택이라고 할 수 있다.

월급통장, 지출통장, 비상금통장. 이 세 가지 통장에 저축통장
(투자통장)을 추가할 때는 다양한 저축 및 투자 대상의 특성에 대해
반드시 이해하고 있어야 한다. 특히 투자를 시작하려 한다면 더욱
세심한 주의가 필요하다. 이는 이 책의 후반부에서 자세히 알아볼
내용이기도 하다.

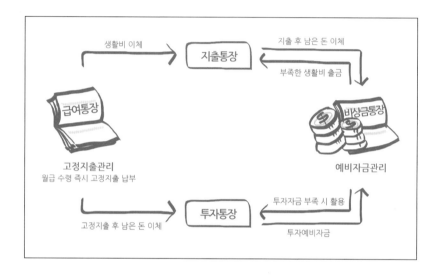

지금까지 잘 따라왔다면 수중에 들고 있는 통장은 최소 4개가
된다. 월급통장, 지출통장, 비상금통장, 저축통장(투자통장). 이 네 가
지 유형의 통장을 통해 현금 흐름 관리를 하면 다음과 같은 그림
을 그릴 수 있다.

지금까지 본격적인 재테크에 앞선 첫 번째 준비, 통장쪼개기에
대해 알아보았다. 통장을 나눠서 월급을 관리하는 것은 실천이 반
드시 함께 되어야 한다. 반면 뒤이어 알아볼 복리와 금리는 이론
적인 배경을 갖추는 것이 필요하다. 복리와 금리에 대해서는 누구

나 들어봤겠지만 그 속에 숨어 있는 부의 비밀을 아는 사람은 많지 않다.

본격적인 재테크에 앞선 두 번째 준비, 복리는 무엇이며 재테크에 어떤 의미가 있는지 알아보도록 하자.

복리를 이해해야
재테크가 보인다

복리란 이자에 이자를 더하는 계산 방식이며 그에 반해 단리는 원금에만 이자가 붙는 것을 뜻한다. 한자로 풀어보면 단리單利는 단순한 이자, 복리複利는 복잡한 이자 또는 중복된 이자라는 뜻이 담겨 있다. 다시 정리하면, 복리란 일정기간이 지날 때마다 발생하는 이자를 원금에 더하여 그 합계액을 다음 기간의 원금으로 하여 이자를 붙여가는 이자계산 방법이다.

100만 원의 원금으로 연이율 5%의 정기예금에 저축을 하는 예를 통해 단리와 복리의 차이를 이해해보자.

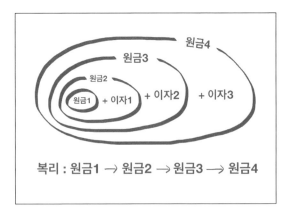

우선 단리의 경우이다. 저축을 한 후 1년이 지나면 원금에

대한 5%인 5만 원이 이자로 발생한다.(세금은 없다고 가정) 그 다음 한 해가 시작될 때 원금이었던 100만 원을 그대로 저축하면 또다시 1년이 지난 시점의 이자는 첫해와 동일하게 5만 원이 발생한다. 단리로 저축을 한다는 것은 원금에 붙는 이자를 따로 떼어 두고 처음 원금만으로 저축을 계속한다는 것과 같은 뜻이다.

단리

1년차 : 1,000,000원(원금) + 50,000원(이자)

2년차 : 1,000,000원(원금) + 50,000원(이자)

3년차 : 1,000,000원(원금) + 50,000원(이자)

복리의 경우, 시작은 동일하게 100만 원을 저축했으므로 1년 뒤 발생하는 이자도 역시 5만 원이다. 그런데 이자 5만 원을 따로 빼 두었던 단리와 달리 복리는 이자를 원금에 합산한다. 즉 2년차에는 이자 5만 원과 첫 원금 100만 원을 합한 105만 원을 저축하는 것이다. 이렇게 또 다시 1년이 지나면 원금에 붙는 5%의 이자는 52,500원으로 첫해에 비해 조금 늘어난다. 3년차에는 2년차에 시작하던 원금 105만 원과 52,500원을 합한 금액을 원금으로 삼는다. 그 결과 3년차 이자는 2년차보다 더 증가할 것이다. 이렇게 계속 저축을 이어가고 원금을 늘려가는 것이 복리식 저축 방법이다.

복리

1년차 : 1,000,000원(원금) + 50,000원(이자)

2년차 : 1,050,000원(원금) + 52,500원(이자)

3년차 : 1,102,500원(원금) + 55,125원(이자)

단리는 시간의 흐름과 무관하게 일정한 비율로 자산이 늘어난다. 이것을 그래프로 표현하면 자산이 늘어나는 기울기가 직선으로 그려진다. 반면 복리에 의한 자산증식 그래프는 시간이 지날수록 기울기가 높아진다. 복리도 초반에는 기울기가 단리와 거의 유사하지만 시간이 지나면 지날수록 기울기가 곡선의 형태로 높아지면서 단리와의 격차가 커지는 것이다. 단리로는 자산을 산술적(일정 비율로)으로 늘릴 수밖에 없다. 반면 복리를 활용하면 자산을 기하급수적(비율을 배가하며)으로 늘리는 것이 가능하다.

아인슈타인은 복리를 인류의 가장 위대한 발명품 중 하나라고 평했다. 상대성의 원리를 비롯하여 고차원의 물리학에 능통한 천재 과학자가 이자계산법에 불과한 복리를 그토록 높게 평가한

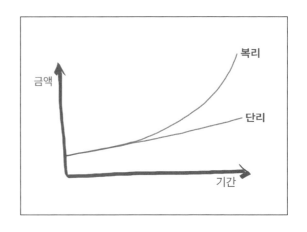

이유는 무엇이었을까? 시간이 흐를수록 강력해지는 복리의 기하급수적인 자가증식 능력 때문이었을 것이다.

우리는 늘 복리를 단리와 비교하며 막연히 단리보다 나은 것 정도로 여기지만, 복리의 효과는 굳이 단리와 비교하지 않아도 그 자체로 탁월하다. 그래프의 후반부에 비약적으로 솟아나는 복리 그래프를 보라. 실제로 오랜 기간 동안 꾸준히 복리를 실천하면 처음 예상했던 것보다 훨씬 큰 성과를 달성할 수 있다.

누구나 할 수 있는, 복리보다 뛰어난 재테크

복리의 위대함에 대해 알고 있든 모르고 있든 사실 거의 대부분 사람들은 알게 모르게 복리로 재테크를 한다. 저축이나 투자를 한 결과 발생하는 이자, 또는 수익을 그때그때 빼서 사용하고 원금만으로 재테크를 하는 사람들은 드물기 때문이다. 대다수 서민들의 공통된 경제적 목표는 더 많은 돈을 모으고 불리는 것이므로 이자를 써버리기보다 다시 저축을 하는 것이 일반적이다. (써야 될 때는 이자든 원금이든 가리지 않고 써버리지만.)

심지어 사람들은 어떤 의미에서 복리보다 더 대단한 재테크를 하고 있다. 이자는 기본이고 이자 외의 자금도 덧붙여 가면서 원금을 불리는 것이다. 열심히 일해서 번 돈의 일부도 원금에 계속 덧붙이며 원금을 늘리는 노력을 하고 있는 것이다. 요약하자면 복리+추가저축의 원리로 재테크를 하는 셈이다.

그런데 이렇게 절실한 노력에도 불구하고 사람들이 느끼기에

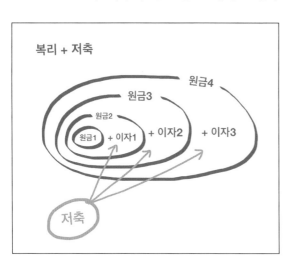

자신들의 돈이 늘어나는 속도는 한 없이 느린 것 같고, 재테크의 성과도 별로 대단하지 않은 것 같다. 그렇다면 인류 최대의 발명품이라고 하는 복리는 우리 흥부들과는 상관없는 먼 이야기에

불과한 것일까? 아인슈타인이 흥부의 처지를 몰랐기 때문에 복리를 위대하다고 말한 것이었을까?

복리에는 대다수 사람들이 모르고 있는 작동원리가 숨어 있다. 그래서 복리가 별 도움이 안 된다는 회의적인 생각은 반은 맞고 반은 틀리다. 그 원리를 모르고 하면 복리가 크게 도움이 안 될 수도 있다. 반면 그것을 이해하면 아인슈타인의 말에 동의를 하게 될 것이다.

복리의 암흑기와 전성기

복리 그래프에서의 두 구간을 비교해보면, 복리투자 초창기, 즉 절대적인 금액이 적은 시점에는 복리에 의한 효과가 매우 미미하다는 것을 알 수 있다. 수익률의 기울기가 단리와 거의 차이가 없을 정도로 붙어 있는 것이다. 이 구간에서는 아무리 복리투자를 열심히 해도 자산이 빠른 속도로 늘어나지 않는다. 이 구간이 바로 복리의 암흑기이다.

반면 두 번째 구간에서는 동일한 시간이 흐른 뒤 자산이 늘어나는 양이 앞선 구간과 비교할 수 없을 만큼 크다. 수익률의 기울기가 눈에 띄게 커졌다. 일정 기간이 지나면 비로소 복리가 화려하게 꽃을 피우는 전성기가 도래하는 것이다.

안타깝게도 복리의 효과는 누구에게나 평등하게 주어지지 않는다. 만약 모두가 가진 돈이 같다면, 동일한 선에서 출발을 하면 비슷한 효과를 볼 것이다. 그러나 현실에서는 각자 가진 돈에 차이가 있다. 누군가는 복리의 암흑기에서 출발하지만 다른 누군가

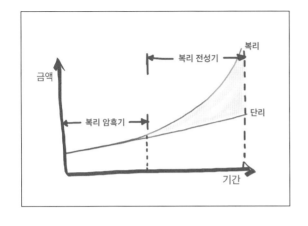

는 전성기 언저리에서 출발한다. 그들이 얻을 수 있는 복리의 효과에 큰 차이가 있을 수밖에 없다.

물론 시작은 미비해도 특정 시기가 되면 누구나 복리의 위대함을 맛볼 수 있다. 그러나 그 시점이 처음 가진 돈의 절대량에 의해 좌지우지된다는 것이 문제다. 복리의 효과를 키우기 위해서는 가진 돈의 총량을 키우는 것이 무조건 필요하다. 그러나 그렇게 하기까지 상당히 오랜 시간이 걸린다는 것이 복리에 숨어 있는 함정이다.

우리는 지금 가진 게 없어도 앞으로 많은 것을 갖기 위해 재테크를 한다. 복리의 전성기에 있는 사람처럼 되고 싶은 것이다. 그런데 정작 지금은 복리가 우리에게 해줄 수 있는 것이 미미하고, 부자가 되어서야 그 효력을 체감할 수 있게 된다는 것은 아이러니한 일이다.

복리의 효과를 체감할 수 있는 지점까지 가기 위해서는 얼마나 오랜 시간이 걸릴까? 각자 여건에 맞게 계산을 해봐야 할 문제이지만 최소 10년에서 길게는 50년, 60년이 걸릴 수도 있다. 인생의 대부분을 복리의 암흑기에서 버텨야 하는 것이다.

이처럼 시간의 벽에 부딪친 사람들은 복리니, 재테크니 깨끗하게 포기하거나 대안이 되는 투자를 찾아 나선다. 투자수익률을 높이면 복리를 이용하지 않아도 될 것 같기 때문이다. 복리로 큰돈을 버는 것은 오래 걸리니 대박 수익률로 흥부의 고된 삶을 한 번에, 또는 매우 빠르게 끝내고자 하는 것이다. 그 열망은 단기적인 고수익에 대한 집착으로 나타나며 그 과정에서 수많은 사람들이 재테크에 실패한다. 박 씨를 터뜨려 대박을 내는 이야기는 동화일 뿐이다. 현실에서 그것은 미담이라기보다 차라리 도박이다. 성공의 확률이 희박한 것은 당연하다.

72를 연평균으로 나누면 복리에서 원금이 두 배로 불어나는 기간을 계산할 수 있다. 가령 1천만 원으로 연 10%의 수익률을 내는 투자를 복리로 계속하는 경우, 투자금이 2천만 원이 되기까지 7.2년(72/10)이 걸리게 된다는 것을 쉽게 계산해 볼 수 있다.

만약 수익률을 10%에서 20%로 올리면 원금을 두 배로 만드는 기간이 3.6년인 절반으로 단축되는데, 그로부터 3.6년이 더 지나면 (총 7.2년 경과) 원금의 4배인 4천만 원까지 투자금을 늘릴 수가 있다. 이렇듯 복리는 수익률을 높이면 자산이 늘어나는 기간을 기하급수적으로 빠르게 단축시킬 수 있다.

맨해튼의 유래와 관련하여 흥미로운 이야기가 전해진다. 맨해튼은 본래 인디언 말로 '돌섬'이라고 한다. 지금은 미국인들의 상징과도 같은 땅이지만 한때는 인디언의 땅이었던 것이다. 1600년대 유럽 열강이 식민지 점령을 하는 과정에서 네덜란드계 이민자들이 인디언으로부터 맨해튼의 소유권을 넘겨받았고, 그 후 영국이 이 도시를 차지하면서 뉴욕이라는 이름이 붙여졌다.

맨해튼이 네덜란드인들에게 넘어가던 때는 정확하게 1626년인데, 그때 원주민들은 얼마에 그 땅을 넘겼을까? 24달러에 불과했다. 그것 역시 현금이 아닌 장신구와 보석으로 대신하였다고 한다.

이 이야기는 네덜란드인의 영리함, 원주민의 우매함에 대한 은유가 아니다. 언뜻 생각하면 무관할 것 같은 이야기이지만 복리에 대한 설명을 할 때 자주 언급되곤 하는 이야기다. 그 이유는 당시 원주민이 받은 24달러가 복리로 투자되었을 때 오늘날의 가치로 환산하면 믿어지지 않을 정도의 금액이 되기 때문이다.

당시에 인디언 원주민이 받은 24달러를 만약 연 8%로 복리 투자를 하였다면 어느 정도의 금액이 되어 있을까? 놀랍게도 오늘날 맨해튼을 두 번 사고도 남는 돈으로 LA까지 살 수 있을 정도라고 한다. 한편 24달러를 단리 8%로 투자했다면 지금에 와서 그 금액은 1만 달러에도 못 미친다. 복리를 왜 인류의 가장 위대한 발명품이라 하는지 수긍할 수 있는 단편적인 예이다.

Chapter 3

돈의 흐름을 결정하는 금리

금리라는 말을 처음 듣는 사람은 없을 것이다. 경제 뉴스마다 '금리'라는 용어가 수시로 언급되므로 무언가 중요한 의미가 있으리라는 것쯤은 느낌으로라도 알고 있을 것이다. 하지만 재테크를 하는 데 금리라는 것이 얼마만큼 중요한지에 대해서 정확하게 인지하고 있는 사람은 의외로 드물다.

대다수 사람들은 금리를 단지 은행의 예금, 적금 상품에 가입할 때 받을 수 있는 이자나 대출에 대한 이자 쯤으로 알고 있다. 그렇게 생각하면 금리가 별로 중요해 보이지 않는다. 하지만 경제학적인 논의는 제쳐두더라도, 실제로 금리가 우리들의 재테크에 실질적으로 미치는 영향은 결코 작지 않다.

월급관리, 복리에 이어 본격적인 재테크를 하기 전에 알아야 할 세 번째, 금리에 대해서 알아보자.

코스톨라니의 달걀 모형

금리는 우리말로 '돈의 이자'다. 즉 돈을 주고받는 거래를 할 때 만들어지는 가치가 얼마나 되는가를 숫자로 보여주는 것이 금리이다. 그리고 이 금리는 자본주의 경제에서 가장 중요한 것 중 하나다. 자본주의에서는 각각의 경제주체 간에 자본(돈)이 자유롭게 이동하는데, 이때 돈을 움직이는 원동력이 바로 금리이기 때문이다.

돈의 가치가 높은 시대에는 (금리가 높은 때) 저축을 하는 것보다 더 좋은 투자처를 찾기가 어려우므로 돈의 흐름이 둔화된다. 또한 지금 당장 돈을 쓰는 것보다 앞날을 위해서 더 많은 저축을 하고자 하므로 돈의 흐름은 또 한 번 둔화된다. 즉 금리가 높으면 사회 전반에 걸쳐 돈이 잘 돌지 않는 것이다. 그러다가 돈의 가치가 떨어지면 (금리가 내려간다면) 더 이상 저축에 매력을 느끼기 어려우므로 소비가 늘거나 각각의 경제 주체들이 돈을 빌려서라도 여러 가지 유형의 사업에 투자를 하게 될 것이다. 그러면 투자와 소비가 활성화 되면서 돈의 흐름이 원활해진다. 그렇기 때문에 금리가 돈의 흐름을 만든다고 하고 하는 것이며 자본주의 사회의 경제를 움직이는 원동력이라 하는 것이다.

그렇다면 금리는 재테크를 하는 우리에게 실질적으로 어떤 의미가 있을까? 유럽의 워렌 버핏이라고도 불리는 앙드레 코스톨라니의 달걀 모형을 통해 금리와 재테크의 관계를 살펴보자.

코스톨라니는 금리의 움직임과 부자들의 투자심리를 달걀 모형에 빗대 설명하였다. 금리의 흐름에 따라 순서대로 이해해보자.

금리가 가장 높은 지점에 올라서 금리 인하가 논의되기 시작하면 부자들은 비교적 안전하고 수익률이 높은 상품(채권)의 투자 비중을 높인다. 그 후에 금리 인하가 계속 이어지

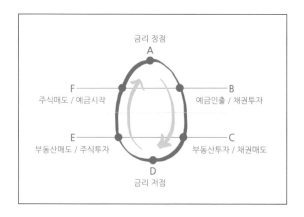

면 채권을 팔아서 차익을 챙기고 부동산투자로 옮겨간다. 그리고 금리가 최저점을 찍고 상승하는 국면에 접어들면 부동산을 팔아서 시세차익을 내고 주식시장으로 투자의 방향을 옮긴다. 시간이 흘러 주식시장의 활황세에 따라 정부 측에서 금리를 올리기 시작하면 부자들은 주식을 팔아 안전한 은행예금으로 갈아탄다. 그리고 금리가 최고점을 찍으면 앞서 말했던 사이클이 다시 반복된다.

금리가 오르고 내리는 흐름과 그로 인해 발생하는 시장의 변화에 역행하지만 않아도 재테크를 남보다 잘 할 수 있다. 하지만 부자가 아닌 대다수 사람들의 투자심리는 부자들의 심리, 즉 코스톨라니의 달걀모형과 반대로 움직인다. 부동산 시장이 정점을 찍어서 부자들이 빠져나오기 시작할 때 서민들은 그 시장으로 물밀듯 들어가며, 주식시장의 상투 꼭대기에서 내리막이 시작되려고 할 때 뒤늦게 발을 담가 큰 손해를 보는 것이다. 이것은 단지 눈앞에 드러난 경제의 좋고 나쁨만을 좇기 때문에 생기는 결과다. 돈의 흐름을 미리 보여주는 금리의 움직임에 촉각을 세워 앞날의 변화를 예측하는 지혜가 필요하다.

금리, 단순한 은행 이자가 아니다

　사람들은 은행에서 돈을 빌린다. 이렇게 개인이 은행에서 돈을 빌리는 것을 우리는 대출이라고 부른다. 반대로 개인이 은행에 돈을 빌려주는 경우도 있는데, 그것을 예금, 적금이라고 부른다.

　개인이 은행에 돈을 빌려준다고 표현하면 다소간 어색한 느낌이 들 것이다. 우리가 은행에 돈을 맡길 때 은행에 돈을 빌려준다고 생각하지 않기 때문이다. 하지만 그것은 엄연히 은행에 돈을 빌려주는 것이다. 어쨌든 우리들은 은행에서 돈을 빌리고 저축을 하는 행위로만 금리에 대한 개념을 파악하는 경향이 있다.

　하지만 돈은 은행을 중심에 두고 거래가 되는 것만은 아니다. 그 거래가 개인과 은행 간에서만 발생하는 것도 아니다. 돈의 거래와 그에 따른 이동은 은행과 은행 간, 은행과 기업 간, 기업과 기업 간, 기업과 개인 등 다양한 경제 주체들 사이에서 일어난다. 금리의 중요성을 제대로 이해하기 위해서는 개인의 입장의 입장에서 벗어나 넓은 시야를 가져야 한다. 다양한 경제 주체가 돈을 빌려주고 빌리는 것을 생각해봐야 한다.

언제나 은행에게 유리한 금리

　은행은 고객에게 돈을 빌려주는 대가로(대출) 고객에게 이자를 받아서 돈 벌이를 한다. 이때 은행이 고객에게 빌려주는 돈은 원래 은행이 가지고 있던 것이 아니다. 그것들은 대부분 개인이나 기업, 타 은행에게 이자를 주고 빌려온 돈이다. 이때 은행 입장에서는 돈을 빌리는 것이지만 상대편의 입장에서는 은행에 돈을 빌려주는 것이다. 그것을 우리 입장에서 보면 예금이라고 불러야 하지만, 은행 입장에서는 개인에게 대출을 받는 것과 마찬가지다.

은행은 돈을 빌려주고 빌리는 과정에서 늘 이익을 챙긴다. 반면 개인은 은행에서 돈을 빌리고 은행에 돈을 빌려주는 과정에서 늘 손해를 본다. 은행의 대출금리는 언제나 예금금리보다 높은데, 예금 또는 대출상품을 만들고 금리를 결정하는 것이 전적으로 은행에게 달려 있기 때문이다.

한편 은행을 대상으로 돈을 빌리고 빌려주는 거래를 하는 개인은 누구나 돈을 잃을 수밖에 없다. 그걸 아는 사람들은 되도록 은행에서 돈을 빌리지 않으려고 한다. 유리한 조건으로 은행과의 돈 거래를 하기 위함이다. 이로써 은행에 돈을 빌려주는 거래만 해서 이익을 만들어 내려는 현명한 개인이 나타난 것이다.

그러나 현실적으로 이 원칙을 지키기는 매우 어렵다. 주택, 자동차와 같이 개인이 일을 해서 버는 돈에 비해 터무니없이 비싼 고가의 무언가를 사야 하는 상황에 자주 내몰리기 때문이다. 설령 과소비를 근절하여 은행에서의 대출을 완전히 끊어내도 이렇게 해서는 얻을 수 있는 이익이 매우 작을 수밖에 없다. 은행이 제시하는 예금금리는 언제나 만족스럽지 않기 때문이다. 결국 이것은 은행에 돈을 빼앗기지 않으려는 차선의 선택일 뿐 최선의 재테크를 하는 것이라고 보기 어렵다.

은행을 탈출하는 사람들

은행의 쥐꼬리와 같은 예·적금 이자에 불만이 있는 사람들은 은행과의 거래를 그만두고, 은행 밖에서 높은 수익을 낼 수 있는 돈 거래(투자)를 시작한다. 그들은 비로소 제대로 된 재테크를 하게 된 기분을 느낄 것이다.

투자를 하는 사람들의 고민은, '과연 어디까지 수익률을 높일 수 있을까?'이다. 그들의 궁극적인 관심사인 수익률 높이기에 대한 수많은 정보가 오간다. 펀드로 30% 수익률 올리기, 주식으로 50% 수익률 만들기, 아파트

팔아서 100% 수익률 대박 내기 등등…. 인터넷에는 소위 고수라고 하는 사람들이 수도 없이 이런 글을 쏟아내고 마치 그것이 재테크의 정수인 것처럼 회자되는 것이다.

그러나 그 많은 정보에도 불구하고, 무조건적으로 높은 수익률을 지향하는 투자는 실패할 확률이 매우 높다. 목표 수익률이 너무 높아져, 어느덧 투자라기보다 투기에 가까워지고 그것이 도박처럼 되는 순간 이미 가지고 있던 것마저 잃을 가능성이 높아질 뿐이다.

물론 소수의 사람들은 고수익 재테크로 부를 거머쥔다. 그런데 생각해보자. 세계 최고의 부자이자 현존하는 가장 위대한 투자자인 워렌 버핏의 연평균 수익률은 30%에 불과하다. 워렌 버핏도 아닌 일개 개인이 30% 이상의 연평균 수익률을 올릴 수 있을까? 한두 번은 모를까 꾸준히 그렇게 할 수는 없을 것이다.

금리를 이용하는 부자들의 재테크

은행의 수익 구조와 연관된, '금리를 이용한 재테크'의 또 다른 가능성을 알아보자. 은행은 고객에게 돈을 빌려 또 다른 고객에게 빌려줌으로써 돈을 번다. 돈을 빌려줄 때 받는 금리가 돈을 빌려올 때 지불하는 금리보다 항상 높기 때문에 전 국민을 대상으로 수준 높은 돈 벌이를 하는 것이 가능하다.

만약 개인이 이것을 할 수 있다면 어떨까? 은행이 돈을 벌고 있는 방법을 그대로 따라서 해보는 것이다. 돈을 빌려 오는(대출) 금리보다 돈을 빌려주는(투자) 금리를 높게 만들 수 있다면 수중에 돈이 없더라도, 무리하게 수익률을 올리지 않아도 돈을 벌 수 있을 것이다.

빌려온 돈은 주머니를 털어가는 빚이다. 그러나 빌려온 돈으로 수익성이 더 높은 곳에 투자를 한다면 그 돈은 주머니를 채워주는 자산이라고 해도 무방하다. 가난한 사람들은 소비를 하기 위해 빚을 내고 그 빚에 딸려오는 이자 때문에 추가적인 소비를 한다. 그러나 부자들은 투자를 하기 위해서 돈을 빌린다. 그리고 그렇게 빌려온 돈은 그들의 수익을 내는 자산으로 둔갑한다.

자본주의 경제체제에서는 돈을 만들어 내는 생산수단인 자산을 통해 부를 쌓는 것이 용인된다. 흥부는 돈을 벌기 위해서 땀 흘려 일해야 한다고 생각한다. 그리고 그 돈으로 재테크를 하려고 한다. 그러나 놀부(자본가)는 돈의 속성을 꿰뚫어 보고 금리의 편차를 자신에게 유리하게 적용하여 돈을 번다. 이것이 흥부와 놀부의 결정적인 차이이다.

시중금리 이상의 투자수익률이란?

금리에 대한 이해가 부족하고, 돈을 빌려 오는 거래에 대해서 생각하지 않는 보통 사람들은 투자를 할 때 은행의 예금이자보다 높은 수익을 내는 투자를 목표로 한다. 그렇게 하는 이유는 단순하다. 예금을 포기하고 어렵게 투자를 결정했으면 예금보다는 성과가 좋아야 할 테니까.

반면 돈을 빌리고 빌려주는 거래에 수반되는 금리 차이가 어떻게 돈이 되는지 아는 사람들은(자본가) 돈을 빌림으로써 지불해야 하는 이자보다 높은 수익을 내는 투자를 "안전하게" 하는 것에 집중한다. 이들에게 투자수익률은 빌려 쓰는 돈의 이자보다 조금이라도 더 높기만 하면 된다. 안정적으로 투자를 하되 대출이자보다 수익률이 높은 투자를 하면 총수익의 규모를 크게 높이는 것이 가능하기 때문이다.

A와 B가 있다고 가정해보자. A는 수중에 1천만 원을 가지고 있다. A는 이 1천만 원을 투자하여 30%의 수익률을 내고자 한다. 이 대단한 수익률의 투자에서 성공했을 때, 그가 수중에 거머쥘 수 있는 이익은 300만 원이다.

한편 B는 수중에 가진 돈이 하나도 없다. 그런데 B는 은행에서 4%의 금리로 1억 원을 빌려서 투자를 하기로 했다. 비록 돈은 없지만 8%의 수익률을 올리는 방법은 알기 때문이다. 이렇게 하면 B는 400만 원의 이익을 남길 수 있다.(빌려온 돈에 대한 이자를 내고 남은 순수익) A보다 100만 원을 더 버는 것이다.

그리고 성공 확률 면에서도 B가 A보다 유리하다. 빚에 대한 부담감과 투자 실력에 대한 의문이 남긴 하지만, 숫자만 놓고 보면 B의 재테크가 성공할 확률이 훨씬 높다. 적어도 30 : 8의 비율로 유리하다. 돈을 빌려오고 빌려주는 과정에서 금리의 차이를 이용하는 사람이 빌려주는 것만 할 줄 아는 사람보다 재테크에 절대적으로 유리한 것이다.

우리는 뒤이어 노동자의 재테크와 자본가의 재테크에 대해서 알아볼 것이다. 자세한 개념을 살펴보기에 앞서 A와 B가 어디에 속하는지를 구분하고 넘어가자. A는 1천만 원을 가졌음에도 노동자의 재테크를 하는 사람이다. 한편 가지고 있는 돈이 하나도 없던 B는 자본가의 재테크를 하는 사람이다. 처음 가진 돈만 놓고 보면 A가 B보다 부자였다. 1천만 원이나 더 많았다. 그러나 재테크를 대하는 상반된 입장 때문에 부의 순위가 뒤바뀌게 되었다.

A처럼 재테크를 할 것인가? B처럼 재테크를 할 것인가?

2

자산을 쌓는
진짜 재테크

생산수단과
자산

우리는 자본주의 사회에서 살아가고 있다. 너무도 당연한 것처럼 살고 있지만 이 세상에는 자본주의 경제체제만 있는 것이 아니다. 자본주의 경제의 대척점에는 공산주의 경제가 있다. 그렇다면 자본주의와 공산주의 경제는 무엇이 다를까? 학창시절 우리는 이렇게 배웠다.

"자본주의는 사유재산을 인정하며 공산주의는 사유재산을 인정하지 않는다."

열심히 일을 해도 내 재산을 가질 수 없는 사회라니 공산주의 사회는 얼마나 우울한가? 그에 반해 자본주의는 내 개인의 재산이 인정된다. 이 얼마나 공평하고 기분 좋은 사회인가? 이와 같은 학교 교육은 자본주의 사회에서 살아가는 우리들에게 안도감과 자부심을 심어 주었다.

하지만 엄밀히 말해서 두 경제체제에 대한 이와 같은 구분법은 사실이 아니다. 단적으로, 공산주의 경제체제에서 살아가는 사람들도 각자 사유재산을 가지고 있다. 워낙 폐쇄적이어서 정확하게 알지는 못하지만 현존하는 대표적 공산주의 사회인 북한을 보자.

북한 주민들도 각자의 옷과 침구류, 식기류 등 기본적인 사유재산을 소유하고 있다. 언론에 의하면 최근에는 북한 주민들도 컴퓨터, 핸드폰 등의 최신 산업제품 및 사치품을 소유하고 있다고 한다. 심지어 돈도 소유하며 사유재산을 사고파는 시장도 존재한다. 결국 사유재산을 소유할 수 있느냐, 없느냐로 두 경제체제를 구분하는 것은 무리가 있다.

그렇다면 이 두 체제를 제대로 구분하는 방법은 무엇일까? 정답은 사유재산(돈) 자체에 있는 것이 아니라 사유재산(돈)을 만드는 생산수단(자산)을 소유할 수 있느냐, 없느냐로 구분하는 것이 정확한 설명에 가깝다.

자본주의 경제에서는 돈을 벌 수 있는 생산수단을 개인이 소유할 수 있다. 산업사회의 대표적인 생산수단은 공장인데, 공장은 개인이나 개인이 설립한 회사가 소유한다. 그리고 공장을 돌려서 만들어 내는 수익 역시 공장의 주인인 개인에게 돌아간다.

반면 공산주의 경제에서는 개인이 재산이나 돈을 소유할 수 있을지언정 그것을 만들어 내는 생산수단을 소유하는 것은 허락되지 않는다. 옷은 개인이 소유할 수 있어도 옷을 만드는 공장은 국가에게 속한 것이다. 일을 해서 번 돈으로 무엇인가를 사서 소유하는 것은 어느 사회나 기본적으로 인정된다. 하지만 몸을 써서 돈을 버는 것 이외에 대량의 자본을 만들어 낼 수 있는 별도의 생산수단을 공산주의 사회에서는 인정하지 않는다. 그에 반해 자본주의 경제는 우리들에게 생산수단의 사유화를 용인하기 때문에 질적으로 우수한 생산수단을 가지고 있거나 양적으로 많은 생산수단을 가진 사람은 보다 더 많은 사유재산을 만들어 낼 수 있고 그 것을 축적해 갈 수도 있다. 우리는 이런 사람을 부자라고 부른다.

공산주의 경제와 자본주의 경제의 재테크

"왜 재테크를 하는가?"

이 질문에 대한 대답으로 "부자가 되기 위해서 한다"는 답을 종종 듣는다. 그런데 대다수 사람들은 부자가 어떤 사람인지 정확하게 모른 채 무턱대고 부자가 되고 싶어 한다. 그러다 보니 결과적으로 부자가 되는 것과 거리가 먼, 별 의미 없는 재테크를 하는 경우가 많다.

자본주의 경제체제에서 부자는 돈을 많이 가진 사람이라기보다 돈을 벌어다 주는 생산수단을 많이 가지고 있는 사람이다. 생산수단의 종류도 다양하다. 공장, 토지, 건물, 사업체, 아이디어 등등… 재테크의 측면에서 생각해보면 각종 금융자산, 부동산 자산을 많이 가진 사람을 부자라고 할 수 있다. 편의상 생산수단을 '자산'이라는 용어로 대체해도 괜찮을 것 같다.

어쨌든 우리는 '돈' 자체에 목표를 두고 재테크를 해서는 안 된다. 그보다 우선 '돈'을 만들어 낼 '자산'을 확보해야 한다. 그런데 우리 주위에 있는 수많은 재테크 정보는 자산보다 돈을 강조하고 있다. 안타까운 현실이다. 애초에 우리들은 자산을 가질 자격이 안 되는 사람으로 단정을 짓고 있다. 공산주의 경제에서 잘 사는 법을 알려주는 것과 다름이 없다.

개인이 자산을 소유할 수 없는 공산주의 사회에서 부자가 된다는 것은 내 몸의 생산력을 높이는 길밖에 없다. 물론 엄격한 공산주의 경제체제라면 아무리 열심히 일해도 더 많은 돈을 받을 수 없으므로 그것마저도 무의미하지만, 적어도 상급 노동자가 되면 생산력이 떨어지는 노동자보다 더 나은 대우를 받을 수 있다. 그런 사회에서 부자가 되려면 열심히 일하고 성실히 저축하라는 말을 하는 것이 당연하다. 이 논리는 우리가 사는 자본주의 사회에도 그대로 적용된다.

자본주의 사회에는 자본가와 노동자라는 보이지 않는 두 계급이 있다. 이분법으로 구분하면 자본가는 부자고 노동자는 빈자다. 그리고 자본가들 사이에서는 얼마나 더 많은 생산수단과 더 좋은 생산수단을 갖고 있느냐에 따라 누가 더 부자이고 덜 부자인지 구분이 된다. 노동자들 사이에서는 누가 얼마의 연봉을 받느냐가 최대의 쟁점이다. 그들은 그들 가운데 누가 얼마의 급여를 받는가, 하는 것으로 부의 차등을 매긴다.

우리 주변에 널려 있는 수많은 재테크가 노동자에게 딱 맞는 방법을 제안한다. 어떻게 하면 절약을 더 잘 하는지, 절세는 어떻게 하는지, 어떻게 저축을 효과적으로 하는지, 자산에 대한 개념도 없이 단지 월급에 대한 이야기만 할 뿐이다.

투자에 대한 정보 역시 돈의 관점에서 벗어나질 못한다. 투자를 해서 자산을 만들어가는 방법이라든가, 자산을 어떻게 관리하여야 하는지에 대한 정보는 매우 드물다. 이렇다 보니 대부분의 사람들이 노동자의 세계에 갇혀서 재테크를 한다. 그리고 그 재테크는 하면 할수록 박탈감이 커진다. 아무리 열심히 재테크를 배우

고 따라 해도 자본가(부자)가 될 수 없다는 것을 깨닫게 되기 때문
이다.

애초에 열심히 일하고 돈을 열심히 모으는 것만으로는 부자
가 될 수 없다. 부자는커녕 안정된 노후를 보장받기도 어려운 것
이 현실이다. 지금의 부자들은 부자들의 논리 안에서 살아왔다. 즉
자산에 집중한 결과 부자가 되었다. 따라서 이제부터 우리가 해야
할 것은 우리를 부자로 만들어줄 생산수단, 재테크에 있어서는 자
산을 만드는 것이어야 한다.

처음부터 자본가였던 부자는 없다. 그들에게도 시작 지점은 있
었다. 그리고 우리들도 그들이 갔던 전철을 밟아 가면 된다. 평범
한 직장인이나 자영업자, 주부들이 할 수 있는 자산의 증식과 관
리방법을 배우고 실천해야 한다.

Chapter 2

자산이란 무엇인가?

사람들에게 자산이 무엇인지 물어보면 다음과 같은 답변을 한다.

– 가지고 있는 것
– 재산의 다른 말
– 집, 자동차, 돈

자산을 소유의 개념으로 해석하고 있는 것이다. 물론 틀린 정의는 아니다. 그러나 생산수단의 측면에서 보면 자산에 대한 이런 정의는 반쪽짜리 답변이다. 몇 가지 예를 들어서 자산과 자산이 아닌 것의 구분을 해보자.

5천만 원을 주고 산 자동차를 소유하고 있다. 이 자동차는 자산일까? 소유의 측면에서 보자면 자산이라고 할 수 있다. 그러나 생산수단으로서 이 자동차는 자산이라고 보기 어렵다. 돈을 벌어다주지 않기 때문이다. 오히려 세금과 기름 값, 주차료, 수리비 등이 발생하며 주머니를 털어가기 시작한다. 이 경우 자동차는 단순한 소비재일 뿐 자산으로 보기 어렵다. 만약 차를 사기 위해서 할부 금융을 이용하기라도 하였다면 자산은커녕 부채에 가깝다. 많은 이들이 차를 살 때 할부로 구매하는데 이때 자동차를 사는 것은 부채를 늘리는 것과 같다. (자산이 소유자에게 돈을 벌어 준다면, 부채는 소유자의 돈을 빼앗아 간다.)

소유하고 있는 자동차를 이용해 영업을 한다든가 업무에 활용해 돈을 버는 경우가 있다. 넓은 의미에서 보면 이 경우 자동차는 자산으로 볼 수 있다. 그러나 이 경우도 어디까지나 업무상의 자산일 뿐 재테크에서 말하는 자산은 아니다. 재테크에 있어서 자동차를 자산으로 인정할 수 있는 경우는 타인에게 임대해 소득을 올릴 수 있을 때이다. 소유자의 노력과 무관하게 자동차가 돈을 벌어주기 때문이다.

자산에 대해서 말할 때 가장 많이 언급되는 것으로 주택이 있다. 주택은 자산일까? 자동차와 마찬가지로 자산인 경우가 있고 그렇지 않은 경우도 있다. 매매가 3억 원짜리 집을 사서 본인이 거주를 하는 사람을 예로 들어보자. 이 사람은 3억 원의 주택 자산을 보유한 자산가라고 할 수 있을까? 자산을 통해 수익을 만들어낸다는 측면으로 보자면 그렇다고 말하기 어렵다. 단지 거주 문제를 해결하기 위해 3억 원을 엉덩이에 깔고 앉아 있는 사람일 뿐이다. 물론 이 경우에도 주택의 가치가 올라서 살 때보다 더 높은 가격에 팔 수 있는 가능성을 염두에 두면 자산으로 볼 수 있다. 그러나 어디까지나 가능성일 뿐 현재의 기능상 자산으로 인정하기는 어렵다.

한편, 집을 산 뒤 임대를 놓아서 월세 소득을 올리는 사람이 있다면, 이 사람은 주택 자산을 보유하고 있다고 할 수 있다. 주택을 소유함으로써 일하지 않고 돈을 벌고 있기 때문이다.

우리나라가 고도성장을 하던 시기에는 눈만 감았다가 떠도 부동산 가격이 올랐다. 이때는 집을 사놓기만 하면 돈을 벌어다 주는 자산의 역할을 해줬다. 그러나 지금은 시대가 바뀌어서 부동산 가격이 무조건 크게 오르지 않는다.

상당한 대출을 부담하고 주택을 사서 입주한 뒤 이자 부담에 시달리는 사람들을 '하우스푸어'라고 부른다. 하우스푸어들은 왜 무리를 해서 집을 샀을까? 주택 가격이 오를 것이라 예상했기 때문이었을 것이다. 그런데 처음 생각과 달리 집값이 오르지 않으니 차마 처분도 못하고 계속 부채만 짊어지게 된 것이다. 빚을 져서 집을 사는 즉시 이자에 대한 지출이 나간다. 반면 집값은 아직 오르지 않았기 때문에 수입은 없다. 올바른 투자자라면, 그리고 자산에 대한 올바른 판단을 할 수 있다면 이렇게 하지 않을 것이다. 일부 부채를 안고 주택을 사더라도 구매한 집이 당장 자산으로서 역할을 하여 돈을 버는 시나리오를 그릴 것이며, 그것이 실현되면서 자산과 소득이 점진적으로 늘어나는 전략을 세울 것이다.

평생을 벌어 빚 없이 온전한 내 집 한 채 갖는 것이 대부분 소시민의 꿈이다. 그 꿈의 명운을 불확실한 도박에 걸 것인가, 올바른 계획과 전략을 바탕으로 한 자산 재테크로 손에 쥘 것인가?

4가지의 자산

자산을 큰 범주로 나누면 4가지로 분류 할 수 있다.

1. 유동자산
2. 안전자산
3. 투자자산
4. 부동자산

유동자산

유동자산은, 언제든지 현금화 할 수 있는 장점이 있는 반면, 수익성이 거의 없어서 돈을 벌어다는 주는 역할을 잘 하지 못하는 자산을 말한다. 대표적인 유동자산으로는 지갑에 들어 있는 현금을 꼽을 수 있다. 현금 그 자체이기 때문에 현금화 하는 과정 자체가 필요 없을 정도로 *유동성이 높다.

유동자산

- 유동성 : 매우 높다
- 수익성 : 매우 낮다
- 위험성 : 매우 낮다

*유동성 : 자산을 손실 없이
현금화 할 수 있는 정도

은행의 수시 입출금통장에 넣어둔 돈 역시 유동자산이다. 통장의 돈은 은행 창구나 ATM, 인터넷 등을 이용해서 언제든지 현금화 할 수 있다. 이것들은 수익성이 매우 떨어진다. 은행이 높은 유동성을 혜택으로 주는 대신 이자율을 극히 미미하게 정하기 때문이다. 이 외에 증권사의 CMA계좌도 유동자산으로 볼 수 있는데, 높은 유동성과 함께 적지 않은 이자소득도 보장해 준다는 점이 매력적이다.

유동자산의 또 다른 장점은 그 어떤 유형의 자산보다 안전하다는 점이다. 지갑 속의 돈은 지갑을 잃어버리기 전까지는 사라지지 않을 자산이다. 은행의 수시 입출금통장, 증권사의 CMA도 원금손실에 대한 리스크가 거의 없다.

안전자산

안전자산은 유동자산에 비해서 유동성은 다소 떨어지지만 적정선의 수익을 안전하게 보장받을 수 있는 자산이다. 대표적으로 은행의 정기예금, 정기적금을 예로 들 수 있다. 이들 금융상품은 가입 당시 미리 정해 둔 기간을 지키면 약정된 금리의 이자가 지급된다.

안전자산

- 유동성 : 높다
- 수익성 : 낮다
- 위험성 : 낮다

안전자산은 원금 손실의 리스크가 거의 없다. 원금을 잃을 수 있는 가능성은 거래한 금융기관이 도산하는 경우에 불과하다. 그러나 이 경우도 *예금자보호를 통해 정해진 한도 내에서 원금과 이자를 보장받을 수 있으므로 위험성은 거의 없다고 볼 수 있다.

안전자산이라고 이자까지 100% 안전하게 보장되는 것은 아니다. 가입할 때 정한 기간을 지키지 못하고 중도해지를 하면 이자가 지급되지 않거나 일부만 지급되기 때문이다. 물론 중도해지를 하더라도 원금을 잃는 것은 아니다. 하지만 안전자산의 장점인 안전한 수익을 올리기 위해서 되도록 지킬 수 있는 기간으로 가입을 하는 것이 좋다.

*예금자보호 : 예금자는 원금과 소정의 이자를 합하여 1인당 최고 5천만 원까지 보호받을 수 있다. 보호 대상 금융기관은 시중은행, 보험회사, 종합금융회사, 상호저축은행 등이 있다.

투자자산

투자자산은 자산이 늘어나게 될 가능성이 높다. 자산 증식의 재테크를 할 때 유동자산이나 안전자산보다 유용하게 쓰일 수 있다. 그러나 유리함의 이면에는 높은 손실 리스크가 수반된다. 보통의 경우 자산확장성(수익률)이 높으면 높을수록 리스크도 높다.

투자자산

- 유동성 : 낮다
- 수익성 : 높다
- 위험성 : 높다

대표적인 투자자산으로는 주식, 펀드를 꼽을 수 있다.

기술적으로 주식과 펀드도 빠르게 매도하여 현금화 할 수 있다. (대체로 수 일 내에 현금화가 가능하다.) 그럼에도 불구하고 투자자산의 유동성을 낮다고 말하는 이유는 투자를 통해서 수익을 거두기까지의 과정에서 평가 손익이 마이너스를 거쳐가는 경우가 매우 많기 때문이다. 과정 중 손실을 보고 있는 상황에서, 혹은 목표한 수익을 달성하지 못한 시점에서 투자를 중단하기는 어렵다. 또한 일부 투자자산은 가입 후 일정기간 이내에 처분을 하면 환매에 따른 수수료가 부과되기도 한다. 적어도 환매 수수료가 적용되는 기간 동안은 현금화하기 어렵다.

큰 틀에서 주식과 펀드로 대변되는 투자자산이지만 상품 하나 하나를 따져보면 종류가 매우 다양하다. 주식만 하더라도 코스피, 코스닥 시장에 상장되어 거래되는 주식과, 상장되어 있지 않은 주

** ELS : 주가연계증권. 주가지수 또는 개별 주식의 가격에 연계되어 수익이 결정되는 유가증권
** ETF : 상장지수펀드. 특정 지수의 수익률을 얻을 수 있게 설계된 지수연동형 펀드로, 거래소에 상장돼 주식처럼 자유롭게 매매가 가능하다.
** ETN : 상장지수채권. ETF와 유사하게 거래소에 상장돼 사고팔기 쉬운 채권. 특정지수의 수익을 오차 없이 따라가도록 만들어진 것이 특징이다.

식, 즉 장외에서 거래되는 주식이 있다. 한편 펀드에도 일반적인 주식형, 채권형, 혼합형 펀드를 비롯하여 *ELS, *ETF, *ETN 등 다양한 구조화 펀드가 있다. 변액보험은 펀드로 운용되는 저축형 보험 상품이다. 이들 모두 개별적인 특징이 있으며 유동성, 수익성, 리스크에도 다소간 차이가 있으므로 투자 목적과 방향에 맞는 상품의 선택이 필요하다.

부동자산

앞에서 알아 본 세가지 자산은 모두 금융자산이다. 금융의 뜻은 돈을 융통하는 것이므로, 금융자산은 돈의 융통 과정에 붙는 이자, 즉 금리와 밀접한 관련이 있는 자산을 말한다. 금융상품의 종류가 다양해지면서 최근에는 재테크에 관하여 이야기할 때 금융자산을 떠올리는 것이 일반적이다.

부동자산
– 유동성 : 매우 낮다
– 수익성 : 높다
– 위험성 : 높다

한편 부동자산은 금융자산과는 또 다른 자산 유형으로 주택, 상가, 건물, 토지 등의 부동산 자산을 일컫는다. 과거 우리나라에서는 '부동산투자 = 재테크'라는 인식이 강할 정도로 부동산으로 재테크를 하는 사람들이 많았다. 지금은 경제 성장이 둔화되고 시대의 흐름이 바뀌며 투자에 대한 인식이 바뀌었지만 여전히 자산이라는 용어를 부동산과 연관지어 생각하는 사람들이 많다.

어쨌든 여전히 부동자산은 매력적인 자산이자 투자수단이다. 부동자산만의 다양한 투자 활용성과 기대 수익성, 그리고 현물 특성에서 비롯되는 독특한 장점이 있기 때문이다.

부동자산은 현물이기 때문에 여러 측면에서 활용가치가 있다. 예를 들면 거주를 한다든가, 농사를 짓는다든가, 공장을 만들어 사업을 한다든가, 직접적인 활용으로 부가가치를 창출할 수 있는 것이다.

한편 부동자산은 현물 특성상 유동성이 매우 떨어지며 거래금액의 단위가 너무 크다는 점 등 금융자산에 없는 리스크가 있으므로 투자에 주의가 필요하다.

자산을 늘리는 잘못된 순서

유동자산, 안전자산, 투자자산, 부동자산이라는 이 네 자산을 묶어서 그룹화하면 A. 유동자산, 안전자산 B 투자자산, 부동자산으로 나눌 수 있다.

A그룹은 수익성은 낮고 안전성과 유동성이 높은 그룹이며 B그룹은 수익성이 높지만 안전성과 유동성이 낮은 그룹이다.

대부분의 사람들은 B보다 A그룹을 선호한다. 이유는 안전하고 다루기 쉽기 때문이다. 예를 들어보자. 직장에서 열심히 일한 흥부는 월급날이 되면 월급통장을 통해 월급을 받는다. 흥부가 받은 월급은 유동자산이다. 노동의 첫 수확으로 유동자산을 받은 흥부는 부자가 될 부푼 꿈을 안고 월급의 상당 부분을 은행의 적금통장에 이체한다. 유동자

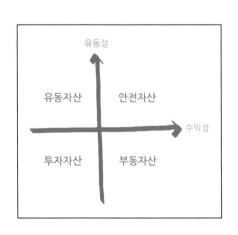

유동성

유동자산　안전자산

수익성

투자자산　부동자산

산의 일부를 떼어서 보다 수익성이 높은 안전자산으로 이동시키는 것이다. 그 후 목표를 달성할 때까지 몇 년 동안 이 패턴을 반복한다.

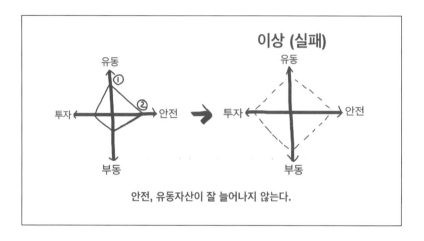

안전, 유동자산이 잘 늘어나지 않는다.

이런 식의 재테크에는 큰 문제가 있다. 안전자산으로 자산확장을 하는 데 시간이 너무 오래 걸리는 것이다. 유동자산보다 높을 뿐 자산확장성을 체감하기 어려운 수준의 금리로는 재테크의 효과를 보기가 거의 불가능하다. 목표를 달성하더라도 그것은 재테크를 잘했기 때문이어서가 아니라 고된 노동과 절약, 저축에 의한 결과일 뿐이다. 흥부의 재테크는 이렇게 시작부터 힘겨운 여정을 예고한다.

오랜 기간 묵묵히 노력해서 안전자산을 목표치만큼 채운 흥부가 선택하는 다음 코스는 부동자산의 확보이다. 결혼을 하는 등 독립해서 거주할 집이 필요하기 때문이다. 그런데 살 집의 매매대금 또는 전월세 보증금은 매우 비싸다. 모아둔 안전자산의 대부분을 소진해야 한다. (경우에 따라 안전자산을 모두 소진하고 빚까지 떠안아야 한다.)

지금까지 흥부가 마련한 안전자산을 부동자산을 마련하느라 한순간에 빼앗기는 셈이다. 그동안 애쓴 흥부의 재테크가 무너지는 순간이다. 그나마 안전자산을 가지고 있을 때는 쥐꼬리만큼의 이자소득이라도 있었는데, 막상 부동자산으로 갈아타고 나니 돈을 벌어다 주는 자산이 하나도 남지 않게 되었다. 기껏 취득한 주택은 자산이라기보다 차라리 부채에 가깝다. 그래도 스스로를 위안한다. 어쨌든 주택은 필요했다고.

이제 흥부는 또다시 자산을 모으기 시작해야 한다. 그러나 그 기간과 노고를 다시 견뎌야 하는 것이 두려워졌다. 게다가 이제 시간도 내 편이 아니어서 은퇴까지 남은 기간이 얼마 남지 않아 보인다. 지금부터는 적당히 도박을 해볼 필요가 있을 것 같다. 그래서 이번에는 용기를 내어 투자자산을 이용해서 자산을 늘려보기로 하였다. 남들이 말하는 본격적인 재테크의 난바다로 뛰어든 것이다.

투자자산은 리스크가 높아서 성공할 수도, 실패할 수도 있는데, 그동안 투자를 모르고 살았던 흥부는 실패를 하여 자산을 잃거나 제자리걸음을 하게 될 가능성이 높다. 실패를 단언할 수 없지만 그래도 이미 흘러간 시간에서 놓쳐버린 기회비용이 너무 크고 앞날을 예측하기 어렵다는 것만은 확실하다.

자산을 늘리는 올바른 순서

흥부는 월급을 받는 즉시 처음부터 투자자산의 비중을 높였어야 한다. 혹은 부동자산을 최대한 빠르게 확보했어야 한다. 투자자산과 부동자산의 자산확장 속도가 안전자산보다 빠르기 때문이다.

물론 투자자산과 부동자산은 자산 손실의 위험성이 높기 때문에 주의가 필요하다. 그렇기 때문에 무한정 이 두 자산을 확보하고 무리한 투자를 감행하는 것은 곤란하다. 최대한 안전한 투자를 하고, 일정 이상 투자자산이 확보되면 일부를 떼어 안전자산 또는 유동자산으로 옮기며 리스크 관리를 해야 한다. 어찌되었든 확실한 것은, 자산을 늘리기 위해서는 반드시 투자자산과 부동자산이 먼저 확보되어야 한다는 점이다. 유동자산과 안전자산은 자산의 전체적인 균형을 위해서 보조적으로 활용되는 것이 맞다.

부동자산은 4가지 자산 유형 중에서 개별단가가 가장 높다. 그래서 가장 마지막에 가질 수 있는 자산으로 여겨진다. 예를 들어 1억 원짜리 주택을 구입하기 위해서 유동, 안전, 투자자산으로 1억

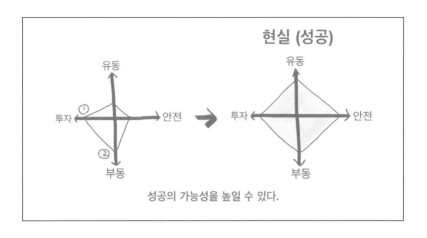

현실 (성공)

성공의 가능성을 높일 수 있다.

원을 먼저 모으는 것이다. 이런 식으로는 부동자산을 마련하기까지 상당한 시간이 소요될 수밖에 없다. 그래서 부채를 이용하는 것이 일반적이다. 가령 종자돈이 5천만 원밖에 없다면 나머지 5천만 원은 대출을 받아서 자산을 확보하는 것이다.

부채가 높은 비율로 포함되어 있어도 부동자산으로 소득을 올릴 수 있다. 부채에서 발생하는 이자지출을 상쇄하고 임대 투자로 수익을 올릴 수 있는 것이다. 이자를 감수하며 오랜 기간 보유를 하면 부동자산의 가치가 오르며 시세차익을 얻을 수도 있다. 이렇게 부채를 포함해서 자산을 확보하여 수이을 내는 투자를 *레버리지라고 한다. 재테크에서는 매우 중요한 개념이며 다양한 측면에서의 접근방식을 계속 알아볼 것

*레버리지 : 레버리지를 우리말로 하면 지렛대이다. 지렛대는 작은 힘으로도 무거운 물체를 들어 올리는 도구이다. 투자에 있어서 레버리지란 보편적으로 작은 자본으로 큰 소득을 올리는 것을 의미한다. 가지고 있는 종자돈에 부채(또는 다른 투자기법을 동원하여)를 더하여 투자 금액을 늘리는 효과를 내고, 그 결과 소득 총액을 높이는 방법이다. 부동산 투자에서 널리 이용된다.

이다.

어쨌든 보통 사람들은 높은 가격 때문에 부동자산을 부담스럽게 생각하는데 상대적으로 낮은 가격의 부동자산이 있음은 물론, 레버리지를 이용하면 부족한 종자돈으로도 부동자산을 마련하는 것이 가능하다. 재테크 초기에도 부동자산을 이용해서 자산을 확장할 수 있는 것이다.

Chapter 6

재테크, 이렇게 하면 안 된다

연애와 결혼도 경제적으로 경쟁력이 있어야 할 수 있게 되었다. 어찌어찌 하여 결혼의 관문을 통과하면 턱없이 비싼 각종 육아용품과 교육환경이 장애물로 버티고 있는 출산과 양육의 문을 넘어야 한다. 내 집 마련은 평생의 숙원이다. 그러나 집값은 평범한 근로자들이 넘보기에 기가 질릴 정도로 비싸다. 심지어 계속해서 가격이 오른다.

연애, 결혼, 출산, 취업, 내 집 마련, 인간관계, 희망. 이 7가지를 포기하고 살아야 하는 요즘 젊은 세대는 스스로를 '7포 세대'라 칭하며 자조한다. 판도라의 상자에서 나온 죽음과 질병 등 온갖 재난이 인류를 덮치게 된 이후 그나마 인류에게 남은 최후의 보루인 '희망'마저 버리게 된 마당에 재테크라니….

우리 세대의 흥부들은 경제저으로 이러지도 저러지도 못하는 상황에 놓여 있다. 인간관계니 희망이니 생각할 겨를도 없다.

그래도 희망의 끈을 놓지 않은 흥부는 여러 가지 재테크 방법을 배워보지만 그것들이 삶을 변화시키지 못 할 것이라는 패배의

식에 사로잡히게 된다. 기존의 재테크와 경제적 통념으로는 답이 안 나온다. 재테크가 원래 그런 것일까? 당연히 그렇지 않다. 잘못된 방법으로 하니 제대로 될 리가 없을 뿐이다. 기존 재테크가 어떤 한계를 가지고 있는지 살펴봄으로써 무엇을 새롭게 적용해야 하는지 생각해보자.

기존 재테크의 한계

아끼고 아끼는 재테크

누가 뭐래도 절약은 미덕이다. 사람이 궁상맞게 왜 그렇게 사느냐고 말하는 사람도 있지만 그렇게 말하는 사람이 오히려 부끄러워 해야 할 일이다. 기본적으로 절약하는 습관은 삶에 도움이 되면 되었지 결코 해가 되진 않는다.

나는 나에 대한 신뢰와 사업가로서의 평판을 유지하기 위해 근면과 검약을 늘 명심했습니다. 또한 내 생각과 어긋나는 행동을 적극 피해 왔습니다. 나는 필요 이상으로 옷치레와 장식을 하지 않았습니다. 나를 오락시설에서 본 사람은 없을 것입니다. 그리고 나는 사업에 있어서도 무리를 하지 않도록 마음을 썼습니다. 종이 한 장에 이르기까지 나는 근검절약을 중요시 했습니다.

−벤자민 프랭클린

그러나 재테크로 하는 것이 오직 절약뿐이라면 그것은 문제다.

절약만으로는 원하는 부를 쌓을 수 없을 것이기 때문이다. 자산을 키워야 하는 사람들의 재테크에서는 수입을 늘리는 것이 반드시 수반되어야 한다. 절약은 늘어난 수입을 지키기 위해 기본적으로 해야 하는 것이다.

돈을 한꺼번에 많이 쓰기 위해 절약을 하고 있다면 그것도 문제다. 열심히 아끼고 또 아껴서 목돈을 마련한 뒤 값비싼 승용차를 사는 것을 가정해보자. 재테크의 결과 남는 것은 자가용이라는 사치품일 뿐이다. 과소비를 위한 절약이 자산확장에 도움이 될 리 없다.

부자가 하는 절약은 쓸 돈을 모으기 위해서라기보다 돈을 벌어다 줄 자산을 견고히 하고 늘려가기 위함이다. 사실 그것보다 더 중요한 이유는 스스로의 생활리듬을 지키기 위함이며 돈을 대하는 자세를 무너뜨리지 않기 위함이다. 흥부와는 절약에 대한 관점 자체가 다르다.

흥부는 지금 당장 없거나 부족한 자산을 모아나가야 하는 사람이다. 부자와는 출발선이 다르다. 한참 뒤에 있는 것이다. 그런 흥부가 단순한 절약만으로 부자들을 따라갈 수 있다고 하는 것은 희망고문에 가깝다. 우선은 출발선을 부자들과 비슷한 수준으로 맞추도록 당겨와야 한다. 그러기 위해서 절약이 필요하지만 그 이상의 무언가도 반드시 필요하다.

열심히 일해서 수입을 늘려 볼까?

절약만으로 성에 차지 않는 사람들의 다음 목표는 몸값 올리기이다. 열심히 일해서 연봉을 높이거나, 주말에 아르바이트를 뛰어서 부수입을 올리는 것이다. 이렇게 몸값을 올리거나 부수입을 올리면 절약만 생각하는 사람들보다 더 많은 돈을 모을 수 있다.

같은 회사에 다니는 A와 B가 있다고 가정해보자. 이 둘은 월급이 200만 원으로 같으며, 최소 생활비로 매월 100만 원씩 사용한다. 그런데 B가 아르바이트를 시작해서 100만 원의 부수입을 만들었다. A는 종전처럼 100만 원을 저축할 수 있지만 B는 200만 원을 모을 수 있게 된다.

A와 B의 월수입 차이는 100만 원이다. 크다면 크고 작다면 작은 금액 차이지만 어쨌든 그 결과 B는 A에 비해서 저축을 두 배할 수 있게 되었다. 가령 10년 동안 계속되면 원금만 1억 2천만 원의 차이가 난다. 이것을 복리에 적용하면 B의 자산은 A보다 $2n$ 배 빠르게 늘어나는데, 하기에 따라 인생이 바뀔 정도로 결코 작지 않은 격차다.

이런 면에서 열심히 일하고 자기 몸값을 올리는 것은 매우 효과적인 재테크다. 하지만 몸값을 올리는 것에도 한계는 있다. 직장을 그만두고 사업을 하는 큰 모험을 해야 하거나, 부업을 하며 휴식을 포기해야 하는 등 기존 삶의 패턴을 유지해서는 쉽게 해낼 수 없는 일이다.

저축의 길은 너무 멀다 : 복리와 시간

흥부는 재테크의 첫 걸음으로 저축을 시작하였으며 효과적인 자산 증식을 위해 복리를 실천하기로 하였다. 꾸준한 복리를 통해 이자소득을 점점 키워서, 결과적으로 자산을 크게 늘릴 수 있을 거라고 생각하였다. 미국은 지금의 맨해튼을 단 24달러로 살 수 있었다고 하지 않던가.

하지만 막상 시작해 보니, 복리 저축의 효과를 제대로 보기까지 걸리는 시간이 너무 오래 걸린다는 것을 알게 되었다. 복리의 효과는 금액이 많아질수록 그 효과도 기하급수적으로 높아지는데 문제는 흥부가 가지고 있는 돈이 너무 적다는 것이다. 지금 가지고 있는 돈으로 복리의 효과를 제대로 보기 위해서는 앞으로 이십 년, 삼십 년은 기다려야 할 것 같다.

더군다나 복리에는 숨겨져 있는 불편한 진실이 있다. 자본주의 경제에서는 일반적으로 물가가 오르는데, 물가가 오르는 속도에도 복리가 적용되는 것이다. 물가가 오르는 만큼 화폐가치는 떨어진다. 돈의 가치가 떨어지는 속도가 복리의 영향권 아래에 있으므로 자산을 복리로 늘려도 얻을 수 있는 효과가 그만큼 상쇄되는 것이다. 예를 들어 물가상승률 3%의 시대에 수익률 3%의 저축을 복리로 꾸준히 하면 결국 실질소득은 없다. 적어도 물가상승을 반영한 초과 수익률로 투자를 해야 복리가 비로소 의미 있는 것이 된다. 평범한 저축으로는 어려울 수밖에 없다.

안타깝지만 복리에서 시간은 내 편이 아니며 각종 지출과 물가 상승이 그나마 손에 쥘 수 있는 시간마저 빼앗아간다.

수익률을 높이는 것의 한계

"투자의 고수 = 높은 수익률을 낼 수 있는 사람." 투자에 대한 사람들의 보편적인 인식이다. 주식이든 부동산이든 고수익을 내기 위해서 얼마나 열심히 지식을 쌓았을 것이며, 얼마나 많은 경험과 시행착오를 겪었을까? 그렇게 힘겹게 얻게 된 통찰력으로 그는 투자의 고수가 되었을 것이다, 라고 생각하는 것이다.

평범하게 살아가는 흥부가 이런 투자의 고수가 될 수 있을까? 직장생활을 해야 하고, 가정도 지켜야 하고, 무엇보다 투자라는 것을 체계적으로 배워본 적도, 경험한 적도 없는데, 지금부터 노력하면 그들처럼 될 수 있을까? 이렇게 생각하면 처음 도전하려던 막연한 설렘은 사라지고 두려움이 앞을 가로막는다. 투자에 대한 공부와 도전은 작심삼일로 끝나고 만다. 이렇게 흥부는 투자를 포기한다.

물론 개중에는 도전하는 별종들이 있다. 부족한 시간을 쪼개 높은 수익률을 낼 수 있다고 알려진 주식 등에 도전한다. 처음에는 어느 정도 성과를 내기도 한다. 은행예금, 적금보다는 높은 수익률을 낼 수 있게 된 것이다. 그런데 그 정도로는 안 하느니만 못한 것 같다. 그때부터 진정한 투자의 고수가 되기 위해 터무니 없이 높은 수익률을 목표로 한다. 그러다가 그것은 어느 순간 재테크에서 도박으로 변질된다. 그리고 모든 도박이 그렇듯 원점으로 돌아오거나 오히려 상황이 안 좋아지고 만다.

세금에 대한 문제

국민은 국가의 세금으로부터 자유로울 수 없다. 재테크의 영역에서도 마찬가지이다. 통상적으로 합법화되어 있거나 제도화 되어 있는 재테크 수단에는 거의 모든 경우 세금이 붙는다. 예를 들어 은행 적금을 들어서 만기가 되어 원금과 이자를 받을 때, 우리는 이자소득세 15.4%가 공제되고 남은 금액만큼의 이자만 손에 쥘 수 있다.

은행예금, 적금뿐 아니라 주식형 펀드, 주식, 채권, 부동산, 보험 등등 거의 모든 유형의 재테크 상품에 세금이 부과된다. '거의'라는 애매한 표현을 쓰는 이유는, 개중에 세금이 면제된 것들도 있기 때문이다. 크게 보면 비과세형, 세금우대형으로 나누어지며 일부 계층에게 제한된 혜택이 주어지는 경우도 있다.

소득공제 장기펀드(소장펀드)

2014년 3월 도입된 소득공제 장기펀드(소장펀드)는 연봉 5천만 원 이하의 근로자가 가입할 수 있는 절세형 투자상품이다. 연 최대 600만 원까지 납입이 되고 납입액 최대 40% 소득공제 혜택을 받을 수 있다. 반면 5년 미만의 기간 안에 중도해지를 하면 납입금액의 6.6%를 추징당해 소득공제로 받은 혜택 이상을 토해내야 한다. 5년 이후 10년 미만의 기간에는 중도해지를 해도 추징세가 없다. 최소 5년 이상 투자가 가능할 때 계획적으로 하는 것이 필요하다.

재형저축(펀드, 예·적금)

재형저축은 7년 이상 가입을 유지하면 이자소득세를 면제받을 수 있는 세테크 상품이다. 총 급여 5,000만 원 이하의 근로자 또는 종합소득액 3,500만 원 이하의 사업자가 가입할 수 있다. 총 급여 2,500만 원 이하 근로자 또는 종합소득액 1,600만 원 이하 사업자 또는 15~29세 중소기업 재직 고졸 이하 근로자는 3년 간의 의무가입 기간만 지켜도 무관하다.

비과세 종합저축 (생계형저축)

65세 이상의 노인이나 장애인은 5,000만 원까지 금융소득에 대한 비과세 종합저축이라는 명목으로 세제 혜택을 받을 수 있다. 한도는 1인당 5천만 원이기 때문에 노년 부부의 경우 최대 1억 원에 대한 비과세 혜택을 받을 수 있다. 비록 혜택이 주어지는 대상이 제한적이지만 정부에서 받을 수 있는 가장 큰 절세 혜택인 만큼 이용 가능 여부를 적극적으로 강구하자.

세금을 우대하는 정책은 조금씩 취지는 다르지만 대체로 서민들의 숨통을 틔워주기 위함이다. 그런데 문제는 정작 숨을 쉴 만해지고 조금씩 자산을 쌓아가기 시작하는 때부터 발생한다. 그때부터는 한 걸음 한 걸음 나아갈 때마다 세금이 앞길을 막는다. 부동산 재테크를 하면 양도소득세, 임대소득세, 재산세 등에 치이고, 금융투자를 하면 금융소득종합과세를 비롯하여 각종 이자소득세, 배당소득세가 기다리고 있다.

회사에서 일하면 세금이 원천징수된 월급을 받고, 1년에 한 번씩 연말정산으로 어떻게 세금을 많이 돌려받을까, 고민하던 것과는 사뭇 다르다. 물론 머리를 쓰면 세금을 줄일 수는 있다. 하지만 명심해야 할 것은, 빼앗기는 세금만큼 더 많은 수익을 만들어야 목표한 자산을 쌓아가는 것이 가능하다는 것이다. 한마디로 앞선 모든 문제를 모두 극복하며 세금에 대한 페널티도 극복할 수 있을 정도의 자산증식 플랜이 필요하다.

이렇게 재테크를 가로막는 장벽, 어쩔 수 없는 어려움들은 곳

곳에 널려 있다. 그래도 이들 모두를 극복하면 놀부를 따라잡을 수 있을까? 아쉽게도 그렇지는 않을 것 같다. 아마 놀부가 한참 전에 지나갔던 지점에 도달해서 뒤늦은 시작을 하게 될 것이다.

그래도 우리가 재테크를 해야 하는 이유는, 비로소 그때가 되면 우리 흥부들에게도 한줄기 빛이 보이기 때문이다. 지금까지 살펴보았던 자산과 복리, 투자와 돈의 흐름을 내 것으로 이해하고 몇 가지 효과적인 장치를 더하면 전에 포기했던 희망을 다시 손에 잡을 수 있다.

수익률 높이기 재테크

은행의 예·적금 금리가 1%대로 곤두박질친, 사상 초유의 초저금리 시대를 살아가고 있다. 안전자산의 몰락으로 인해 어쩔 수 없이 투자시장에 내몰린 수많은 재테크 난민들, 이들은 자산증식의 열쇠로 수익률 높이기를 가장 먼저 손에 꼽는다. 안전자산에 기대기 어려워서 투자라는 것을 하게 되었으니 최대한 높은 수익률을 찍어서 빠르게 자산을 늘리려는 것이다. 연 10%, 연 15%, 연 30%…. 연 단위의 수익실현도 기다리기 힘든 성미 급한 사람들은 한 달, 일주일, 하루에 30% 이상 고수익을 목표로 투자에 나선다.

허무맹랑한 이야기만은 아니다. 주식시장의 개별종목은 단 하루만에도 플러스 마이너스 30%의 폭으로 등락을 한다. 잘 고른 주식 종목 하나로 하루만에 30%의 수익률을 올리는 것도 가능하다는 뜻이다. (이론적으로는 최대 60%가 가능하다. 마이너스 30%에서 사서 플러스 30%가 되었을 때 팔면 합이 60%이기 때문이다.) 극단적인 투자 성향을 갖고 있는 사람들의 논리는 단순하다. 지금 가진 돈이 얼마 없으니, 그 돈을 빠르게 불리기 위해서는 수익률을 높이는 방법밖에 없다는 것이다.

한방을 노리는 재테크

수익률을 높이는 재테크, 대표적인 것으로 주식을 꼽을 수 있다. 주식은 하루에 최대 60% 범위 내에서 등락을 한다. 단 하루만에 60%의 수익을 올리는 것이 가능한 셈이다.

주식 종목 단기간에 크게 오른 차트 캡처

위의 종목을 보면, 단 5일만에 가격이 다섯 배까지 뛰었는데 이렇게 1년만 계속할 수 있다면 연 수익률로 환산해 20,000%까지 낼 수 있다. 말도 안 되는 가정이긴 하지만 어쨌든 짧은 기간 동안 안전자산으로 상상하기 힘들 정도로 높은 수익을 올릴 수 있는 것이다. 이렇게만 보면 주식으로 금방 부자가 될 것 같다. 하지만 투자가 어려운 것은 오를 가능성과 동일하게 내리는 가능성이 열려 있다는 점이다. 오르막이 있으면 언제나 내리막이 함께 한다.

고수익 투자를 갈망하면 할수록 수익을 낼 때와 비슷한 속도로, 때로는 훨씬 더 빠르게 손실을 입을 가능성에 노출된다. 그런 이유로 고수익 투자자들의 자산은 들쑥날쑥하기 쉽다.

높은 수익률을 기대하면 할수록 투자의 성공 가능성이 낮아지는 것은 물론 원금 손실의 리스크도 높아진다. 그럼에도 불구하고 실패를 무릅쓰고 큰 수익을 노리는 재테크를 계속하면 어떻게 될까? 한 번에 엄청난 크게 한방을 얻고 은퇴를 하면 모를까 어중간한 고수익과 큰 손실이 반복

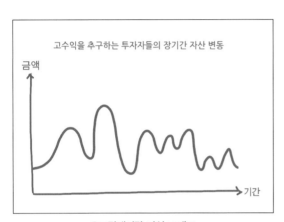

오르락내리락 자산 그래프

되며 결국 원점으로 회귀하거나 회복불가능한 상태가 되어서 더 이상 재테크를 할 수 없는 지경까지 이르게 될 것이다. 이것은 꾸준하고 안정적인 투자를 통한 복리 재테크와 거리가 너무 멀다.

지속가능한 고수익을 꿈꾸는 사람들

고수익 재테크를 노리는 사람들도 마음속으로 꾸준한 자산 성장을 꿈꾼다. 이들은 은행 금리처럼 너무 낮은 수익률로는 살아생

전에 복리의 효과를 보는 것 자체가 불가능할 것이라는 점을 통찰하였을 것이며, 수익률을 높이면 높일수록 목표 지점에 도달하는 기간이 줄어든다는 것을 깨달았을 것이다. 한방이 아닌 꾸준한 고수익을 노리는 것이다.

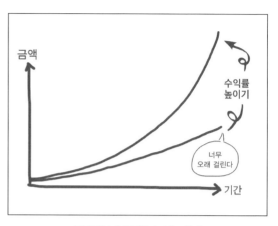

복리에서 수익률을 높이는 효과

하지만 이것 역시 녹록하지 않다. 어떤 종류의 투자든 한 해 두 해가 아닌, 상당히 오랜 기간 동안 높은 수준의 수익률을 유지하는 것은 결코 쉽지 않다. 세계 최고의 부자이자 위대한 투자자로 가장 먼저 손에 꼽히는 워렌 버핏의 연평균 투자수익률조차 30% 정도에 불과하다. 물론 짧은 기간만 부분적으로 본다면 수백, 수 천 퍼센트의 수익률을 올렸을 수도 있다. 하지만 평생에 걸쳐 투자를 해 온 결과에 대한 수익률 통계는 연평균 30% 정도이다. 유일무이한 투자를 하고 있는 워렌 버핏마저도 꾸준함의 잣대를 적용하면 이 정도에 불과(?)하다.

인터넷의 커뮤니티를 보면 주식으로 엄청난 수익을 냈다는 사람들을 심심치 않게 볼 수 있다. 100만 원을 투자해서 한 달만에 1,000만 원을 만들었다는 무용담, 단 3일만에 4배로 불어난 자본금… 믿기 힘든 수익률에 부러운 마음이 들 수 있다. 그러나 그 내막을 알고 나면 그것은 부러워할 것만은 아니다. 누구나 몇 번은 높은 수익률을 기록할 수 있지만 그런 고수익을 꾸준히 지속하는 것은 불가능할 것이기 때문이다.

비현실적인 수익률은 차치하고라도, 전문 투자자가 아닌 평범한 흥부들이 꾸준하게 연 30% 이상의 수익이라도 올릴 수 있을까? 여전히 자신만만한 독자도 있을 수 있겠지만 상식적으로 불가능하다. 꾸준히, 라는 용어의 정의를 어떻게 하느냐에 따라 다르지만 3년 이상 계속하기도 어렵다.

지금까지 수익률 높이기 재테크의 실상에 대해서 알아보았다. 물론 투자를 하면서 높은 수익률에 대한 욕심을 완전히 버리기는 어렵다. 그래서 많은 이들이 투자의 세계에서 한계를 느끼고 차라리 투자를 외면하곤 하는데, 평범한 재테크로는 흥부의 삶에서 벗어날 수 없다는 것이 문제이다.

싫든 좋든 투자는 해야 한다. 하지만 단기간에 수익률을 높여서 복리 그래프의 기울기를 극단적으로 세우려는 시도는 삼가는 게 좋다는 것을 꼭 기억해 두자. 수익률은 높이면 높일수록 좋지만 할 수 있는 범위 안에서 해야 한다는 뜻이다. 그렇다면 과연 우리는 어느 정도의 수익률을 목표로 해야 할까? 어느 정도면 안전하고, 동시에 자산을 불려갈 수 있을까? 안타깝지만 정해진 답은 없다. 다만 이 책에서는 하나의 수익률을 가정하여 자산을 늘려가는 과정을 보여줄 것이다. 그 과정에서 수익률만 중요한 게 아니라는 것도 알게 될 것이다. 각자의 상황에 빗대 참고를 한 뒤 재테크에 적용하며 답을 찾을 수 있기를 바란다.

재테크를 망치는 재무설계

재테크 VS 재무설계

재테크		재무설계
돈	목표	재정적인 안전
저축, 투자	수단	고른 활용
높은 수익률	전략	단기자금 중기자금 장기자금
성공 or 실패	결과	안정적인 노후설계

기존의 재테크는 헌신적인 저축 또는 높은 수익률로 압축되어 설명된다. 혹은 이미 부를 쌓은 자들에게 도움이 될 세금에 대한 정보들이다. 한편 재무설계는 인생을 주요 단계로 구분한 뒤 그에 맞는 목적자금을 모으는 것을 제안한다. 살면서 돈을 필요로 하는 순간들이 있는데, 그에 맞는 돈 모으기 전략을 세우는 것이다. 과거 재테크에 비해서 진일보한 체계적이고 현실적인 대안이다.

재무설계가 대중화 되는 흐름에 발맞춰 최근 몇 년 동안 인터넷이나 언론매체 등에서 재무설계에 관한 콘텐츠를 어렵지 않게 접할 수 있게 되었다. 그것들은 우리 모두 행복한 삶을 살 수 있다고 말한다. 막연하게 부자가 되려는 욕심에서 벗어나 안정된 노후를 준비하게 해주는 재무설계의 논리는 친숙하기도 하고 누구나 할 수 있다는 자신감을 심어준다.

재무설계에서는 살아가면서 필요한 돈을 기간별로 나눈다. 그렇게 구분되어진 돈을 '목적자금'이라고 부르는데, 이 목적자금은 또 다시 단기자금, 중기자금, 장기자금으로 나뉜다.

- **단기자금의 예** : 1년 뒤 계획된 결혼식에 사용될 결혼자금. (짧은 기간 안에 사용할 돈)
- **중기자금의 예** : 5년 뒤로 예상하는 내 집 마련 자금. (기간이 정해지진 않았지만 머지않은 미래를 위해서 준비해야 하는 돈)
- **장기자금의 예** : 15년 뒤 은퇴 후에 사용될 은퇴생활비. (먼 미래의 자금, 주로 은퇴자금)

하지만 한편으로는 작금의 재무설계가 평범한 직장인의 재테크를, 특히 젊은 세대의 재테크를 의도치 않게 방해하고 있다는 느낌도 지울 수 없다. 이에 대해서는 여러 가지 이유를 꼽을 수 있지만, 가장 중요한 이유는 적어도 우리나라에서 통용되는 재무설계에 '자산'이라는 개념 자체가 빠져 있기 때문이다.

대부분 사람들은 별 계획 없이 돈을 모았다가 당면한 재무 이벤트에 모아둔 돈의 대부분을 사용하고 빈털털이가 된 후 처음부터 다시 시작하는 마음으로 돈을 모은다. 그리고 또 다른 재무 이벤트가 발생하면 모아둔 돈을 지출한다. 그런데 어느 날 집을 산다든가 은퇴를 한다든가, 하는 굵직굵직한 재무 이벤트에 부딪히면 그동안 모아 놓은 돈으로 해결을 할 수가 없어서 큰 문제가 발생한다. 집을 사거나 전세자금을 마련할 때 큰 빚을 지게 되고, 막상 은퇴를 하였는데 생활비가 없어서 가뜩이나 버겁게 살아갈 자녀에게 손을 벌리게 되는 것이다.

이와 같은, 모으고 쓰고 모으고 쓰다가 재정상황이 악화되는 상황에서 벗어나고자 만들어진 개념이 재무설계이다. 인생 전반에 걸친 재정적 이벤트를 미리 예측하고 계획하여 그때그때 필요한 돈을 구분하여 모아간다는 것이다. 경제관념이 없던 사람들에게는 매우 그럴 듯하게 들린다. 그리고 이렇게 하면 체계적으로 재테크를 할 수 있을 것 같다.

하지만 재무설계의 논리에 따라 돈 관리를 하면 그 사람은 앞으로 평생 동안 자신에게 돈을 벌어다 줄 '자산'을 마련할 수 없다. 장기자금은 그것을 필요로 하기 전까지 묶여 있는 돈이 될 뿐이다. 중기자금 역시 마찬가지이다. 먼 미래에 필요한 돈을 준비해야 한다는 공포와 불안 때문에 수입을 늘릴 수 있는 기회가 되는 자산을 마련하지 못하다니, 합리적이지 못하다.

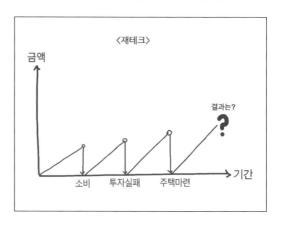

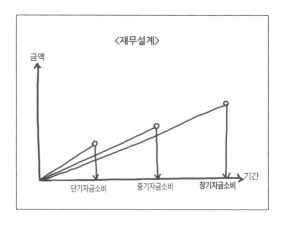

최소한 집을 살 수 있는 정도의 돈, 노후생활에 필요한 돈만 있어도 자산이 있느냐 없느냐가 그리 중요한 문제

는 아닐 것이다. 하지만 현실에서는 그 어떤 좋은 말로 포장해도 자산의 개념 없이 그 돈을 마련할 수 없다. 평범한 흥부가 일해서 모으는 돈만으로 그게 가능할 리 없다. 대안이 필요하다. 그리고 그 대안은 일하지 않아도 돈을 벌어다 줄 자산이다.

- 재무설계로 은퇴를 준비하는 방법 : 은퇴 후에 필요한 자금의 마련.
- 올바로 은퇴를 준비하는 방법 : 은퇴 후 생활비를 지속적으로 만들어 줄 자산의 마련.

단지 돈에 목적을 둘 것인가 돈을 만들어 내는 생산수단에 목적을 둘 것인가. 분명한 것은 항상 돈보다 생산수단이 먼저다. 생산수단(자산)이 있어야 살면서 필요한 돈을 끊임없이 만들어 낼 수 있다. 당면한 다양한 지출, 값나가는 자동차의 구매, 가족이 살아갈 주택, 은퇴 후 수십 년 간 필요로 하는 생활비. 이 모든 것들을 저축을 통해서 해결할 수 있을 리가 없다. 오직 당장의 소비를 줄이고 돈을 모아가자는 재무설계의 설득력이 떨어지는 가장 큰 이유다.

재산증식의 왕도,
복리 100% 활용하기

　지금까지 이 책을 열심히 읽어 온 독자는 어쩌면 궁금증이 풀리기보다 점점 더 마음이 답답해 졌을지도 모르겠다. 이럴 거면 재테크고 뭐고 다 내려놓고 편하게 즐기면서 살고 싶다고 선언할지도 모르겠다.

　그러나 인생은 경제적인 문제를 내려놓는다고 편하게 즐기면서 살 수 있는 것이 아니다. 어렵고 답답해도 재테크를 하는 이유는 어쨌든 지금보다 편하고 지금보다 즐거워지기 위함이다.

　답답한 속을 풀어줄 재테크의 열쇠는 결국 앞서 말한 것들에 있다. 그 중에서 복리를 잘 이용하기만 해도 충분하다. 복리의 면면을 온전히 이해하고 자산 재테크에 적용하면 누구나 더 나은 삶을 영위할 기회를 잡을 수 있다.

돈을 모으고 불리는 데에 복리를 적용할 수 있지만, 돈이 빠져 나가는 쪽에서도 복리의 원리가 적용된다. 물가상승과 그로 인한 돈 가치의 하락에 복리가 영향을 미치는 것이다. 50년 전 짜장면 값이 지금의 짜장면 값이 아니라는 것은 누구나 알고 있을 것이 다. 50년 전, 그러니까 1965년의 짜장면 값은 25원이었다. 그에 반 해 현재의 짜장면 값은 무려 21,400%나 올랐다.

50년이라는 긴 세월을 감안하더라도 놀라운 정도인데 이렇게 터무니없을 정도로 가격이 오른 이유는 다른 게 아니라 짜장면 값 이 복리로 올랐기 때문이다. 물가의 상승은 저축을 할 때 복리로 원금이 늘어나는 것과 같은 이치로 올라간다. 한편 물가가 오른다 는 것은 가지고 있는 돈의 가치가 떨어진다는 것과 같은 의미이 다. 즉 별다른 행동 없이 돈을 들고 있거나 단리로 재테크를 하면 시간이 지날수록 기하급수적으로 돈을 잃는 것과 다름없다.

복리는 번거롭고 귀찮으며 당장 큰 도움이 안 되는 것처럼 보 이기도 한다. 부지런하고 꼼꼼한 사람이나 할 만한 것 같고 본인 은 보다 더 우월한 무언가를 하고 싶을지도 모르겠다. 하지만 복 리는 절대로 가볍게 다뤄서도 안 되며, 하느냐 마느냐 선택해야 할 문제도 아니다. 적어도 현상유지를 하기 위해서라도 반드시, 꼭 해야 하는 것이다. 다행히 복리로 기본만 해도 현상유지는 가능하 다. 은행의 안전자산으로도 기본은 할 수 있다. 그런데 우리는 지 금 수준에 머물 수가 없는 절박한 상황이므로 반드시 기본 이상의 무언가를 첨가해야 한다.

복리를 해야 하는 이유 2 : 시간을 내 편으로 돌릴 수 있다

복리로 원하는 결과를 얻기 위해서는 오랜 시간이 필요하다. 만약 평범한 직장인이 복리로 재테크를 해서 서울에 집이라도 한 채 사려고 한다면 무려 10년, 20년, 30년, 때로 그 이상의 시간을 필요로 한다.

시간의 벽을 넘을 수 있다면 복리 재테크의 위력을 실감할 수 있지만, 대다수 사람들에게 이 시간의 장벽은 참으로 높고 멀리 놓여 있다. 시간은 우리의 편이 아닌 것만 같다. 하지만 복리의 가장 큰 장애물인 이 시간도 조금씩 내 편으로 만들 수 있는 방법이 있다

지금까지 복리에 대해서 설명을 할 때 편의상 최초의 투자금과 수익률은 변하지 않는다는 전제를 했다. 그런데 실제 우리가 재테크를 할 때에는 투자금

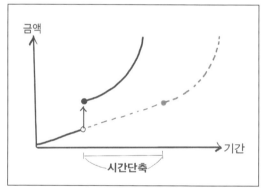

도 처음 그대로가 아니라 지속적인 저축으로 늘려가는 것이 일반적이다. 즉 대부분의 사람들은 누가 시키지 않아도 투자의 결과로 얻을 수 있는 이자 외에 잉여 근로소득의 저축을 더해서 원금을 불려나간다.

복리의 위대함을 체험하기 위해서는 수익률을 높이는 것이 가장 확실하다. 그러나 다시 말하지만 평범한 재테크족이 워렌 버핏

만큼의 수익률을 목표로 하는 것은 불가능하며 욕심을 내는 것 자체가 너무 위험하다. 수익률은 적당한 수준으로 낮춰서 유지해야 하는데, 급여에서 최대한 많은 돈을 저축하는 것으로 아쉬운 수익률을 보완할 수 있다. 그리고 그 효과는 실제로 매우 드라마틱하다. 적어도 복리의 암흑기에서 만큼은 상당히 효과적이다.

예를 들어 처음 종자돈이 10,000,000원이 있는 사람이 있다고 가정해보자. 이 사람이 만약 연평균 수익률 10%로 복리 투자를 하는 경우, 1년이 지나면 원금은 11,000,000원이 되며 2년째가 되면 12,100,000원이 된다. 원금이 늘어나는 속도가 느리고 답답하다. 그런데 이것은 따지고 보면 처음 10,000,000원으로만 재테크를 하는 경우로 가정하였기 때문이다.

보통은 일해서 받은 월급의 일부를 꾸준히 저축을 할 수 있을 것이다. 만약 매월 1,000,000원씩 적금을 들어 1년마다 원금에 더한다면, 1년 뒤 원금은 23,650,000만 원이 되고 (적금에 대한 이자도 10%로 계산) 2년 뒤 원금은 약 38,665,000원이 된다.

단 2년이 지났을 뿐인데 저축을 하지 않은 경우와 비교하면 무려 세 배 이상의 차이가 난다. "이건 복리가 아니고 저축인데?"라고 생각하진 말자. 복리의 본질은 원금을 늘리는 데 있다. 몸을 써서 벌어들인 월급의 일부를 복리 그래프에 포함시켜서 원금을 늘리는 것은 흥부들이 택할 수 있는 가장 손쉽고 확실한 자산 증식 비법이다.

최소한 월급의 50%를 저축해야 한다는 말은 사회초년생들에게 금과옥조와 같다. 초년생 때 올바른 경제관념을 가지고 저축하는 습관을 들여야 하는 것의 중요성을 구체적인 수치인 50%로 상징화 한 것이다. 하지만 사회초년생들이 50% 저축을 지키는 것은 결코 쉬운 일이 아니다. 초년생의 월급이라고 해봐야 특수한 전문직이 아니라면 불을 보듯 뻔하고, 월급을 받기 시작하면 그동안 억눌렀던 소비 본능이 깨어난다. 미뤘던 효도를 해야 하고 레저를 비롯해 각종 돈을 쓰고 싶은 유혹 때문에 더더욱 저축이 쉽지 않다. 결국 대부분은 50%를 넘기지 못하고 적정선에서 타협을 보고 만다. 당분간은 저축을 안 하거나 조금씩만 하다가 1년, 2년 뒤부터 본격적으로 하자는 다짐을 하는 것이다. 어차피 돈은 계속 벌 것이고 1년, 2년 정도 늦는다고 해도 인생 전반을 놓고 보면 별로 큰 차이로 다가오지 않는다.

그러나 따지고 보면 재테크의 실패는 여기서부터 시작된다. 1년, 2년간 저축을 하느냐 안하느냐는 단지 출발선이 1년 늦거나 2년 늦는 문제가 아니다. 복리의 암흑기는 시간상 전반부에 몰려 있다. 이 시간을 빨리 벗어날수록 뒤이어 복리의 전성기가 빠르게 펼쳐진다. 그리고 마침내 전성기가 오면 한해 한해가 지날수록 자산의 증가가 눈에 띄게 빨라질 것이다. 초반의 1년, 2년 차이는 시간이 지나면 10년, 20년만큼의 거대한 차이를 만들어 낸다. 그것이 복리다.

단지 절약과 저축만 이용할 것이 아니다. 앞서 언급한 레버리지는 시간을 내 편으로 만들 수 있는 매우 강력한 무기로 구체적인 이용 방법에 대해서는 뒤에 살펴보도록 한다. 여기서는 가장 기본적인 것 같았던 절약의 효과가 이렇게나 크다는 것을 이해하는 것만으로도 큰 수확이다.

Chapter 8

자산 재테크의 정의

　재테크, 재무설계, 자산 재테크, 자산관리, 투자, 투기…. 돈을 다루는 것에 대한 용어는 참 많다. 보통은 재테크로 통칭하지만 그 안에는 나름의 철학으로 돈에 대한 스킬을 논하는 세분화 된 전략과 전술이 있다. 이 책에서 다루는 것은 자산을 중심으로 하는 재테크, 즉 자산 재테크에 관한 이야기이다. 그런데 자산 재테크라는 것은 구체적으로 무엇이고 다른 재테크와 어떻게 다를까?

　전체적인 맥락에서 보면 재테크의 범위는 꽤 넓다. 키워드로 나열해 보아도 관련된 것들이 다양하다. 은행 예금, 적금, 주식, 펀드, 주식, 채권, 부동산, 경매, 투자, 단기자금, 중기자금, 장기자금, 절세, 연말정산, 저축, 절약, 대출, 보험, 이자 등등….

　자산 재테크는 이 모든 것들에 대한 개념을 제쳐두고 우선 생산수단으로서의 자산을 어떻게 만들 것인가? 그 자산을 어떻게 관리할 것인가에 대한 전략과 계획을 세우는 재테크이다. 다른 모든 재테크가 돈 자체에 목적을 둔다면 자산 재테크는 돈을 벌어다 줄 자산을 만들고 키워가는 것이 목표다. 그리고 돈에 대해서는 어떻게 사용할지에 대한 계획을 세우는 것으로 충분하다.

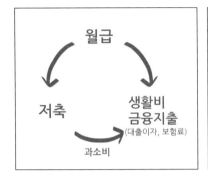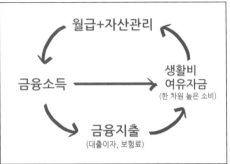

주식 재테크, 부동산 재테크 같은 것으로도 자산의 개념을 설명할 수 있다. 보유하고 있는 부동산으로 월세를 받는 경우, 보유하고 있는 주식의 배당만으로 충분한 소득을 올리는 경우, 이런 것을 염두에 둔 재테크에 대한 설명들로 자산을 다룬다. 하지만 값비싼 건물이나 임대소득이 나오는 주택, 또는 엄청난 주식에서 나오는 배당소득만이 자산은 아니다. 지금은 열심히 돈을 모아야 할 때고 자산은 나중에 언젠가 운이 좋으면 가질 수 있는 것도 아니다.

진실은, 누구나 재테크를 시작하는 순간부터 부동산이든 주식이든 펀드든 그 무엇이든 생산성이 있다면 자산화 할 수 있다. 강남의 건물주가 처음부터 건물을 자산으로 가지고 있었던 것은 아닐 것이다. 그의 첫 자산은 단 몇 주에 불과한 주식이었을 수도, 작은 반지하 단칸방이었을 수도 있다. 어찌되었든 그는 돈을 돈으로 남겨두지 않았고 자산화 한 뒤 그것을 키우고 늘렸을 것이다.

자산을 소유하면

자산에 대해서 조금 더 구체적으로 알아보자. 특정 자산을 보유한 소유자가 있는 경우, 그는 자산을 통해 돈을 벌 수 있다. 그 돈은 1회만 들어올 수도 있고 지속적으로 들어올 수도 있다. 대표적인 1회성 수입은 양도차액이다. 아파트 한 채를 1억 원에 사서 2억 원에 되팔면 1억 원의 소득이 생기는 것이다. 양도차액을 통한 자산 수익은 잘 하면 짧은 기간 안에 상당한 금액으로 커지게 될 가능성이 있다. 하지만 양도를 통해 차액을 남길지 손실을 입을지 누구도 쉽게 예상하기 어렵다는 것이 단점이다. 또한 자산을 처분하여 수익을 내기까지의 기간을 예상하기 어렵고 그 기간 동안 소득을 얻을 수 없다는 문제도 있다. 한편, 자산을 양도하는 즉시 자산가치만큼의 현금을 손에 쥐게 되는데, 이 말을 달리 하면 처분과 동시에 자산을 잃게 된다는 것과 같다. 자산을 처분하며 손에 쥔 현금으로 또 다른 자산을 취득하는 식으로 투자를 계속하는 것이 필요하다.

한편, 보유하고 있는 자산이 꾸준하게 돈을 벌어다 주는 경우도 있다. 예를 들면 아파트나 상가를 사서 월세로 임대를 놓는 것이다. 소유자는 임차인으로부터 매월 임대료를 받아서 안정적인 수입을 얻을 수 있다. 앞서 양도차액을 목적으로 하는 부동산투자를 시세차익형 부동산이라 한다면, 임대소득을 챙기는 부동산투자 접근방법을 수익형 부동산이라 부르며 구분한다.

수익형 부동산은 오피스텔, 상가 등 자산가치가 잘 오르지 않지만 거주나 사용에 대한 수요가 많아서 임대를 놓기가 수월한 것들에 주로 투자한다.

이해하기 쉽게 설명하기 위해 부동산 자산을 예로 들었다. 그러나 자산과 그로 인한 소득의 발생은 부동산에 국한되는 것은 아니다. 앞서 알아본 대로 자산에는 유동자산, 안전자산, 투자자산, 부동자산 4가지 유형이 있다. 대표적인 투자자산인 주식이나 펀드의 경우 배당수익이라는 지속적인 수익도 있지만, 보유 주식을 처분하여 시세차익을 남기는 목적으로 투자를 하는 것이 일반적이다. 한편 안전자산은 1회적인 수익을 목표로 취득하는 자산이다. 은행에서 정기 예금을 가입하면 만기에 원금과 이자를 한 차례 받는데 이것은 상품을 사고파는 과정에서 차익을 남기는 것과 매우 유사하다. 물론 안전자산 가운데에는 월 지급형 상품 등 지속적인 소득을 보장해 주는 것도 있다.

자산을 처음 늘려갈 때

자산을 확보할 때는 1회성 수익을 만들어 주는 자산과 지속적으로 수익을 만들어 주는 자산 사이에서 선택을 해야 한다. 보통의 경우 빠른 성장에는 지속적인 수익 자산보다 1회성 수익 자산(시세차익형)이 유리하다. 자산가치가 급변하는 흐름을 잘 이용하면 큰 소득을 거둘 수 있기 때문이다. 거꾸로 말하면 지속적인 소득을 가져다 주는 자산은 상대적으로 수익성은 떨어지고 안전한 자산인 경우가 많다.

예를 들어 1억 원으로 오피스텔을 구입하여 월세 50만 원에 임대를 놓은 경우, 연간수익은 600만 원으로 확정된다. 수익률로 따지면 6%이다. 실제로는 월세 가격이 다를 것이므로 단순한 예일 뿐이지만 어쨌든 안정적으로 수익률을 예상할 수 있으며 예상 수익률의 오차 범위는 작은 편이다.

반면 1억 원으로 아파트를 구입해 전세를 놓은 뒤 아파트를 매매하여 처분하는 선택을 할 수도 있는데, 이 경우는 매매 시점의 아파트 가격이 얼마냐에 따라서 수익률이 달라진다. 수익 100%일 수도, 손실 50%일 수도 있다. 실제로는 미비한 손실과 수익이 날 확률이 더 크지만 예상을 벗어나는 경우가 얼마든지 생길 수 있다.

보유자산이 없거나 부족한 사람이 자산을 확보할 때는 이 두 유형의 자산 중에서 어떤 것을 선택하여야 할까? 둘 모두 장단점이 있지만 꾸준한 수익과 복리의 활용 면에서 보면 전자가 아무래도 안정적이다. 수익률을 예측하거나 고정시킬 수 있어서 복리로 자산을 늘리기에 적합하기 때문이다. 수익과 손실이 들쑥날쑥하면 복리 그래프를 그리는 것 자체가 매우 어렵다.

자산을 유형에 따라 음식에 비유하자면, 밥에 해당하는 자산이 있고, 반찬에 해당하는 자산이 있다. 밥 자산은 살아가는 데 꼭 필요한 영양소를 공급하는 자산이다. 반찬 자산은 반드시 필요한 것은 아니지만 키가 크고 살이 찌고 건강해지는 데 많은 도움이 되는 자산이다. 굳이 나누자면 밥 자산은 수익형 자산이고, 반찬 자산은 시세차익형 자산이다. 수익형 자산을 통해 꾸준한 수익을 내고 좋은 기회가 되면 시세차익형 자산으로 플러스 알파의 효과를 보는 것이 이치에 맞다. 단, 어떤 방법을 택하든 자산을 늘려가는 전략이 뒷받침 되어야 하는데, 그 부분에 대해서도 계속해서 알아볼 것이다.

돈보다 중요한 것은 돈을 버는 수단 – 브루노와 파블로의 파이프라인 우화)

이탈리아의 작은 마을에 파블로와 브루노라는 두 젊은이가 살고 있었다. 마음속에 열정을 품고 있었던 두 친구는 지금의 가난을 벗어나기 위한 꿈을 품고 있었다. 그러던 어느 날 브루노와 파블로는 마을과 인접한 산중턱에 있는 샘물에서 물을 길어 마을 광장의 물탱크까지 나를 인력거꾼을 모집한다는 것을 알게 되었으며 높은 보수에 매력을 느낀 두 사람은 그 일을 시작하게 되었다. 브루노와 파블로는 하루 종일 물통을 들고 산중턱에서 마을의 물탱크까지 물을 길어 날랐다. 그리고 그에 대한 보수로 적지 않은 수당을 받게 되었다.

"드디어 우리도 큰돈을 벌 수 있게 되었어. 이 일을 하게 된 것은 정말 행운이야."

브루노는 물을 길어 나르는 일에 매우 만족하였다. 그러나 파블로는 이것을 행운이라고 생각하지 않았다. 물을 길어나르느라 하루 종일 고되게 일하는 것에 지치기도 하였고 무엇보다 일을 해서 버는 수입에 만족을 할 수 없었기 때문이다. 그래서 그는 다른 생각을 하기 시작하였다.

파블로의 생각은 산중턱의 샘물에서 탱크까지 이어지는 파이프라인을 만들어 더 많은 물을 손쉽게 옮기려는 계획이었다. 파블로는 브루노에게 자신의 생각을 말하고 같이 파이프라인을 건설하자는 제안을 하였지만 브루노는 그 제안을 거절하였다. 그는 지금 하는 일에 큰 만족을 하는 중이었고, 파이프라인을 만드는 동안 일을 못하게 되어 수입이 줄지는 않을까 걱정을 하였던 것이다.

파블로는 혼자서 파이프라인을 만들기 위해 남은 시간을 최대한 활용하였다. 파블로의 기행은 마을 전체에도 소문이 퍼져, 그는 마을 사람들에게 파이프라인맨이라 불리며 비웃음의 대상이 되었다. 인력거꾼들에 의해서 충분한 물이 옮겨지는데 파블로는 굳이 어려운 일을 자처하여 고생을 하는 것으로 보였기 때문이다.

파블로가 파이프라인을 만드느라 일에 집중하지 못하는 동안 브루노는 더욱 더 열심히 일했고 종전의 두 배에 달하는 수입을 올릴 수 있었다. 브루노는 전에 먹지 못했던 음식을 먹을 수 있었으며 새로 산 옷을 자랑할 수 있었다. 마을 사람들에게 브루노는 점차 경외의 대상이 되었다.

그러나 브루노의 성공은 오래가지 못했다. 고된 노동이 이어진 결과 전보다 부쩍 건강이 나빠졌으며 그로 인해 일의 성과도 점차 나빠졌다. 하루에 열 번씩 왕복을 하던 물 나르는 일이 어느덧 다섯 번도 하기 힘들게 된 것이다. 브루노는 자신의 쇠약해진 육체와 줄어들은 수입을 불평하며 하루하루 술에 기대어 살아갔다.

그러는 사이에 파블로의 파이프라인은 어느덧 완공이 되었다. 파블로의 파이프라인은 그가 무엇을 하든 쉬지 않고 물을 마을로 향해 흘려보냈다. 파블로는 본인이 직접 수고스럽게 일하지 않아도 점점 더 많은 양의 물을 기를 수 있게 된 것이다.

파블로는 그 마을에서 가장 성공한 젊은이가 되었다. 그럼에도 파블로는 거기에 안주하지 않았다. 머지않아 그는 그가 살고 있는 마을에서 벗어나 다른 마을에서 파이프라인을 만들 가능성을 찾아 떠났다.

— 버크 헤지스 [파이프라인 우화] 중에서

3

레버러지로
빨리 달리기

Chapter 1

부자들은 알지만 흥부는 모르는 것

대부분의 흥부는 열심히 일을 해서 번 돈으로 지출을 하고 남은 돈으로 저축을 한다. 이 경우 저축을 더 많이 하기 위해서는 더 열심히 일을 해서 소득을 늘리거나 지출을 줄여야 한다. 하지만 지출을 줄이거나 소득을 늘리는 것 모두 일정수준까지 개선하는 것은 가능하지만 무한정 늘리는 것은 불가능하다. 아무리 아껴도 최소한의 생활비가 필요하며, 아무리 열심히 일을 해도 능력과 시간에 한계가 있기 때문이다.

게다가 일을 열심히 해서 소득이 늘면 그에 따라 거의 필연적으로 소비도 늘기 때문에 실제로 저축을 늘리는 것은 쉽지 않다. 열심히 일한 것에 대한 보상으로 가보고 싶은 곳으로 여행을 떠나고 싶은 마음이 들거나, 몸을 혹사한 대가로 병원 신세를 져서 예상치 못한 지출이 생기는 것이다. 결국 저축을 늘리더라도 아주 제한적일 뿐이다.

어쩌면 저축을 할 수 있는 것만으로도 크나큰 다행일 수 있다. 많은 사람들이 급여 수준을 넘어서는 과소비를 해서 빚을 지기도 한다. 빚에서 생기는 이자는 지출을 더욱 늘리며 가난에서 벗어나기 힘든 악순환의 고리를 만든다. 일을 해서 버는 돈만으로는 부자가 되기 어려우며 현상 유지도 어렵다는 결론을 내는 데 그리 오랜 시간이 걸리지 않는다. 만약 특수한 능력을 갖추고 있어서 월급이 탁월할 정도로 많다면 가능할지도 모르지만 실제로 그런 경우는 매우 드물다.

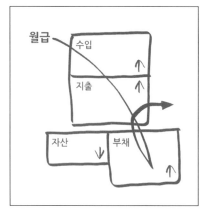 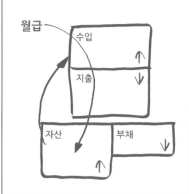

한편 부자들은 일을 해서 월급을 받아 돈을 버는 것 외에 보다 효과적인 방법을 잘 알고 있으며 그것을 실천함으로써 혜택을 누리는 사람들이다. 우리가 살고 있는 자본주의 사회에서 부자는 자본가들을 의미하는데, 자본가가 돈을 바라보는 관점은 흥부와 근본적으로 다르다. 그들은 일을 해서 돈을 벌지 않는다. 단지 그들이 소유한 자산(생산수단)을 통해 돈을 벌 뿐이다. 그들이 바라보는 일과 돈에 대한 관점은 흥부와 근본적으로 다르다.

자산이 있으면 일을 해서 버는 소득 외에 추가적인 소득이 생긴다. 소득이 늘어난 만큼 소비를 늘릴 수 있으며 한편으로는 늘어난 소득만큼 저축도 늘릴 수 있다. 이런 식으로 자산은 스스로 덩치를 계속 키운다. 자산이 늘어가다 보면 어느 순간 일을 하지 않아도 먹고 사는 데 지장이 없어진다. 대다수가 꿈꾸는 경제적 자유를 얻을 수 있는 것이다. 혹은 그 누구보다도 풍요로운 경제생활을 영위하는 부자가 될 수 있다.

기존의 재테크 정보는 돈을 모으고 굴리는 것에 대해서 다루지만 돈을 더 버는 방법에 대해서는 별다른 말을 하지 않는다. 일을 해서 돈을 번다고만 가정을 하기 때문이다. 재테크를 노동자의 입장에서만 다루는 것인데, 그러다 보니 재테크로 알 수 있는 것은 보다 나은 노동자가 되는 방법 정도가 고작이다. 그러나 우리가 자본사회를 살아가는 이상, 경제적인 풍요를 얻기 위해서는 노동자의 경제관념에서 벗어난 접근이 반드시 필요하며, 그 논의는 '돈을 만들어 내는 자산'의 확보에 대한 이야기로 시작되어야 한다.

지금 당장 하는 일을 그만 두고 (노동자의 신분을 벗고) 자본가가 되자는 것은 아니다. 다만, 일을 해서 돈을 버는 것 외에 돈을 벌 수 있는 생산수단인 자산의 확보를 더불어 생각해보자는 것이다. 직장생활을 유지하면서 자산을 만들기란 결코 쉽지만은 않다. 하지만 자산을 처음 마련하고 관리하는 것은 어떤 면에서 '투잡'을 하는 것보다 힘이 덜 드는 일이다. 희망을 주는 말을 하자면, 대다수 자본가는 일반인이 따라갈 수 없는 엄청나게 비범한 능력을 가졌거나 엄청난 노력파들이 아니다. 아파트 100채를 가진 사람이 아파트 한 채를 가진 사람보다 100배 더 노력했다는 것이 아니라는 뜻이다. 그는 단지 노동자들이 알지 못하는, 혹은 알려고 하지 않았던 노하우를 한두 가지 더 알고 있었으며 그것들을 삶에 접목시켰고 남들보다 운이 조금 더 좋았을 뿐이다.

"티끌 모아 태산!" 한 때 저축에 대해 강한 동기부여를 해주었던 이 속담이 요즘 사람들에게는 별로 큰 감흥을 주지 못하는 것 같다. 티끌은 어디까지나 티끌일 뿐 티끌을 모아서 어느 세월에 태산을 만든단 말인가? 어렵게 살던 시절에나 통하던 말로 치부되는 것이다.

그도 그럴 것이 오늘날은 과거 생산 중심의 시대와 달리 생산 과잉과 그에 이은 과잉 마케팅으로 소비자의 구매 심리가 끊임없이 자극되는 소비 중심의 시대이다. 여기저기 돈을 쓰고 싶게 만드는 매력적인 제품들이 널려 있다. 소비에 대한 관점이 바뀌어버린 지금, 어떻게든 사용하는 데서 더 큰 의미를 찾을 수 있게 되었다. 몇 천 원씩 하는 값을 치르면서 커피를 마시는 데 손쉽게 돈을 쓸 수 있고 그것들은 나름의 만족을 준다.

돈의 의미를 소비에서 찾는 것에서 벗어나 생산을 위한 것으로 두려는 노력이 필요하다. 가볍게 써버리는 돈이 계속해서 모이면 자산을 성장시키는 데 얼마든지 도움이 될 수 있기 때문이다.

예를 들어 보자. 장롱 속 바지의 주머니에서 자고 있던 천 원을 발견하였다면, 이 돈을 저축하는 것이 얼마나 큰 의미가 있을까? 천 원은 그 자체로 자산으로써 별 의미가 없는 푼돈이다. 생각 없이 써버리기 쉽다. 그러나 천 원씩 열 번을 모으면 만 원이 되고, 그렇게 또다시 열 번을 반복하면 십만 원이 된다. 그리고 다시 열 번을 반복하면 백만 원까지 모이는데, 이쯤 되면 푼돈이라고 하기에는 제법 덩치가 큰 금액이다. 의미 있는 생산 활동을 하는 것이 충분히 가능하다.

돈은 덩치를 키울수록 다른 돈을 끌어당기는 힘이 커진다. 푼돈을 푼돈 그대로 둔다면 별 의미가 없지만 어떻게든 자신의 자산에 보탠다면 자산의 중력을 키우는 결과를 낳는다. 물론 늘어나는 것이 눈에 보이지 않을 정도로 미미할 것이다. 그러나 오랜 기간 쌓이고 쌓이면 결코 무시할 수 없는 보탬이 될 수 있다.

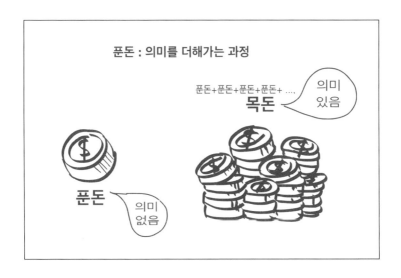

펀드란 주식이나 채권, 파생상품 등 유가증권에 투자하기 위해서 조성되는 투자자금으로서, 일정금액 규모의 자금운용단위를 말한다. 다소 어렵게 설명되어 있지만, 핵심은 여러 곳에서 모여서 덩치가 커진 돈이라는 데 있다.

투자를 할 때 굳이 여러 곳에서 돈을 모아서 할 필요는 없다. 가진 돈이 백 원만 있어도 투자를 할 수 있으며 천 원이 있으면 그 나름의 투자를 할 수 있다. 그런데 왜 여러 곳에서 돈을 모으는 펀드 같은 것이 만들어졌을까? 큰돈이 작은 돈보다 투자에 유리하기 때문이다. 돈에는 중력과 같은 속성이 있어서 돈이 돈을 자꾸 끌어당긴다. 그런데 중력의 힘은 부피가 커지면 커질수록 커진다. 돈도 마찬가지라고 이해하면 쉽다. 큰돈으로 투자를 하는 것에는 다음과 같은 두 가지 장점이 있다.

첫째, 작은 돈으로는 불가능한 투자를 할 수 있다.

둘째, 똑같은 투자를 하더라도 작은 돈보다 결과를 만들기에 유리하다.

펀드에 가입할 때 성공 확률을 높이는 한 가지 요령이 있다. 수많은 펀드 가운데 어떤 것이 오를 확률이 높은, 돈이 될 펀드일지 짐작할 수 있는 방법이다. 펀드의 옥석을 가리기 위해서 살펴봐야 할 것들은 꽤 많지만 잘 모르겠으면 하나만 지켜도 중간 이상은 할 수 있다. 최근에 지속적으로 돈이 모이고 있는 펀드를 선택하는 것이다. 즉 설정액이 늘어나고 있는 펀드를 고르는 것인데,

펀드의 총 금액이 지속적으로 늘고 있는 펀드는 앞으로 지금보다 더 좋은 성과를 낼 확률이 높기 때문이다. 반면 설정액이 줄고 있는 펀드는 투자에 난항을 겪을 가능성이 높다.

복리에 있어서도 작은 돈과 큰돈은 각자 나름의 의미가 있다. 복리의 효과를 내 것으로 하기 위해서는 오랜 기간 암흑기를 거쳐야 하는데, 그 기간에서 벗어나려면 반드시 일정수준 이상의 금액을 만들어야 한다. 그러기 위해 십만 원이든 백 만 원이든 최대한 보태주는 것이 바람직하다. 당장 달라지는 것이 없어 보이더라도 시간이 누적되면 단돈 백 만 원이 몇 년을 앞당기는 결과를 낳을 수 있는 것이 복리다.

흥부는 아무리 노력해도 인생의 반 이상을 암흑기에서 헤매게 될지도 모른다. 그 암흑기를 최대한 빨리 벗어나기 위해서 재테크를 하려는 것이다. 그렇다면 암흑기를 단축시키는 데 도움이 되는 하나하나가 아쉽다. 게다가 별로 어렵지 않고 위험도 없다면 마다할 이유가 더욱 없다. 시간이 오래 걸리더라도 푼돈을 큰돈으로 만들어서 돈의 힘을 키우는 것이 우리가 절약을 해야 하는 이유이다.

레버리지 투자와
복리의 상관관계

빌려온 것을 보태서 자산 증식에 활용하는 것을 레버리지(지렛대) 투자라고 한다. 무거운 물건을 쉽게 들 수 있도록 도와주는 지렛 대처럼 빌려온 자산을 이용해 보유하고 있는 자산이 거둘 수 있는 성과 이상을 내는 투자라는 뜻으로 사용된다.

가령 은행에서 받은 대출을 보태 부동산을 사는 경우를 생각해 볼 수 있다. 부동산을 살 때 100% 현금으로 사는 사람은 거의 없다. 보통은 해당 부동산을 담보로 대출을 받는다. 이때 받은 대출에 대해서 은행에 이자를 지불해야 하지만 임대를 놓음으로써 대출이자 이상의 소득을 올릴 수 있다. 소득을 대출이자보다 높게 맞추어 놓기만 하면 손익 구조상 부채는 별로 문제가 되지 않는다. 오히려 전체적인 소득을 크

게 올리는 효과가 있다.

자산과 부채의 상관관계를 이해하지 못하는 사람들은, 대출을 받으면 받을수록 손해라고 생각한다. 그러나 대출이 무조건 나쁜 것은 아니다. 앞서 부동산투자에서처럼 최종 수익을 높이는 데 이용이 가능한 것이다. 은행 예금만으로 재테크를 하는 사람들은 상상하기 힘든 논리다. 만약 그들도 대출이자보다 높은 수익률을 올릴 수 있는 예금이나 투자수단을 만들 수 있다면 어떻게 될까? 은행에서 돈을 차용하여서 본인의 자산으로 만들 수 있다. 은행이 전 국민을 대상으로 구축한, 거의 사기에 가까운 금융시스템(예금과 대출금리의 차이에 의한 수익내기)을 개인에게 적용하는 것이다.

부동산투자의 비밀

부동산투자는 레버리지를 이해하기에 좋은 재료이다. 아래에는, 각기 다른 성향과 마인드의 A, B, C가 매매가 1억 원짜리 주택에 투자를 하는 상황을 예로 들었다. 이를 통해 레버리지의 활용방법과 가능성을 알아보도록 하자.

레버리지를 모르는 A

A는 1억 원짜리 아파트에 투자를 하려면 돈을 무조건 1억 원을 모아야 된다고 생각을 하는 안정지향형인 사람이다. 당연한 듯 보이지만 A처럼 생각하면 자산을 키우기가 어렵다. 무엇보다 1억 원을 모으기까지의 기간이 결코 짧지 않아서 중도에 포기하기 쉽

다. 투자란 나와 먼 이야기라는 생각이 들 것이다. 물론 그 와중에도 악착같이 1억 원을 모으고 투자에 나서는 사람들이 있다. A가 그랬다면 결과가 어떨지 살펴보자.

1억 원짜리 아파트를 사기 위해서는 실제 부동산 취·등록세, 중개수수료 등의 부대비용이 필요하다. 하지만 여기서는 단순하게 따져보기 위해서 세금이나 수수료는 없다고 가정하였다. 또한 아파트를 취득하면 본인이 직접 들어가 살 수도 있고 전세를 놓거나 월세를 놓는 경우로 나뉜다. 여기에서는 보증금 3천만 원, 월 임대료 50만 원으로 월세를 놓기로 하자.

A는 1억 원을 주고 아파트를 샀지만 임차인에게 보증금 3천만 원을 받으므로 실질 투자금은 7천만 원이며, 1년간 임대소득은 600만 원이다. 수익률을 따져보기에 앞서 임대보증금으로 3천만 원을 받은 것에 주목할 필요가 있다. A는 1억 원짜리 아파트에 투자하기 위해서 1억 원을 열심히 모았지만 실제로 1억 원짜리 아파트에 투자하는 데 필요한 돈은 1억에 못 미치는 7천만 원만 있으면 된다. 결과론적인 이야기이지만 A 역시 자연스럽게 레버리지를 활용한 셈이다. 만약 A가 이 사실을 미리 알고 있었다면 종자돈이 7천만 원 가량 모였을 때 투자를 할 수 있었을 것이다. 투자 시기가 몇 년은 빨라졌을지 모를 일이다.

다시 A가 아파트를 사서 임대를 놓은 시점으로 돌아가면, A는 투자금 1억 원으로 연간 600만 원의 수익을 올릴 것이므로 연간 수익률은 6.0%이다. 1억 원을 모으기까지 어려웠

던 여정에 비하며 연 600만 원의 소득과 6.0%의 투자수익률을 만족스럽다고 할 수 있을까? 연간 600만 원의 소득 증대는 투자자에게 어느 정도 가치가 있을까? 이 정도만 해도 감지덕지라고 말할 사람도 있겠지만 부동산을 취득하여 임대를 놓는 순간부터 추가적으로 발생하는 번거로움(세입자 관리와 각종 응대)을 고려하면 좋은 투자라고 하기에는 다소 부족하다.

A에게는 자산에 대한 이해와 자산을 늘리는 비밀에 대한 이해가 필요해 보인다. 그렇다면 A 보다 조금 더 재테크에 눈을 뜬 B는 어떻게 투자하는지 살펴보자.

레버리지를 이해하는 B

B는 A와 달리 레버리지 투자의 기본을 이해하고 있는 사람이다. B라면 똑같이 1억 원을 모았을 때 조금은 다른 방법으로 투자를 할 것이다. 우선 1억 원 종자돈 전체를 아파트 한 채에 쏟아 붓지 않으며, 우선 1억 원을 5천만 원씩 두 개로 쪼갤 것이다. 그리고 첫 번째 5천만 원을 종자돈 삼아서 부족한 5천만 원은 대출을 받고 1억 원짜리 아파트를 산다. 5천만 원의 현금과 5천만 원의 대출금으로 1억 원짜리 아파트를 구입하는 것이다. 그리고는 A와 동일하게 보증금 3천만 원, 월세 50만 원으로 임대를 놓는다. 이때 대출금리를 4%로 가정하면 B가 취득한 아파트 한 채에서 발생하는 연간 순수입은 400만 원이다. (연수입 600만 원 – 연간 대출이자, 200만 원)

B에게는 미리 쪼개어 남긴 5천만 원이 있다. 즉 B는 남은 5천만 원으로 동일한 투자를 한 번 더 할 수 있다. 정확하게 말하면 1억 원짜리 아파트를 동시에 2채 매입할 수 있는 것이다. B가 아파트

2채로부터 거둬들이는 순수익은 총 800만 원에 이른다.
(400만 원X2)

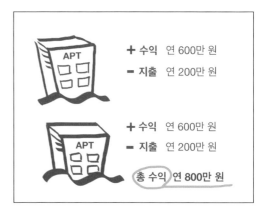

B의 연간 수익률은 8%이다. B는 대출을 이용한 결과 A보다 수익률을 높일 수 있었고 그 결과 더 많은 돈을 벌 수 있었다. 레버리지를 활용할 수 있느냐 아니냐의 차이로 보유 아파트의개수가 달라졌으며 소득에도 차이가 생긴 것이다.

A와 B의 투자수익률 계산에서 빠진 것

눈치가 빠른 독자는 A와 B의 투자와 수익률 계산에서 놓친 것이 하나 있다는 것을 알아챘을 것이다. 아파트에 투자하여 임대를 놓을 때 임차인으로부터 받는 임대보증금의 처리에 대한 것이다. 보증금은 임차인이 월세를 지급하지 않을지도 모르는 상황을 대비해 받아두는 자금으로, 정상적인 상황이라면 임대를 끝내는 시점에 임차인에게 돌려줘야 하지만 임대가 끝나기 전에는 처분권이 오로지 임대인, 즉 주택 소유자에게 있다.

A는 1억 원짜리 아파트를 임대하는 조건으로 임대보증금 3천만 원을 받았다. 그러므로 A가 실제로 아파트를 구매하는 데 사용한 투자금은 1억 원이 아니라 7천만 원이다. 결국 A의 투자수익률은 1억 원에 대한 연소득 600만 원으로 계산한 6.0%가 아니라 7천만 원에 대한 연소득 600만 원인 8.6%로 봐야 한다.

B도 마찬가지이다. 보증금을 염두에 두지 않은 B의 투자수익률은 8%였다. 하지만 B는 아파트 두 채를 임대로 놓으며 보증금 6천만 원을 회수하였다. 그러므로 B가 아파트 두 채를 사는 데 들어간 실 투자금은 4천만 원이다. 그리고 그것으로 순수익 800만 원을 거둬들였으니 B의 투자수익률은 20%에 달한다.

A와 B는 보증금으로 돌려받은 3천만 원과 6천만 원으로 무엇을 할 수 있을까? 은행예금에 넣어둘 수도 있고 다른 곳에 쓸 수도 있다. 아니면 이 보증금으로 동일하게 아파트에 투자를 더 할 수도 있다. 레버리지를 할 수 있는 만큼 해서 투자수익을 최대로 높이는 것이다. C는 그 방법을 알고, 실천할 용기가 있는 사람이다.

레버리지를 극대화한 투자자 C

B는 A가 모르고 있었던 레버리지라는 것을 활용하여 아파트를 두 채 매입하였고 수익성을 높였다. 그런데 C는 B보다 한 발 더 나가서 레버리지를 극대화하기로 한다. 즉 B가 돌려받은 임대보증금 6천만 원으로 또 다른 아파트를 매입하기로 한 것이다.

B와 동일한 방식으로 아파트를 두 채 매입한 C는 보증금 6천만 원 가운데 5천만 원과 추가대출금 5천만 원으로 1억 원짜리 아파트를 매입한다. 그리고 결과적으로 연 400만 원의 임대소득을 얻는다. 이렇게까지 하면 C의 총수익은 연 1,200만 원이 된다. A의 두 배에 이르는 수익이다. 그런데 C는 여기서 멈추지 않고, 마지막으로 매입한 아파트에서 받은 보증금 3천만 원과 잔여 현금 1천만 원으로 아파트를 한 채 더 사서 임대를 놓았다.

이번에는 투자금이 4천만 원밖에 없으므로 6천만 원의 대출을 받아서 1억 원짜리 아파트를 매입하였다. 그리고 이번에도 월세 50만 원을 받아서 연 600만 원의 소득을 올린다. 6천만 원에 대한 대출이자는 연 240만 원이기 때문에 네 번째 아파트의 순수익은 연 360만 원이다. 여기까지 투자를 한 결과 C는 1억 원짜리 아파트 4채를 갖게 되었으며 총소득을 연 1,560만 원으로 늘렸다. 그리고 수중에는 마지막 아파트에 대한 임대보증금까지 들려 있을 것이다. 1억 원에 대한 단순 수익률 15.6%, 실질투자금 7천만 원에 대한 수익률은 22.2%이다.

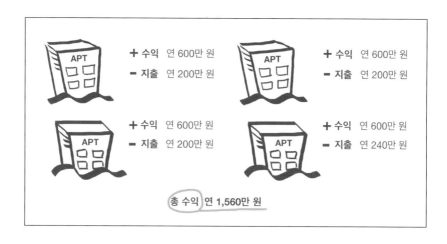

＋ 수익 연 600만 원
－ 지출 연 200만 원

＋ 수익 연 600만 원
－ 지출 연 200만 원

＋ 수익 연 600만 원
－ 지출 연 200만 원

＋ 수익 연 600만 원
－ 지출 연 240만 원

총 수익 연 1,560만 원

레버리지와 복리 지름길

레버리지를 약간 폄하해서 말한다면 빚을 내서 투자하는 것이다. 빚을 내서 투자를 하다니 너무 위험한 것 아닌가, 하는 생각이 들 수 있다. 사고의 흐름이 이런 방향으로 간다면 투자에 대한 두려움 때문에 자산증식을 향한 비밀에 한 발자국도 내딛지 못하게 된다. 빚이 나쁘다는 인식은 일을 해서 돈을 버는 것이 전부인 줄 아는 홍부들의 머리속에 심겨져 있는 전형적인 고정관념이다.

레버리지의 본질은 빚에 있다기보다 자산의 극대화에 있다. 투자자라면 누구나 레버리지를 이용하여 복리의 암흑기를 단축시키거나 건너뛰어야 한다. 그렇지 않으면 암흑기를 벗어날 수 없다. 앞서 A, B, C 세 사람의 수익형 부동산 재테크를 살펴보았는데 A를 좋게 표현하면 착실하고 정직한 사람이다. 그러나 냉정하게 말하면 재테크의 기본을 모르고 자본주의의 본질을 무시한 채 자산증식을 꿈꾸는 전형적인 홍부이다.

한편 B는 레버리지가 무엇인지를 알며, 보다 빠르게 자산을 늘리기 위한 도전을 할 수 있는 사람이다. 단, 이 역시 제한적인 성과를 거둘 뿐이다. 투자에 지속성이 없기 때문이다. 눈앞의 셈법을 통해 A보다 나은 결과를 만들어 냈지만 장기간에 걸친 복리의 본질을 읽었다고 보기는 어렵다.

C는 레버리지가 무엇인지, 복리의 특징은 어떠한지, 그리고 그것들을 활용하여서 빠르게 자산을 확장시키는 방법이 무엇인지

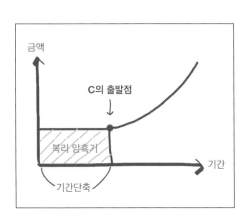

알고 있는 사람이다. C의 투자법이 유일한 해결책이라고 말하기에는 조심스럽다. 레버리지의 극대화로 인해 짊어져야 할 리스크가 만만치 않기 때문이다. 또한 부동산투자가 홍부들의 유일한 투자법이라는 뜻도 아니다. 부동산투자

에는 보다 복잡한 리스크가 수반되기 때문이다. 그래도 A처럼 생각했던 사람이라면 C의 재테크를 눈여겨볼 필요가 있다.

복리의 특성상, 자산이 기하급수적으로 성장하는 효과를 보기까지 상당히 오랜 암흑기를 거쳐야 하는데 그 기간을 줄일 수 있는 방법을 정리하면 세 가지가 있다.

1. 수익률을 높일 것
2. 급여 소득에서 최대한 많은 돈을 지속적으로 적립할 것
3. 레버리지로 투자금액을 최대한 높일 것

1.은 적정선을 지켜야 한다. 너무 높은 수익률을 목표로 하면 손실 리스크도 높아져서 복리 그래프 자체가 그려지지 않기 때문이다. 2.는 절약과 저축의 문제인데, 가능한 선에서 최선을 다 하는 것이 좋다. 남은 3.이 문제이다. 레버리지라는 것이 평범한 사람들에게 생소하고 두렵게 다가오기 때문이다. 그러나 금리의 편차에 따른 돈의 흐름을 이해하고 정확한 투자 방법을 알고 있다면 그것은 위험이라기보다 경제적 자유를 얻기 위한 강력한 무기가 된다. C는 이것을 이해하였다.

레버리지를 이용할 때는 부채로 인해 발생하는 지출과 자산에서 발생되는 소득 간의 균형을 맞추는 것이 반드시 필요하다. 가령 레버리지를 활용하여 부동산을 다수 보유하고 있는 C의 경우 부채에 의한 대출이자와 부동산의 보유에 따른 각종 세금 및 유지보수비가 임대소득보다 높아진다면 상당한 곤란을 겪을 수 있다. 그러므로 투자에 나서기 전 반드시 최대한 정확하게 수익과 손실의 균형을 맞춰야 하며, 실패하지 않는 투자를 위한 정밀한 계획을 세

a. 일반적인 눈사람 만들기 - 오래 걸린다.

b. 연탄을 이용한 눈사람 만들기 - 빠르게 만들 수 있다.

위야 한다. 그리고 그 계획은 1년, 2년 간의 단기 계획이 아닌, 적어도 은퇴 전까지 오랜 기간 동안 지속될 수 있는 것이어야 한다.

어린 시절 눈이 펑펑 내리던 겨울날 친구들과 눈사람을 만들던 기억을 떠올려 보자. 눈사람을 만들 때 가장 힘이 드는 것은 처음에 잘 뭉쳐지지 않는 눈을 모아

가는 것이다. 손에서 눈이 자꾸만 녹아내리는데다 조금만 실수를 하면 쉽게 깨지고 으스러져 버린다. 그런데 어느 정도 눈덩이가 커지면 눈 쌓인 공터에 데굴데굴 굴리기만 해도 저절로 크기가 커진다. 이때부터는 깨지지 않게 잘 다져주기만 하면 된다.

그런데 한 친구가 공터 한켠에 버려진 연탄을 들고 와서 바닥에 놓고 굴리며 눈사람을 만들기 시작한다. 이 아이는 가장 어려운 첫 단계를 훌쩍 뛰어 넘는다. 그리고 그 결과 같은 시간 동안 훨씬 더 큰 눈사람을 만들 수 있었다. 레버리지를 통해 복리의 암흑기를 단축시키는 것은 이와 매우 유사하다. 다 쓰고 재만 남은 연탄이 눈사람의 일부가 되었듯이 부채 역시 매우 효과적으로 자산에 이용될 수 있는 것이다.

수익률 욕심은
어디까지 내야할까?

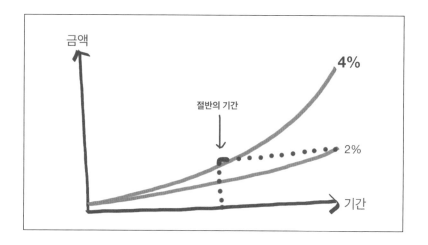

단리에서의 2% 수익률 차이는 10년이 지나도, 20년이 지나도 2%에 해당하는 차이를 만든다. 반면 복리에서 2%의 수익률 차이는 자산증식의 속도를 2 n 배로 키우기 때문에 시간이 지날수록 격차는 크게 벌어진다. 이런 식이라면 단 1%의 수익률 차이도 무시할 수 없는 것이 복리다. 가령 수익률을 두 배로 올리면 원금이 두 배로 되는 기간을 정확하게 절반으로 줄일 수가 있다. 그리고 그 상태에서 또다시 원금을 두 배로 만드는 기간은 정확하게 절반으로 줄어든다. 수익률 높은 투자를 해야 하는 이유이다.

하지만 흥부의 재테크는 꾸준함이 전제되어야 한다. 그렇기 때문에 제 아무리 높은 수익률일지라도 한순간 반짝하고 사그라질 것이라면 큰 의미가 없다. 지속 가능한 수익률이 필요하다. 그러므로 목표 수익률을 정할 때에는 최대한의 수치보다 최소한 어느 정도를 유지해야 하는가 하는 것으로 접근 방향을 바꾸는 것이 좋다.

레버리지

대다수 흥부들의 경우 자산 재테크를 원활하게 하기 위해서 레버리지가 반드시 필요하다. 그러려면 레버리지를 가능하게끔 하는 최소한의 수익률 조건을 맞춰야 한다. 그 조건이란 빌려 오는 돈보다 높은 수익률을 내는 투자를 의미한다. 다시 말해서 자산 재테크에서 목표로 하는 최소한의 수익률은 대출금리보다 높은 수익률이어야 한다.

만약 현 시점에서 대출금리가 4%라면 5%의 수익률만 낼 수 있어도 최소한의 조건으로는 합격이다. 조금 더 극단적으로 말하면 4.1%만 되어도 괜찮다.

만약 대출금리가 4%이고,

5%의 수익률을 낼 수 있다면 레버리지 투자를 통해 남길 수 있는 순 수익률은 1%이다. 1%로 투자를 하는 것과 같다. 상당히 비효율적인 투자 같지만 안하는 것보다 낫다. 왜냐하면 레버리지가 없었다면 빌려온 돈도 없을 것이고 그렇다면 그 1%의 수익이라도 올리는 것 자체가 불가능했을 것이기 때문이다. 하지만 역시 1%라는 숫자는 아쉽다. 그리고 두 번째 고려사항인 물가상승을 생각하면 1% 이상의 차이를 만들어 내는 것이 좋다.

물가상승

복리는 자산이 늘어가는 것에서 뿐만 아니라 자산이 줄어드는 것에도 동일하게 작용한다. 만약 우리가 가지고 있는 자산을 아무 것도 하지 않고 놀리면 자산가치는 점점 줄어든다. 자본주의 경제에서는 대부분의 경우 물가가 오르기 때문이다. 물가가 상승한다는 것은 돈의 가치가 떨어진다는 것이다. 그 말은 곧 자산가치도 더불어 하락한다는 뜻이다.

예를 들어보자. 20년 전 1억 원에 산 아파트가 있는 경우, 그 아파트가 지금도 1억 원 그대로라면 표면적인 가격에는 변함이 없는 것이지만, 실질 가격은 크게 하락한 것과 같다. 20년 전의 아파트 값 1억 원과 지금의 아파트 값 1억 원은 같은 가치가 아니기 때문이다. 20년 전에 1억 원이었던 아파트가 정상적인 물가상승 과정을 거쳤다면 지금 3억 또는 5억 원이 되었어야 한다. 그런데 가격이 제자리걸음이니 자산가치가 떨어진 것이고 그만큼 손해를 본 것이나 다름없다.

아무튼 이렇게 돈의 가치, 자산의 가치는 물가상승으로 인해서 점점 하락하는데, 이때 하락하는 속도에도 복리가 작용을 한다. 가령 연 4%의 속도로 물가가 꾸준히 오르는 것을 그래프로 그리면 전형적인 복리그래프가 그려진다. 미국의 맨해튼 땅값은 500년 전 24달러에 불과하였지만 시간이 지나며 물가가 오른 지금은 어떤가? 가늠하기 어려운 정도까지 오른 이면에는 물가가 복리로 오른 이유가 있다.

투자수익률의 마지노선은 물가상승을 이길 수 있는 정도가 되어야 한다. 가령 물가상승률이 4%라면 투자수익률도 4%는 넘길 수 있어야 하는 것이다. 물가상승률은 경기의 흐름에 발맞춰 수시로 변한다. 요즘은 워낙 저성장 시대다 보니 2%대로 발표가 되지만 불과 몇 년 전만 해도 연평균 4%였다. 물가상승률을 감안한 투자수익률은 최소 4%가 되어야 본전이란 계산이 나온다.

대출금리와 물가는 모두 변동하므로 보편적인 숫자로 최소한의 투자수익률을 정하기에는 사실 무리가 있다. 그래도 굳이 하자면 최근 몇 년 간의 데이터를 통해 보수적인 수준에서 정하는 것이 필요하고 그 수익률은 연 8% 정도면 괜찮을 것이다. (대출금리 4% + 물가상승률 4%)

연 8%의 수익률은 누군가에게는 터무니없이 높아 보일 수 있고 누군가에게는 보잘 것 없게 보일 수도 있다. 하지만 중요한 것은 개인의 주관적 판단이 아니라, 대출금리와 물가상승을 상쇄하는 수준에서의 수익률이다. 그런 면에서 연 8%의 수익률이면 자산 재테크를 유용하게 펼치기에 충분하다고 할 수 있다.

시중금리보다 높은 수익률을 올리는 투자란?

많은 이들이 은행을 이용하는 것과 투자를 하는 것 사이에서 고민하다가 은행의 낮은 수익률 때문에 투자를 하기로 결정한다. 그러다 보니 은행의 예금금리를 투자수익률에 대한 기준점으로 삼는 경우가 많다. 어렵게 투자를 하는데 예금이자보다 높은 수익을 올려야만 한다고 다짐하는 것이다.

수익률 마지노선에 대한 이와 같은 접근은 노동자의 재테크에서만 의미가 있을 뿐이다. 자본가는 돈을 빌리고 투자하는 과정에서 금리 차이로 큰 수익을 거둔다. 즉 빌려 오는 돈의 이자보다 벌어들이는 돈의 이자를 높게 세팅하여 자본을 키우고 무한의 수익을 발생시키는 것이다. 이와 같은 관점에서 보면 예금이자보다 높은 투자이익은 잘못된 기준이다. 그보다는 대출이자보다 높은 투자수익률이라는 새로운 기준이 필요하며, 이때의 시중금리는 곧 대출이자다.

좋은 대출과 나쁜 대출

가계부채의 잔액이 연일 사상 최고를 경신하며 우리 사회의 골칫거리가 되었다. 문제의 심각성을 해소하기 위해서 정부 차원에서 부채규모를 줄이는 정책에 힘을 쏟고 있는 이 시점에 대출을 이용한 레버리지 투자를 어떻게 받아들여야 할까? 대출을 통해 자산을 늘릴 수 있으니 무조건적으로 대출을 좋게 봐야 할까? 그러기에는 대출의 위험을 무시할 수 없다.

대출이라는 이름이 동일하게 붙여졌더라도 대출에는 좋은 것과 나쁜

것이 있으며 그 판단기준은 결국 금리이다. 금리가 낮으면 좋은 대출이
될 확률이 높고, 금리가 높으면 해롭기 만한 대출이 될 확률이 높다. 대
출금리의 수준은 대출을 해주는 기관이 어떤 곳이며 어떤 유형의 대출
인지에 따라서 다르다. 대출기관과 유형별 금리와 상환방식에 따른 구
분법을 살펴보자.

제1금융권	제2금융권	제3금융권
일반 은행 (우리,국민,신한,농협 등)	저축은행, 새마을금고, 증권사, 보험사, 캐피탈사, 우체국, 신협, 단위농협, 단위수협	대부업체 사채업자

금융기관별 구분

제1금융권 대출
금융기관은 크게 1, 2, 3금융권으로 나뉜다. 이 가운데 제1금융권이란
일반적인 시중은행을 뜻한다. 국민, 우리, 신한 등 익히 들어온 은행을
비롯해서 부산, 대구, 광주 등 지방은행들도 제1금융권이다. 농협, 신
협, 수협 등의 신용사업 부문 기관들도 제1금융권으로 분류한다.
이들 기관의 평균 대출금리는 제2, 제3금융권에 비해서 낮다. 하지만
낮은 금리만큼 대출을 받을 수 있는 자격도 까다롭게 심사한다. 통상
신용등급이 6등급 이상인 고객이 대상이다. 대출을 받기가 어렵지만 문
턱만 넘으면 레버리지에 이용할 수 있을 정도로 낮은 금리도 가능하다.

제2금융권 대출
제2금융권 금융기관은 시중은행을 제외한 나머지 제도권 금융기관을
통칭한다. 증권회사, 보험회사, 투자신탁회사, 종합금융회사, 상호저축
은행 등이 있다. 이들 기관은 제1금융권에 비해서 대출금리가 높으나
대출 승인의 문턱이 낮다. 일반적으로 신용등급 8등급의 고객까지 대
출을 받을 수 있다. 하지만 제1금융권에 비해서 평균금리가 크게 높은
편이다. 제2금융권의 대출은 금리가 높은 편이어서 투자에 이용하기가

대체로 어렵다. 만약 제2금융권에서 높은 금리로 대출을 받았다면 투자나 저축을 하기에 앞서 해당 대출을 상환하는 것이 우선이다.

제3금융권 대출

제1금융권과 제2금융권이 제도권에 속한 기관이라면 제3금융권은 제도권 밖의, 사채로 알려진 대부업체를 의미한다. 그런데 근래에는 제3금융권이 대중들에게 친숙한 이미지로 다가서고 있다. 정부가 비제도권 금융시장을 제도권으로 흡수하는 과정에서 TV 등 다양한 매체에 대부업체의 광고가 노출되고 있기 때문이다.

그러나 제3금융권의 대출은 고객들이 느끼는 이미지와 별개로 금리 수준이 매우 높다. 평균적으로 법정 최고수준의 금리로 대출이 승인이 난다. 물론 저신용자, 때로 신용불량자에게도 대출을 받을 수 있게 해주는 것은 긍정적으로 볼 수 있지만 감당하기 어려운 금리로 서민들의 심장에 비수를 꽂는 경우가 허다하므로 주의가 필요하다. 결론적으로 제3금융권의 대출은 나쁘다. 어쩔 수 없이 이용하였다면 모든 역량을 동원하여 최대한 빠르게 상환하는 것을 목표로 하자.

대출유형별 구분

담보대출

주택이나 토지 등 담보로 잡힐 수 있는 물건을 이용하여 대출을 받는 것을 의미한다. 보통은 자산가치가 인정되는 부동산을 담보로 이용한다. 주택을 구입할 때, 사업자금이 필요할 때, 기타 생활비가 필요할 때, 노후의 생활비가 필요할 때 등 다양한 목적으로 받을 수 있다. 담보대출의 한도는 담보물건의 가치에 의해 정해지며 평균적인 금리수준이 낮다. 투자수익률보다 낮은 금리로 고액의 대출을 받을 수 있는 가능성이 높기 때문에 자산 재테크에 긍정적으로 활용할 수 있다.

신용대출

부동산 담보를 사용하지 않고 대출자의 신용만으로 대출을 받는 것을 신용대출이라 한다. 대출 신청자의 신용등급이 가장 중요한 역할을 하며 월급의 규모, 직장의 안정성, 고용의 형태 등을 고려하여 승인여부와 금리, 한도가 결정된다. 담보대출에 비해서 빠르게 대출을 받을 수 있지만 일반적으로 받을 수 있는 금액이 많지 않으며 금리 역시 담보대출에 비해서 높다. 공무원, 전문직 등 고용이 안정적일수록 금리와 한도 조건이 좋다. 담보대출에 준하는 금리조건을 제외하면 자산 재테크에 접목시키기에 다소 무리가 있다.

상환방법에 따른 구분

돈은 빌리는 것보다 갚아나가는 것이 더욱 중요하다. 그렇기에 대출을 받기 전, 대출받은 원금과 이자를 어떤 방식으로 갚을지에 대한 숙고가 필요하고 앞으로의 자금사정과 자산관리 계획에 맞춰서 가장 적합한 상환방법을 선택해야 한다.

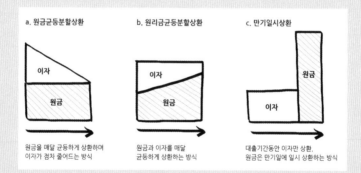

상환을 어떻게 하느냐에 따라서 금리 및 총 이자 규모도 달라진다. 통상적으로 원금을 갚지 않고 거치하는 기간이 길어질수록 총 이자가 많아진다. 반면 원금을 빠르게 분할상환을 할수록 총이자 규모도 줄어드는데, 그 이유는 원금을 상환할수록 갚을 이자가 줄기 때문이다.

원금분할상환

대출을 빌은 즉시 원금과 이사를 분할해서 상환해가는 방식이다. 기간 내내 원금이 지속적으로 줄어들기 때문에 총 지불해야 하는 이자가 가장 저렴하다. 하지만 초반부터 원금상환에 대한 부담을 안아야 하는 만큼 정확한 자산관리 계획이 뒷받침되어야 한다. 원금 분할상환 방식은 원리금 균등분할상환과 원금 균등분할상환 방식의 두 가지로 나뉜다. 원리금 균등분할상환은 매달 원금과 이자의 합을 동일하게 갚아가는 방식이다. 즉 첫 달에 원금과 이자를 동일하게 30만원씩 갚는다면 마지막까지 30만 원을 유지하면서 갚는다. 한편 원금 균등분할상환은 원금을 동일하게 분할하고 그에 따라 이자를 차감해가면서 상환하는 방식이다. 즉 처음에는 이자 부담금액이 크지만 시간이 지날수록 줄어드는 이자만큼 줄어든다. 대출기간 내내 부담해야 하는 이자의 총액은 원금 균등분할상환이 더 적다.

거치 후 원금 분할상환

대출을 받은 뒤 일정 기간은 원금상환을 하지 않고 이자만 갚아가다가 정해진 기간이 지나면 원금을 분할상환하는 방법이다. 즉 초기에는 만기 일시상환 방법을 따르다가 중간부터 원리금 분할상환 방법으로 전환된다고 보면 된다.

초반에 거치 기간을 두고 대출을 받는 것은 대출 후 최초 몇 년간 자금 사정이 넉넉하지 못할 때 유용하다. 금리를 낮추는 것이 가능하다면 거치기간 동안 레버리지에 활용이 용이하다.

만기 일시상환

만기 일시상환은 대출을 받은 후 원금은 상환을 하지 않고 이자만 갚다가 만기일에 원금을 일시에 갚는 방법이다. 대출한도 금액이 큰 담보대출보다는 소액의 신용대출에서 주로 이용된다. 대출기간 동안 원금을 자유롭게 활용할 수 있는 것이 가장 큰 장점이다. 반면 전체 기간 동안 원금이 줄지 않고 그대로이므로 원금을 분할상환하는 타 상환방식보다 갚아야 할 전체 이자 금액이 높아지는 단점을 감수해야 한다.

〈비교〉

초기 상환부담 : 원금 분할상환 〉거치 후 원금 분할상환 〉만기 일시상환

전체 이자금액 : 만기 일시상환 〉거치 후 원금 분할상환 〉원금 분할상환

평범한 사람들의
비범한 투자

우리는 경쟁사회를 살아가고 있다. 재테크에 있어서도 경쟁은 있다. 잘하는 사람이 있으면 못하는 사람이 있는 것이다. 우리는 어떻게 하면 잘하는 쪽에 설 수 있을까를 고민해야 한다. 그런데 잘 하는 그룹 안에서도 등급이란 것이 있다. 누군가는 상위 1% 안에 들어갈 것이며 누군가는 상위 20%에 간신히 걸쳐 있을 수도 있다.

우리는 어느 정도 위치를 노리고 재테크를 시작해야 할까? 최상위층인 1%를 노리고 들어갈 것인가? 아니면 그보다 문턱이 낮은 20% 안에 들기 위한 길을 갈 것인가? 결정을 미리 해보는 것도 의미가 있다.

상위 1%의 특별한 투자자가 된다는 것

재테크에 있어서 상위 1%의 특별한 투자자가 된다는 것의 의미를 살펴보자. 아마 그것은 그 누구도 쉽게 따라오지 못하는 특별한 투자로 상당한 부를 쌓는 사람이 되는 것이리라. 과연 이렇게 되기 위해서는 어떻게 투자를 어떻게 해야 될까?

이런 방법이 있을 것이다. 투자수익률을 높이고 높여서 누구도 따라오지 못할 정도의 고수익 투자에 성공하는 것이다. 가령 주식에 투자하여 매일 30% 정도씩 고수익을 올릴 수만 있다면 단 1년 만에도 엄청난 부자가 될 수 있을 것이다. 부동산투자로 예를 든다면 1억 원에 아파트를 사서 10억 원에 파는 것을 열 번만 하면 100억 부자가 될 수 있지 않겠는가?

그러나 여러 번 말했듯 현실에서 특정 범위를 넘어서는 고수익 투자를 연속으로 성공하는 것은 거의 불가능하다. 투자라는 것은 확률의 게임인데, 1% 확률을 열 번 연속 성공하는 것이 가능하겠는가? 밑천이 부족하고 실력도 부족한 우리들이 이런 행운을 연속으로 기대하는 것은 실패로 향하는 급행열차를 타는 것과 다름없다. 상위 1%의 특별한 투자자가 되기 위해서 이런 식의 복권과 같은 수익률을 노리면 곤란하다. 다른 길을 찾아야 한다.

우리가 익히 잘 알고 있는 투자의 정점 워렌 버핏을 예로 들어보자. 지난 40여 년 간 투자를 계속해왔던 워렌 버핏의 연평균 투자수익률은 30% 안팎에 불과하다. 워렌 버핏이 정작 무서운 것은 30%라는 수익률 자체가 아니라 그 수익률을 40년 동안 꾸준히 유지했다는 점이다.

초보 투자자라도 한 순간은 30% 이상의 투자를 해낼 수 있다. 모르고 산 주식이 1년이 지나서 보니 30% 올라 있는 경우가 얼마든지 있을 수 있기 때문이다. 그러나 그 다음 해에도 30%의 수익을 낼 수 있는가? 그것은 전혀 다른 이야기다. 되려 −30%의 손실을 입어도 전혀 이상한 일이 아니다. 투자는 수익률을 얼마나 많이 낼 수 있느냐의 경쟁이 아니라 손실과 마이너스 간의 줄다리기를 계속해가는 것이다. 그 줄다리기에서 늘 이기면서 마이너스 없이 고수익을 꾸준하게 달성하는 것은 그 누구에게도 쉬운 일이 아니다. 특히 높은 수익률에 대한 열망이 크면 클수록 손실의 가능성도 높아지므로 더욱 어렵다. 최고의 투자자라고 하는 워렌 버핏도 30%의 수익률로 만족할 수밖에 없는 것이다.

상위 1%의 투자자는 평균 이상의 수익률을 오랜 기간 계속해서 할 수 있는 투자자를 말한다. 되도록 오랜 기간 높은 수익률을 올리는 것이다. 그 수익률이라는 것은 극한의 한계까지 올려야 하는데, 잃지 않는 투자를 하는 것이 중요하므로 투자에 상당한 공을 들여야 하고 마인드 컨트롤도 보통이 아니어야 비로소 가능하다.

상위 20%의 성공하는 투자자가 되기 위해서

상위 1%의 투자자가 되기 위해서는 아마 지금 당장 하는 일을 그만두고 전문 투자가가 되어야 할 것이다. 그것은 재테크라기보다 직업의 문제이다. 재테크를 논할 때 직업을 바꾸는 것까지 말할 수는 없다. 평범하게 직장생활을 하거나 자영업을 하고, 자녀를 양육하며 살림을 하는 평범한 흥부들이 할 수 있는 재테크로 돌아가 이야기를 계속하기 위해 워렌 버핏을 따라 잡으려는 목표는 내려두자.

현재의 직업을 유지한 채 재테크를 할 수 있는 선에서 상위권에 들어가는 방법이 필요하다. 평범한 흥부가 할 수 있으면서 상위 20%에 들어갈 수 있는 비범한 재테크, 다시 정리하면 그것은 다음과 같은 재테크이다.

수익률 목표는 시중금리보다 높게

2015년은 국내의 기준금리가 1.5%라는 이례적인 수준으로 내려간 기록적인 해였다. 제로 금리가 수 년 째 이어진 선진국에 비할 바 아니지만 국내에서도 1%라는 상징성 있는 초저금리 시대가 열린 것이다. 그 결과 울며 겨자 먹기로 투자를 시작한 사람들도 제법 생겨났다. 너무너무 낮아서 물가상승률도 못 따라갈 것 같은 은행예금보다 높은 수익을 내기 위해서 투자에 나선 것이다.

집 잃은 난민처럼 쫓겨 나와서 투자를 시작한 그들이지만 투자의 성과에 대한 확신도 목표도 다들 부족했다. 그저 은행예금 금리보다만 높은 수익을 얻는 투자를 하려는 마음이었다. 그 결과는 어땠을까? 의외로 높은 수익을 거둔 사람들이 적지 않았다. 초저금리로 투자시장에 전에 없던 활황이 온 것이다. 그러나 급하게 불붙은 열기는 그만큼 빠르게 식었다. 결국 수익을 반납하고 손실을 입는 투자자들이 쌓여갔다. 실현 가능한 수익 목표와 리스크 관리 전략이 없이 투자에 나선 결과다.

평범한 사람들이 재테크를 할 때는 수익률에 대한 목표치를 안정적으로 정하는 것이 필요하다. 무한정 높은 수익률을 꿈꾸기보다 시중금리보다 높게, 더 정확하게는 대출이자보다 높게 정하는 것을 1차적인 목표로 세워야 한다. 대출이자보다 높은 투자만 전제된다면 내가 가지고 있는 돈이 얼마 없어도 돈을 끌어와서 자산화 하는 것이 가능하다. 그리고 수익률과 무관하게 수익의 총량을 높일 수 있다. 이렇게 재테크를 하면 고수익률에 대한 욕심을 버려도 괜찮다. 그리고 단지 잃지 않는 투자와 시중금리 이상의 꾸준한 투자에만 집중하면 된다.

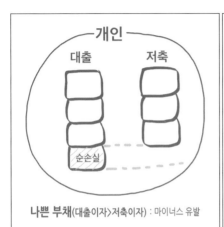

나쁜 부채(대출이자>저축이자) : 마이너스 유발

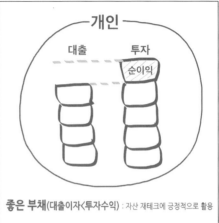

좋은 부채(대출이자<투자수익) : 자산 재테크에 긍정적으로 활용

채권은 리스크가 낮고 그만큼 기대 수익률도 낮은 대표적인 안정형 투자상품이다. 그렇기 때문에 대부분의 투자자들은 채권에 별 관심을 두지 않는다. 채권에 투자할 바에 은행을 이용하거나 주식이나 주식형펀드와 같이 보다 높은 수익을 낼 수 있는 상품을 선택하는 것이다.

그러나 보통의 사람들과 달리 부자들은 채권에 투자를 한다. 부자들은 그들을 중심으로 들어오고 나가는 돈의 흐름을 크게 키워놓은 사람들이다. 그렇기 때문에 들어오는 돈(대출)의 이자보다 높은 수익률을 최대한 안정적으로 만들어줄 투자처에 관심을 가지는 것이다.

꾸준하게 목표 수익을 거둘 수 있어야 한다

1천만 원의 종자돈으로 투자를 한다고 가정하였을 때, 단 한 차례 100%의 수익을 올리고 그 후로 원금을 지키는 사람보다 매년 10%씩 꾸준하게 수익을 낼 수 있는 사람이 장기적으로 훨씬 큰 성과를 올릴 수 있다. 그리고 이 성과 차이는 기간이 길어질수록 더 벌어진다.

<원금 1천만원 복리와 한방 비교>

기간	금리	원금	이자	원리금	기간	금리	원금	이자	원리금
1	10%	10,000,000	1,000,000	11,000,000	1	100%	10,000,000	10,000,000	20,000,000
2	10%	11,000,000	1,100,000	12,100,000	2	0%	20,000,000	0	20,000,000
3	10%	12,100,000	1,210,000	13,310,000	3	0%	20,000,000	0	20,000,000
4	10%	13,310,000	1,331,000	14,641,000	4	0%	20,000,000	0	20,000,000
5	10%	14,641,000	1,464,100	16,105,100	5	0%	20,000,000	0	20,000,000
6	10%	16,105,100	1,610,510	17,715,610	6	0%	20,000,000	0	20,000,000
7	10%	17,715,610	1,771,561	19,487,171	7	0%	20,000,000	0	20,000,000
8	10%	19,487,171	1,948,717	21,435,888	8	0%	20,000,000	0	20,000,000
9	10%	21,435,888	2,143,589	23,579,477	9	0%	20,000,000	0	20,000,000
10	10%	23,579,477	2,357,948	25,937,425	10	0%	20,000,000	0	20,000,000
11	10%	25,937,425	2,593,742	28,531,167	11	0%	20,000,000	0	20,000,000
12	10%	28,531,167	2,853,117	31,384,284	12	0%	20,000,000	0	20,000,000
13	10%	31,384,284	3,138,428	34,522,712	13	0%	20,000,000	0	20,000,000
14	10%	34,522,712	3,452,271	37,974,983	14	0%	20,000,000	0	20,000,000
15	10%	37,974,983	3,797,498	41,772,482	15	0%	20,000,000	0	20,000,000
16	10%	41,772,482	4,177,248	45,949,730	16	0%	20,000,000	0	20,000,000
17	10%	45,949,730	4,594,973	50,544,703	17	0%	20,000,000	0	20,000,000
18	10%	50,544,703	5,054,470	55,599,173	18	0%	20,000,000	0	20,000,000
19	10%	55,599,173	5,559,917	61,159,090	19	0%	20,000,000	0	20,000,000
20	10%	61,159,090	6,115,909	67,274,999	20	0%	20,000,000	0	20,000,000
21	10%	67,274,999	6,727,500	74,002,499	21	0%	20,000,000	0	20,000,000
22	10%	74,002,499	7,400,250	81,402,749	22	0%	20,000,000	0	20,000,000
23	10%	81,402,749	8,140,275	89,543,024	23	0%	20,000,000	0	20,000,000
24	10%	89,543,024	8,954,302	98,497,327	24	0%	20,000,000	0	20,000,000
25	10%	98,497,327	9,849,733	108,347,059	25	0%	20,000,000	0	20,000,000
26	10%	108,347,059	10,834,706	119,181,765	26	0%	20,000,000	0	20,000,000
27	10%	119,181,765	11,918,177	131,099,942	27	0%	20,000,000	0	20,000,000
28	10%	131,099,942	13,109,994	144,209,936	28	0%	20,000,000	0	20,000,000
29	10%	144,209,936	14,420,994	158,630,930	29	0%	20,000,000	0	20,000,000
30	10%	158,630,930	15,863,093	174,494,023	30	0%	20,000,000	0	20,000,000

한 차례 100%의 고수익을 올린 사람은 한 순간에 원금을 두 배로 불렸다. 그러나 앞으로 시간이 얼마가 지나든 원금이 2천만 원인 것에는 변함이 없다. 반면 매년 10%씩 수익을 올리고 복리로 투자를 계속할 수 있는 사람은 10년 뒤 원금이 25,937,424원이며, 20년 뒤에는 67,274,999원, 30년 뒤에는 무려 174,494,023원에 이른다. 1천만 원으로 시작한 금액이 1억을 넘긴 것이다.

100%의 대박 수익을 낸 사람이 단리로 이 금액을 따라 잡으려면 똑같은 대박을 무려 17번 맞아야 한다. 그리고 그 과정에서 손실이 단 한 차례도 없어야 한다. 이런 확률의 재테크가 얼마나 가능할까? 만약 끝내주는 운으로 해낸다 한들 보통의 인간이라면 18번, 19번째 시도를 이어갈 것이며 그러다 보면 언젠가 큰 실패가 찾아올 것이다.

많은 사람들이 첫 직장을 갖게 되거나 결혼을 하거나, 전세에서 내 집을 마련하는 등 굵직굵직한 사건을 통해 재테크에 관심을 갖기 시작한다. 그리고 보통 그때 너무 늦었다는 생각을 많이 한다. 그런데 그 순간부터 하더라도 언제까지 재테크를 해야 하는가?

평생에 걸쳐 해야 하는 것이 재테크이다. 우리 인생은 생각보다 길다. 만약 당신이 현재 은퇴를 앞두고 있는 중년일지라도 앞으로 30년 이상은 계속해서 해야 한다. 돈 관리, 자산관리는 한번 반짝하고 마는 것이 아니다. 밥을 먹고 잠을 자듯 죽을 때까지 이어지는 과업이다. 그 긴 시간 동안 말도 안 되는 행운만 바라고 있을 것인지, 다소 오래 걸리고 손에 잡히지 않아도 안정적이고 꾸준한 수익을 쌓아갈 것인지에 대한 선택이 필요하다.

안전하고 꾸준하게 해야 되는 것을 알지만 그럼에도 불구하고 길이 너무 멀지 않은가. 그렇다면 복리의 면면에 대해 올바로 이해하고 암흑기를 빠르게 탈출할 수 있는 지름길로 가로질러 가는 방법을 이용해야 한다. 지름길이란 앞서 살펴본 레버리지다. 1천만 원을 1억 원으로 레버리지 하여 30년간 복리 투자를 하는 경우의 자산 변화를 살펴보면 다음과 같다.

<복리테이블> 1억으로 시작하는 10%

기간	금리	원금	이자	원리금
1	10%	100,000,000	10,000,000	110,000,000
2	10%	110,000,000	11,000,000	121,000,000
3	10%	121,000,000	12,100,000	133,100,000
4	10%	133,100,000	13,310,000	146,410,000
5	10%	146,410,000	14,641,000	161,051,000
6	10%	161,051,000	16,105,100	177,156,100
7	10%	177,156,100	17,715,610	194,871,710
8	10%	194,871,710	19,487,171	214,358,881
9	10%	214,358,881	21,435,888	235,794,769
10	10%	235,794,769	23,579,477	259,374,246
11	10%	259,374,246	25,937,425	285,311,671
12	10%	285,311,671	28,531,167	313,842,838
13	10%	313,842,838	31,384,284	345,227,121
14	10%	345,227,121	34,522,712	379,749,834
15	10%	379,749,834	37,974,983	417,724,817
16	10%	417,724,817	41,772,482	459,497,299
17	10%	459,497,299	45,949,730	505,447,028
18	10%	505,447,028	50,544,703	555,991,731
19	10%	555,991,731	55,599,173	611,590,904
20	10%	611,590,904	61,159,090	**672,749,995**
21	10%	672,749,995	67,274,999	**740,024,994**
22	10%	740,024,994	74,002,499	**814,027,494**
23	10%	814,027,494	81,402,749	**895,430,243**
24	10%	895,430,243	89,543,024	**984,973,268**
25	10%	984,973,268	98,497,327	**1,083,470,594**
26	10%	1,083,470,594	108,347,059	**1,191,817,654**
27	10%	1,191,817,654	119,181,765	**1,310,999,419**
28	10%	1,310,999,419	131,099,942	**1,442,099,361**
29	10%	1,442,099,361	144,209,936	**1,586,309,297**
30	10%	1,586,309,297	158,630,930	**1,744,940,227**

1억 원으로 시작하여서 매년 10%씩 투자수익률을 올리고 복리로 자산운용을 계속하면, 30년 뒤 자산은 무려 17억 원이 넘는다. 레버리지 없이 투자한 것과 비교하면 정확하게 10배에 달한다.

<복리테이블> 1억으로 시작하는 6%

기간	금리	원금	이자	원리금
1	6%	100,000,000	6,000,000	106,000,000
2	6%	106,000,000	6,360,000	112,360,000
3	6%	112,360,000	6,741,600	119,101,600
4	6%	119,101,600	7,146,096	126,247,696
5	6%	126,247,696	7,574,862	133,822,558
6	6%	133,822,558	8,029,353	141,851,911
7	6%	141,851,911	8,511,115	150,363,026
8	6%	150,363,026	9,021,782	159,384,807
9	6%	159,384,807	9,563,088	168,947,896
10	6%	168,947,896	10,136,874	179,084,770
11	6%	179,084,770	10,745,086	189,829,856
12	6%	189,829,856	11,389,791	201,219,647
13	6%	201,219,647	12,073,179	213,292,826
14	6%	213,292,826	12,797,570	226,090,396
15	6%	226,090,396	13,565,424	239,655,819
16	6%	239,655,819	14,379,349	254,035,168
17	6%	254,035,168	15,242,110	269,277,279
18	6%	269,277,279	16,156,637	285,433,915
19	6%	285,433,915	17,126,035	302,559,950
20	6%	302,559,950	18,153,597	**320,713,547**
21	6%	320,713,547	19,242,813	**339,956,360**
22	6%	339,956,360	20,397,382	**360,353,742**
23	6%	360,353,742	21,621,224	**381,974,966**
24	6%	381,974,966	22,918,498	**404,893,464**
25	6%	404,893,464	24,293,608	**429,187,072**
26	6%	429,187,072	25,751,224	**454,938,296**
27	6%	454,938,296	27,296,298	**482,234,594**
28	6%	482,234,594	28,934,076	**511,168,670**
29	6%	511,168,670	30,670,120	**541,838,790**
30	6%	541,838,790	32,510,327	**574,349,117**

물론 1억 원을 어디선가 끌어왔기 때문에 그만큼 이자를 내야 하고 그러면 10%의 투자를 하더라도 손에 쥐는 실 수익률은 10%에 못 미칠 것이다. 계산을 할 때 대출이자만큼은 차감해야 한다. 예를 들어 대출이자가 4%라면, 실 수익률은 6%밖에 안 될 것이다. 고작 6%밖에 안 된다는 생각을 아직도 하고 있다면 곤란하다.

1억 원의 암흑기를 건너 뛴 사람이 6%로 안정적인 투자를 계속할 수 있다면 (4%는 이자로 지출) 20년 뒤에 얼마나 많은 자산을 쌓는지 확인해보자. (앞의 표 참조)

30년 뒤 5억 7천만 원 이상의 자산이 마련된다. 1억으로 시작해서 5억 7천만 원의 수익을 올렸다. 뭔가 좀 아쉬운 듯하지만, 원래 이 사람이 가지고 있던 돈은 1천만 원에 불과했다는 것을 기억해보자. 1천만 원 대비 5억 7천만 원이라면 5,600%의 누적 수익률이다. 앞서 1천만 원으로 레버리지 없이 10%의 수익률을 올린 경우의 누적 수익률 1,600%와 비교해보면 무려 3.5배의 성과다.

자본주의 사회에서 돈이 늘어나고 줄어드는 원리를 알지 못하면 누구나 투자를 어렵게 생각할 수밖에 없다. 대체 얼마나 높은 수익률을 올려야 부자가 되는 거야? 라는 식으로 애초에 불가능한 방향에서 상상의 나래를 펼친다.

돈의 원리는 고수익에 있지 않다. 다소 낮아 보이는 수익률이라도 꾸준히 올릴 수 있고 적절한 장치만 더해지면 그 힘을 크게 발휘할 수 있다.

자산 재테크 전체:
연 8%의 수익률

시중금리 이상의 수익률은 무엇을 통해 올릴 수 있을까? 분명한 것은, 은행의 예금과 적금 같은 안전자산으로는 절대 불가능하다는 것이다. 어찌되었든 투자자산을 (또는 부동자산) 이용해야 한다. 그리고 투자자산의 수익률은 임의로 정할 수도 없고, 어느 정도가 가능하다 아니다를 논하기도 어렵다. 하지만 자산 재테크에 대한 설명을 이어가려면, 이 정도는 가능하다는 전제 같은 것이 필요하다. 가령 재테크를 통해 자산을 늘려가고 지출을 해결할 때 기준이 되는 수익률이 필요한 것이다. 이것은 쉽게 정할 것이 아니지만, 부득이 필요에 의해서 연 8.0%의 수익률을 정하고 설명을 계속 해보기로 한다. 물가상승률과 시중금리를 감안하면 안정적인 자산 재테크를 하기 위해서는 연 8.0%의 수익률이 필요하기 때문이다.

그렇다면 과연 연 8.0%의 수익률을 꾸준하게 올릴 수는 있을까?

최근 재테크 시장에는 매우 안정적이면서도 자산 재테크에 적합한 수익률을 올릴 수 있는 투자수단들이 속속 생겨나고 있다. 전통적인 투자수단인 주식이나 주식형펀드 외에 각종 구조화펀드 (ELS. ETF. ETN), 사모펀드, 크라우드펀드 등 완화되어 가는 금융규제 정책의 흐름을 타고 다양한 투자상품들이 대중들에게 모습을 드러내고 있다.

투자자문기관의 정보와 가이드에 접근하는 것도 전보다 쉬워졌다. 이것들을 잘 이용하면 초보자들도 가진 능력과 정보력을 뛰어 넘는 수익을 올리는 것이 가능하다. 오히려 너무나 다양한 관련 기관이 난무해 어느 곳의 손을 잡을까 선택이 어려울 정도이다. 〈흥부야 재테크하자〉 카페 커뮤니티에서 회원들에게 소개되는 투자상품, 투자자문의 유형만 해도 매우 다양하다. 전에는 은행만 이용하던 회원들도 용기를 내 자문을 받고 투자를 결정하곤 한다. 어찌되었든 현 시점에서 자산 재테크를 가능하게 하는 수익률을 제시하는 투자상품은 잘 보이지 않는 곳에 있을 뿐 관심을 기울이면 누구라도 찾아서 이용할 수 있다.

상품이나 기관의 힘을 빌리지 않더라도 올바른 방법대로 투자를 하면 스스로의 힘으로도 가능하다. 이것에 대해서 궁금한 사람들은 이 책의 나머지를 숙독하는 것은 물론 조금 더 깊은 수준의 학습과 경험을 해야 한다. 〈흥부야 재테크하자〉 카페 커뮤니티를 방문하여도 다양한 투자 정보를 얻을 수 있다.

어찌되었든 이 책에서 말하는 자산 재테크는 스스로가 연 8% 의 수익률을 올리는 방법을 찾았다는 전제 하에 계속 진행할 수밖에 없음에 양해를 구한다. 물론 실전에서는 연 8%가 될 수도 있고 그보다 높거나 낮아질 수도 있다. 무엇으로 어떻게 투자자산을 만드느냐에 따라서 수익률이 고정될 수도, 변동될 수도 있다. 그러나 그 모든 예측 변화 가운데에 가장 중요한 것은 시중금리 이상의 투자수익률을 올리는 것이며, 그것을 통해 자산을 성장시키고 경제적 자유를 달성하는 것이다.

아직 투자가 낯설어서 8%가 불가능한 수익률처럼 보이더라도, 가능하다는 전제를 깔고 자산 재테크의 방법을 이해해보자. 다소 순서가 잘못되었다고 느껴지겠지만 이것도 나름의 의미가 있다. 재테크를 왜 해야 하는지, 투자를 왜 해야 하는지에 대해서 전보다 명확하게 알 수 있고 투자를 하고자 하는 의지가 생겨날 것이라 확신하기 때문이다.

4

혼자 하는
자산 재테크 실전

셀프 자산 재테크

지금까지 자산이란 무엇이며, 자산이 왜 중요한지, 자산을 늘려가는 방법은 어떤 것이 있는지에 대해 살펴보았다. 이제부터는 자산을 만들고 금융소득을 발생시키는 재테크를 실제로 어떻게 해야 하는지 방법을 알아볼 차례이다.

재정적인 목표 점검

보통 재테크를 시작하는 사람들은 열에 아홉 상품에 관심을 갖는다.

- 펀드로 고수익을 내려면?
- 주식을 잘 하려면 어떻게 해야 하는지?
- 청약통장을 어떻게 가지고 있어야 하는지?

이렇게 고민을 하다가 별다른 계획 없이 상품을 고르고 투자를 시작한다. 이런 무계획적인 상품 선택에 앞서서 확실히 해야 할 것이 있다. 본인의 재정적인 목표가 무엇인지 구체적으로 정하는 것이다. 재정 목표는 앞으로 나의 자산관리 방향을 결정하는 데 중요한 기초 자료가 될 것이다. 어디로 흘러갈지도 모르는 채 배를 띄울 것인가, 분명한 도착지를 정하고 배를 띄울 것인가? 당연히 선택은 후자여야 한다.

재정 목표를 세운다는 것은 부자가 되기 위해서, 같은 두리뭉실한 목표설정을 뜻하는 것이 아니다. 살면서 누구나 필요로 하는 공통된 목표와 각자의 가치관에 따라 다른 목표들을 구체적으로 계획해봐야 한다.

사는 동안 가능하면 많은 경험을 쌓기 위해 낯선 곳을 방문하는 여행자를 꿈꾸는 사람이 있다고 가정해보자. 이 사람의 가장 중요한 목표는 최소한 1년에 한 번씩 해외여행을 다녀오는 것이다. 그렇다고 해도 해외여행만을 재정 목표로 정할 수는 없다. 기본적으로 거주할 집 문제를 해결해야 하고 출퇴근용 자가용도 필요할지 모른다. 그리고 당연히 은퇴 이후에 생활비로 사용할 노후 자금에 대한 부분도 목표로 정해둬야 한다.

이 사람의 재정 목표를 우선순위에 따라 정리하면 다음과 같을 것이다.

1. 2년 이내 : 주택문제 해결 – 매매가 1억~2억 원대의 소형 아파트 전세
2. 3년 이내 : 1년에 한 번씩 해외여행 경비 마련 – 연 300만 원~500만 원 예산
3. 5년 이내 : 출퇴근용 자가용 마련 – 2천만 원대 중형

4. 기간 미정 : 투자 종자돈 5천만 원 – 주식 또는 주식형 펀드
   로 공격적인 운용
5. 20년 이내 : 은퇴 후 생활자금 준비

왜 재테크를 하는가? 라는 질문에 다시 한 번 스스로 답해보자. 그리고 그 답에 전보다 조금 더 실현 가능하고 구체적인 재무목표를 담아보자. 뚜렷한 목표가 있는 학생이 좋은 성적을 거두 듯, 재테크를 할 때에도 구체적인 목표가 있어야 그에 맞는 결과를 만들 수 있다.

재정 목표를 세우는 구체적인 방법

재정적인 목표를 세울 때는 포커스를 돈에 맞추지 말자. 1억 원을 모으겠다, 10년 동안 10억 원을 만들겠다는 식의 금전적인 목표에 그쳐서는 곤란하다. 재무 목표에는 "돈을 모으는 구체적인 이유"가 포함되어야 한다. "그 돈으로 무엇을 할 것인가?"를 따져봐야 목표

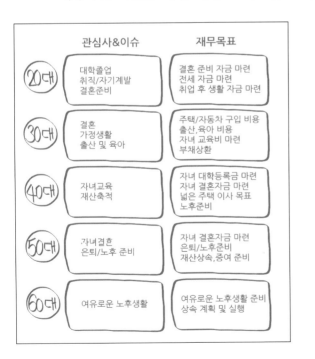

에 우선순위를 두는 것이 가능하다. 그리고 그 우선순위를 참고해야 재테크를 현실성 있게 할 수 있다.

일반적으로 정해진 연령대별 재정 목표를 참고해보자. 앞에 예시한 그림은 20대부터 60대에 이르기까지 주된 이슈와 재정 목표를 정리해 놓은 것이다.

20대인 사회초년기에는 결혼자금, 전세자금을 마련하는 것이 중요하며, 30대에는 자가용 구입, 육아비용, 비상 예비자금, 주택구입 자금이 주된 이슈다. 그 후 40대는 자녀교육비, 은퇴자금을 준비해 나가는 시기이다. 물론 모두에게 적용되는 것은 아니다. 누군가는 독신주의라서 결혼자금이라든가 자녀교육비에 대한 준비가 필요 없을지 모른다. 그래도 되도록 불필요해 보이는 것들까지 포함해서 계획을 세우면 장기적으로 도움이 된다. 보통 큰 문제는 예상하지 못했다가 해야 만하는 상황이 닥쳤을 때 발생한다. 목표는 구체적으로 정하고 계획은 보수적으로 세우는 것이 좋다.

행복할 수 있는 목표

많은 사람들이 돈=행복이라는 공식을 마음속에 담고 살아간다. 박봉에 힘겨운 삶을 이어가면서도 복권에 당첨되는 것을 꿈꾸며, 부동산으로 큰 부자가 되기를 꿈꾸고, 주식으로 대박을 꿈꾸는 이유는 '돈=행복'이라는 공식을 은연중에 믿고 있기 때문일지 모른다.

그러나 돈이 많다고 해서 반드시 행복한 것은 아니다. 만약 '돈=행복'의 등식이 진리라면 삶을 비관하고 자살하는 재벌 총수나,

가난하지만 알콩달콩 행복한 삶을 살아가는 사람들은 없을 것이다. 하지만 현실에서는 이와 같이 돈과 무관하게 행복하거나 불행한 사람들이 많다. 돈은 행복을 위한 필요조건은 되지만 행복의 충분조건은 아니라고 보는 게 맞을 것 같다.

행복한 삶을 살기 위한 재정 목표를 세워보자. 그리고 그 목표를 이루기 위해 필요한 최소한의 돈이 얼마인지 따져보자. 돈은 부수적인 문제일 뿐이다. 돈에 대한 강박적인 목표를 버리고 인생살이를 중심으로 한 재정 목표를 세울수록 재테크에서 성공할 확률은 높아진다.

가계 재무제표 작성 – 재무상태표와 현금흐름표

재정 목표를 정하는 동시에 현재의 재정상태를 파악해야 한다. 지금 현재 수입이 불규칙하고 과도한 빚을 지고 있는데 1년 안에 종자돈 1억 원을 모으려는 목표를 세우면 어떻게 되겠는가? 무리를 하다가 잘못되거나 목표가 무색하게 중도에 포기를 할 것이 뻔하다. 반대로 재정적으로 충분한 여력이 되는데 목표가 미약하다면 그것 역시 문제다. 목표가 목표로서 제 기능을 하려면 현 재정상태에 대한 객관적 점검이 뒷받침 되어야 한다.

가정 재무제표

파악해야 할 재정상태는 자산과 부채, 수입과 지출이다. 이 네 가지를 파악하면 현 상태가 어떠한지 정확하게 알 수 있다. 이 중

자산과 부채를 파악하는 데 사용되는 것을 재무상태표, 수입과 지출 현황을 정리하는 것을 현금흐름표라고 한다. 이 두 가지를 합해서 재무제표라 부른다.

재무제표는 보통 기업회계에서 이용된다. 기업의 재무제표는 꽤 복잡해서 이해하는 데 많은 노력이 필요하지만 우리는 재테크를 하는 것이지 회계학을 전공할 것은 아니므로 꼭 필요한 것들만 남겨서 개인이나 가정에 맞는 양식으로 바꿔서 사용할 수 있다. 정해진 양식이 있는 것도 아니어서 각자 편의대로 만들어 볼 수 있다.

재무제표를 작성하면 개인 또는 가정의 재정상태를 객관적으로 파악하고 자기반성의 시간을 가질 수 있다. 사람들은 은연 중 스스로가 잘 하고 있다는 생각을 하는 경향이 있으며 재테크에 있어서도 마찬가지다. 그러나 객관적으로 따져보면 부족한 면이 보일 것이다. 자만과 모호한 자신감을 털어내기 위해서라도 재정상태를 진단하는 과정을 꼭 거쳐보는 것이 좋다.

재무상태표

자산과 부채의 현황을 정리한 표를 재무상태표라 한다.

자산과 부채는 구체적으로 어떤 종류의 것인지 구분하여 현재 가격을 적는다. 여기서는 자산을 유동자산, 안전자산, 투자자산, 부동자산 4개로 구분한다. 한편 부채 항목은 단기부채, 장기부채, 기타 부채로 나누었다. 자산 합계금액과 부채 합계금액을 뺀 금액을 순자산이라 한다.

재무상태표를 보면 현 시점의 재정상태를 파악하는 것은 가능하지만, 자산과 부채가 늘어나거나 줄어드는 흐름은 알기가 어렵다. 예를 들어 현재 자산에서 부채를 뺀 순자산이 마이너스일지라도 자산이 늘어나는 속도가 매우 빨라서 조만간 플러스로 전환될 수 있는 경우가 있다. 반대로, 순자산이 꽤 많더라도 자산이 지속적으로 감소하는 추세라면 그 역시 바람직한 현상은 아닐 것이다. 그런데 재무상태표만으로 이런 변화를 알아내기는 어렵다. 이것을 보완하기 위해서 현 시점에서 돈이 어떻게 빠져나가고 들어오는지 보여주는 현금흐름표가 필요하다.

<재무상태표>

	자산			부채	
구분	항목	금액	구분	항목	금액
유동자산	현금	1,000,000	단기부채	신용카드 잔액	300,000
	보통예금	8,000,000		마이너스 통장	0
	CMA/mmf	4,000,000		기타	0
	기타	0		단기부채 계	300,000
	유동자산 계	13,000,000	장기부채	신용대출	0
안전자산	정기적금/자유적금	3,500,000		담보대출	150,000,000
	정기예금	0		자동차할부/리스	10,000,000
	기타	0		기타	0
	안전자산 계	3,500,000		장기부채 계	160,000,000
투자자산	주식	20,000,000		부채 계	160,300,000
	펀드,ETF,ELS 등	3,400,000			
	저축보험/연금	5,400,000			
	기타	0			
	투자자산 계	28,800,000			
부동자산	주거용 부동산	200,000,000			
	임차보증금	200,000,000			
	자동차	15,000,000			
	기타	0			
	부동자산 계	415,000,000	순 자산		
자산 계		460,300,000	300,000,000		

현금흐름표

현금흐름표는 매월 돈이 어떻게 들어오고, 쓰이며 저축이 되는지 보여주는 표이다. 가정에서 흔히 작성하는 가계부는 현금흐름표를 작성하는 기초자료라고 할 수 있다. 작성한 가계부를 결산하고 수입과 지출, 저축, 투자를 한 달 동안 어떻게 했는지 정리하면 현금흐름표가 만들어지기 때문이다.

현금흐름표상의 수입금액 총합과 지출 및 저축금액의 합은 서로 같아야 한다. 한 달 동안 벌어들인 수입에서 지출을 하거나 저축을 할 것이기 때문이다. 예를 들어 월수입이 300만 원인 경우, 지출이 200만 원이라면 저축은 100만 원이 되어야 한다. 적금 등으로 저축하지 않고 현금으로 남겨둔 것까지 현금성 저축으로 기재

<현금흐름표>

소득			지출		
구분	항목	금액	구분	항목	금액
근로소득	본인	2,700,000	소비지출	생활비	2,050,000
	배우자	2,100,000		기타	0
	근로소득 계	4,800,000		소비지출 계	2,050,000
금융소득	이자 및 배당소득	0	비소비지출	보장보험	200,000
	임대소득	0		대출원금/이자	330,000
	연금/보험소득	0		관리비	120,000
	기타	0		공과금	200,000
	금융소득 계	0		기타	500,000
소득 계		4,800,000		비소비지출 계	1,350,000
				지출 계	3,400,000
			저축/투자	적금	500,000
				적립식펀드(증권)	700,000
				저축보험/개인연금	200,000
				기타	0
				저축/투자 계	1,400,000
			지출, 저축/투자 계		4,800,000

하여 합산 금액을 맞춘다.

수입을 초과하여서 지출을 하는 경우가 있다. 예를 들어 월급이 300만 원인데 신용카드로 초과지출을 하여서 400만 원의 지출을 한 것이다. 이런 때에는 저축란에 관련 내용과 함께 -100만 원으로 기재한다.

현금흐름표상의 초과저축이나 초과지출은 재무상태표에서 자산 또는 부채의 총량에 변동을 준다. 예를 들어 적금으로 저축하는 금액이 100만 원이면, 재무상태표상의 적금자산은 매월 100만 원씩 늘어날 것이다. 그러므로 현금흐름표는 적어도 매월 작성을 하고 그때마다 재무상태표를 갱신하는 것이 좋다. 그러나 재테크를 시작하는 시점부터 어렵게 생각할 필요는 없다. 최초의 재무상태와 현금흐름을 파악하는 것만으로도 우선은 충분하다.

정리

재무제표를 작성하면 개인의, 혹은 우리 가정 전체의 재정 현황과 발전 상황을 가늠할 수 있다. 소비 패턴에 어떤 문제가 있는지, 투자는 효과적으로 하고 있는지 등 구체적인 점검은 물론 자산과 부채의 현황과 변화의 흐름을 예측하여 재테크의 기초자료로 활용할 수 있는 것이다.

자산 재테크의 핵심은 자산에 있다. 유동자산, 안전자산, 투자자산, 부동자산을 어떤 방법으로 관리하며, 어떻게 불려나갈 것인지에 대한 계획이 중요한 것이다. 더불어 자산과 밀접하게 연관되는 부채에 대한 계획과 관리도 빼놓을 수 없다. 자산과 부채에 대한 계획을 세울 때 재무제표를 참고하면 많은 도움이 된다.

다음 단계부터는 현 상태의 자산을 어떻게 재분배하며, 자산을 어떻게 키워나갈 것인지에 대한 본격적인 방법을 알아보자.

기초분석과 1차 조정

재정 목표를 정하고, 재정상태를 파악하여 재테크를 계획하기 위한 자료를 준비하였다. 다음 단계는 기본적인 측면에서 당면한 문제를 분석하고 조정하는 일이다. 딱히 조정해야 할 것이 없다면 다음 단계로 넘어가도 괜찮다. 그러나 만약 다음 단계로 나서기 전 문제의 소지가 발견되면 사전에 바로잡는 것이 좋다. 대표적인 문제점을 정리해 보았다.

- 부채문제
- 과소비
- 유동자산의 부족
- 과도한 저축 분산
- 성과 없는 투자자산 및 중복된 투자자산

부채문제

소유자에게 돈을 벌어다 주는 것이 자산이라면, 부채는 소유자의 주머니에서 돈을 털어간다. 물론 부채를 자산확장에 긍정적으로 이용할 수 있다. 임대수익을 올리기 위해서 오피스텔을 구매할 때 매매가의 일부를 부채로 충당하는 경우, 임대수익이 부채 이자를 상회하는 경우를 예로 들 수 있다.

하지만 소비성 지출에 사용된 과도한 신용카드 결제라든가, 금융소득과 무관하게 짊어진 채무에서 발생하는 금융지출은 자산확장에 전혀 도움이 되지 않는다. 자산을 키우기 위해서는 더 많은 수입이 필요한데, 소비를 하느라 발생한 부채는 실질소득을 낮춰서 자산을 늘리는 데 마이너스가 될 뿐이다.

고금리의 신용대출 잔액이 남았는데 은행에서 적금에 가입하여 돈을 모으는 사람이 있다. 비록 빚은 있지만 돈을 모아야 할 것 같아서 빚은 빚대로 두고, 적금을 가입하는 것이다. 이 경우, 적금금리가 대출금리보다 높은 것이 아니라면 우선은 신용대출을 상환해야 한다. 그게 아니라면 적금을 들게 아니라 신용대출보다 높은 수익률의 투자를 성공해야 한다. 금리를 나에게 유리하게 만드는 것이 재테크의 기본이다.

과소비

자산 재테크를 농사에 비유하면, 자산이 없거나 부족한 척박한 땅을 갈고 씨앗을 심어서 자산 농사를 짓는 것과 같다. 씨앗에서 싹이 트고 줄기가 자라서 나무가 되면 그 나무는 나의 든든한 자산이 되어서 돈이라는 열매를 맺어줄 것이다. 나무가 무럭무럭 자라서 뿌리를 깊게 내리면 우리는 물을 주거나 잡초를 뽑아 주기만 하면 된다.

그런데 처음에는 씨앗을 어디선가 구해야 하고 농사를 지을 땅도 마련해야 한다. 그러기 위해서 돈이 필요하다. 그것을 우리는 종자돈이라고 부른다. 씨앗이 되는 돈이라는 뜻이다. 이 종자돈만큼은 누구나 스스로의 힘으로 마련해야 하는데, 그러기 위해서 절약과 저축을 열심히 해야 하는 것은 기본이다. 든든한 후원자가 있어서 무상으로 농사를 지을 땅과 종자를 지원하지 않는다면 스스로의 힘으로 하나씩 준비할 수밖에 별다른 도리가 없다. 종자돈을 마련하는 시기에는 반드시 과소비를 주의해야 한다.

유동자산의 부족

저축성향이 강한 사람들의 재정상태를 보면 유동자산이 부족한 경우가 많다. 여윳돈이 생기면 그때그때 정기적금이나 정기예금으로 묶어서 이자를 받으려고 하기 때문이다. 투자에 열심인 사람들도 비슷한 생각을 한다. 돈을 놀리느니 투자에 이용하려고 하는 것이다. 그러다 보면 유동자산을 가지고 있을 틈이 없다.

그런데 불필요해 보이는 유동자산도 어느 정도는 있어야 재테크에 무리가 가지 않는다. 유동자산은 앞으로의 저축이나 투자를 할 때 사용될 예비자산이다. 부동자산을 마련할 때 계약금이나 수수료로 사용할 돈, 투자하기 좋은 기회가 생겼을 때 단기적인 목적으로 사용할 돈의 경우에도 유동자산으로 해결해야 한다. 한편 지출 계획이 깨졌을 때 구원등판하는 비상금도 유동자산이다.

유동자산이 없거나 부족하면 앞서 말한 모든 상황에서 불필요하게 문제가 커진다. 월급의 2~3배 정도를 비상금으로 마련해 두는 것이 좋으며 만약 투자성향이 강하다면 비중을 더 높여야 한다.

과도한 저축 분산

저축통장을 여러 개 가지고 있는 것이 유행처럼 번지던 때가 있었다. 지금도 풍차 돌리기라는 이름으로 한 달에 한 개씩 통장을 만드는 사람들이 있다. 통장을 개설하는 즐거움과 만기가 도래할 때의 기쁨을 지속적으로 느낄 수 있기 때문이다.

혹시 모를 중도해지에 대비해 통장을 여러 개로 나눠 들기도 한다. 하나의 적금통장에 몰아서 저축을 하면 급전이 필요해서 전체 적금을 깰 수밖에 없지만 여러 개로 통장을 나누면 일부만 깨서 손실을 줄일 수 있다는 판단을 하는 것이다. 한편으로는 금리가 높은 저축상품을 찾아서 가입하다 보니 자연스럽게 통장의 개수가 늘어나는 경우도 있다.

풍차 돌리기

풍차 돌리기는 한 달에 한 개의 1년 만기 정기적금 또는 정기예금에 가입해서 일정 금액을 저축하여, 12개월 뒤부터 한 달 간격으로 만기가 돌아오게 하는 재테크 방법이다. 한 달에 한 번 새로운 통장을 만들고 1년 뒤부터 순차적으로 돌아오는 만기 원금과 이자를 재투자 하는 것이 핵심이다. 통장을 만들 때 적금으로 하면 적금 풍차 돌리기, 예금으로 하면 예금 풍차 돌리기라 부른다.

매달 10만 원씩 1년 만기 적금 통장을 하나씩 만드는 풍차 돌리기를 예로 들어보자. 1월에 10만 원씩 불입하는 1년 만기 적금에 가입한 뒤, 2월에 10만 원씩 불입하는 새로운 적금을 가입한다. 3월에도 마찬가지로 통장을 하나씩 새로 가입한다. 1월에 적립할 돈은 10만 원이다. 2월부터는 늘어나는 통장만큼 적립해야 하는 총 금액도 늘어난다. 12개월 뒤에는 12개의 적금 통장에 총 120만 원을 넣어야 한다.

12개월이 지나면 작년 1월에 들었던 적금의 만기가 도래한다. 이때 받는 원금과 이자에 새로 적립하는 120만원을 더해서 정기예금에 가입한다. 13개월차에도 120만 원을 더해서 새로운 정기예금 통장을 개설한다. 시간이 흘러서 12개월 뒤 열두 번째 정기예금 통장을 개설하게 될 것이다. 그리고 3년차가 되면 2년차에 만들었던 정기예금의 만기가 순차적으로 돌아온다.

이것은 하나의 예일 뿐, 풍차 돌리기에 정해진 룰은 없다. 저축할 수 있는 사정에 맞춰서 적금 풍차, 예금 풍차 중에서 자유롭게 선택하면 된다.

하지만 저축을 너무 여러 개의 통장으로 나눠서 하면 자산관리에 안 좋은 점도 있다. 상품의 만기가 제각각으로 쪼개져서 자산의 집중도가 떨어지는 것이다.

예를 들어 1,000만 원을 한 번에 저축을 하면 만기 때 원금과 이자를 한 번에 받는다. 이렇게 한 번에 모인 원금과 이자는 다른 유형의 자산으로 바꾸기 쉬우며 의미 있는 자금으로 사용할 때도 유용하다.

반면 1,000만 원을 매달 나눠서 풍차 돌리기의 방법으로 예치를 해 놓는다면, 원금과 이자가 12번으로 나뉘어 수중에 들어올 것이다. 여러 개로 쪼개져 집을 산다거나 다른 형태의 자산으로 전환할 때 사용하기 어렵다. 별 의미가 없는 곳에 사용되어 없어질 가능성도 높아진다.

돈은 속성상 언제나 큰돈이 작은 돈에 비해서 유리하다. 돈을 쪼개 놓으면 자산화 하는 측면에서 불리하다.

만약 저축통장의 개수가 불필요하게 많다면 하나 또는 소수의 통장으로 집중시키는 것이 유리하다. 하나로 통장을 합치면 중도해지에 따른 리스크가 높아지지만, 애초에 지출 계획을 잘 세우면 리스크는 통제가 가능하다.

성과 없는 투자자산, 중복된 투자자산

투자자산은 4개의 자산 중에서 수익성이 가장 좋다. 그러나 그에 반에 손실 리스크도 높은 위험한 자산이다. 공격적인 성향의 투자자일수록 투자자산의 비중이 높은데, 정작 자산을 키우지 못하고 손실을 입은 채 투자를 멈추는 경우가 적지 않다. 원인은 여러 가지가 있겠지만 애초에 투자자산의 선택을 잘못하면 수익을 내기 어렵다.

다음과 같은 경우를 살펴보자.

구분	상품	유형	투자금액	수익률	평가금액
1	펀드	국내주식형A	3,000,000	5%	3,150,000
2	펀드	국내주식형B	2,000,000	-20%	1,600,000
3	펀드	국내주식형C	1,000,000	10%	1,100,000
4	펀드	국내주식형D	1,000,000	15%	1,150,000
5	펀드	국내주식형E	2,000,000	-17%	1,660,000
6	변액	국내주식(성장)	4,000,000	2%	4,080,000
계			13,000,000	-2%	12,740,000

다섯 개의 펀드와 변액유니버설보험으로 자산을 꾸리고 있는 것으로 보아 상당히 공격적인 성향의 투자자이다. 그런데, 투자의 결과가 좋지 않다. 아직 진행 중이어서 그럴 수도 있지만 평가손익이 마이너스이니 아직까지는 실패한 투자일 뿐이다.

또한 보유하고 있는 펀드의 수에 비해서 펀드의 유형과 투자대상이 대동소이하여 실질적인 분산 효과가 거의 없다. 다섯 개의 펀드와 변액보험이 모두 국내 주식시장에 투자되는 것들이다. 국내 주식시장에 올인하는 투자 형태인데, 의도하지 않은 이상 올바른 투자 방향이라고 보기 어렵다. 집중 투자를 하면 안 된다는 뜻이 아니다. 의도적으로 상품을 나눴음에도 결과적으로 집중이 되어 버린 것이 문제다.

초기 자산 세팅

일을 왜 하는가? 성취감을 위해서? 자아성취를 위해서?

기분 좋은 그럴 듯한 답변이다. 하지만 솔직한 이유는 먹고 살기 위해서이다. 끊임없이 쉬고 싶지만 밥을 먹고 옷을 사고 집을 사기 위해서 일을 할 수밖에 없다. 성취감이나 자아성취 등의 이유는 차후의 문제이다.

그런데 일은 언제까지나 계속해서 할 수 있는 것이 아니다. 늙어 죽을 때까지 일을 할 수 있으면 좋겠지만 오래 일하는 것은 여간 힘든 것이 아니다. 사오정, 오륙도는 기본이고 삼팔선, 이태백이라는 말도 있다. 언제까지 일을 할 수 있냐는 질문에 누구도 쉽게 답하기 어려운 시대이다. 이 문제에서 벗어나기 위해서는 일을 하는 동안 어떻게든 은퇴를 준비해야 한다. 일을 하지 않아도 먹고살 수 있을 만큼의 자산과 소득을 지금부터 만들어 내야 한다.

오륙도 : 오십대, 육십대에 회사에서 근무하면 도둑놈
사오정 : 사십대, 오십대 정년퇴직
삼팔선 : 삼십팔 세를 넘기기 어렵다
이태백 : 이십대 태반이 백수

재테크를 하는 중대한 이유는 은퇴를 하게 되었을 때 월급 없이도 생활을 유지하기 위함이다. 그런데 은퇴 준비라는 것이 막연하게 느껴지곤 한다. 지금부터 뭘 어떻게 해야 할지 감을 잡기 어렵다. 그럴 때는 일단 당면한 문제부터 해결을 해보자. 현재 나의 소비 지출에 보탬이 될 정도의 추가소득을 만드는 것을 시작으로 삼아보는 것이다. 그리고 그 소득을 차분히 늘려 가면 은퇴 시점의 목표도 더불어 달성된다.

예를 들어 매달 내던 보험료 10만 원, 전세보증금 담보대출로 주머니에서 빠져나가는 대출이자, 또는 아파트 관리비만큼의 소득을 만들어 낼 초기 자산을 세팅하는 것이다. 소득이 늘어나면 적어도 그만큼 저축(또는 투자)을 더 할 수 있다. 그리고 결과적으로 자산이 커지는 속도가 빨라지고 그 결과 소득이 다시 늘어난다.

물론 사회초년생이라든가 그동안 저축을 못한 사람들이 처음부터 추가소득을 만들 수는 없다. 그렇다면 일단 저축을 통해 종자돈을 모으는 것이 먼저다. 당장 할 수 있는 것이 저축밖에 없어서 조바심이 나거나 돈을 모으는 것이 부담스러울 수 있다. 하지만 그 종자돈을 너무 어렵게 생각하지 않아도 괜찮다. 작은 금액이더라도 레버리지를 이용할 수 있는 정도까지만 만들면 된다. 얼마 안 되는 종자돈으로도 초기 자산을 세팅하는 것이 충분히 가능하기 때문이다.

초기 자산의 종류

유동자산, 안전자산, 투자자산, 부동자산 가운데 어떤 자산을 초기 자산으로 정할 것인가? 이미 각 자산의 특징을 살펴보았기에 대략적인 감이 오겠지만 자산 재테크의 측면에서 다시 한번 짚고 넘어가 보자.

우선, 유동자산을 핵심자산으로 정할 사람은 없으리라 본다. 유동자산은 소득의 생산성이 가장 낮은 자산이기 때문이다. 가뜩이나 자산의 총량이 부족한데 생산성이 거의 없는 것을 주 엔진으로 삼을 수는 없다.

다음으로 따져볼 것은 시중은행의 정기적금, 정기예금 같은 안전자산이다. 이들 자산은 매우 안전하다. 수익을 내지 못할 확률이 거의 없고 1인당 5,000만 원 선에서 원금도 보장을 받을 수 있다. 시중은행만 놓고 보면 경영 악화로 문을 닫을 확률도 매우 낮은 편이다. 이런 이유로 수많은 사람들이 안전자산을 주된 재테크 수단으로 이용한다.

그러나 안전자산은 초기 자산으로 정하기에 수익성이 너무 떨어진다. 우리나라가 IMF 금융위기를 겪기 전만 해도 시중은행은 상당히 훌륭한 재테크 상품이었다. 연이율이 20%에 달할 정도였기 때문이다. 그때는 재테크를 몰라도 누구나 고수익으로 자산을 늘릴 수 있었다. 근래에는 어떤가? 시중은행의 예·적금은 1%대로 급락했다. 자산확장의 수단으로 삼기에는 부족함이 많다.

지금은 투자 성향을 떠나서 무조건 투자자산이나 부동자산을 초기 자산으로 삼아야 하는 시대이다. 이 두 자산만이 연 8%의 수익률을 올릴 가능성이 있기 때문이다. 다만, 그 안에서 구체적으로 어떤 종류의 것을 선택할지는 각자의 판단이다.

예를 들어 투자자산의 한 종류인 펀드만 해도 국내주식형펀드, 국내채권형펀드, 국내혼합형펀드, 해외주식형펀드, 해외채권형펀드 등 다양한 유형이 있다. 그 밖에 ELS, ETF, ETN 등 구조화 펀드들도 있다. 주식에 직접 투자를 하더라도 그 안에서 취할 수 있는 방법이나 종목의 개수는 손으로 꼽을 수 없을 만큼 다양하다. 부동산투자도 크게 수익형 부동산, 시세차익형 부동산으로 구분할 수 있으며 투자 대상 역시 아파트, 오피스텔, 상가, 빌라, 토지 등으로 세분화 된다. 근래에는 사모펀드 및 크라우드펀딩 등 초기 자산으로 삼기에 적합한 투자상품들이 더욱 많아지고 있다.

초기 자산의 크기

복리의 성과를 결정짓는 세 가지 요소는 수익률, 시간, 금액이다. 자산확장에 복리를 이용하기 위해서는 이 세 가지 요소에 대한 이해가 필요한데, 이중 수익률은 정해놓고 말하기가 곤란하다. 단지 여기서는 연 8%의 수익률을 가정할 뿐이다. 수익률을 제하고 다음 두 가지 요소에 대해서 살펴보자.

시간 : 복리의 효과는 시간이 흐를수록 기하급수적으로 늘어난다. 그러나 이것을 다르게 말하면, 매우 긴 시간이 지나야만 비로소 체감할 수 있는 복리 효과를 볼 수 있다는 뜻이다. 일반적인 방법으로는 10년, 20년으로도 부족하며 복리 효과가 거의 나타나지 않는 암흑기에서 한참을 헤매야 한다. 단순히 시간만 놓고 보면 흥부에게 기회는 없다.

금액 : 다행히 복리에 있어서 시간은 세 번째 요소인 금액의 영향을 받는다. 금액이 적으면 복리의 효과가 작지만 금액이 많으면 복리의 효과가 기하급수적으로 커지기 때문이다. 그러므로 우리는

재테크 초기에 금액을 늘리는 방법을 최대한 강구하여야 한다. 절약은 기본이고 레버리지를 통해 자산을 빌려오는 것도 생각해야 한다. 그래야만 복리의 암흑기에 빠르게 벗어날 수 있다. 초기 자산을 세팅할 때 금액을 키우면 앞으로의 재테크가 그만큼 수월해진다.

만약 100의 초기 자산으로 재테크를 시작한 사람이 20년 뒤 만들어 낼 수 있는 자산이 500이라면, 500의 초기 자산으로 시작한 사람의 20년 후 자산은 2,500이다. 400만큼 앞서 시작했기 때문에 결과가 산술적으로 400 차이가 나는 것이 아니다. 시작 금액이 다섯 배이기 때문에 결과도 다섯 배인 기하급수적 차이가 복리의 가장 큰 특징이다.

시장금리를 상회하는 수익률을 전제로, 시작 자산을 키우는 것이 자산 재테크를 성공하는 중요한 열쇠이다. 물론 당장 레버리지를 이용할 수 없는 사람도 있을 것이다. 담보가 없거나 신용이 낮은 사람들인 경우가 그렇다. 만약 그렇다면 당분간은 초기 자산을 세팅할 수 있을 정도의 배경을 만드는 데 집중해야 한다.

같은 장소에서 출발해 도착지를 향해 가는 경주를 한다고 가정해보자. 나는 맨 몸으로 뛰는데 누군가 옆에서 자전거를 타고 간다. 그 옆에 누군가는 자동차를 타고 간다. 이대로 계속 뛸 것인가, 시간이 조금 걸리더라도 자전거를 한 대 구해서 출발하는 것은 어떨까? 100미터 경주라면 그냥 뛰어볼 생각을 하는 것도 괜찮다. 자동차를 탄 사람과 차이가 나봐야 얼마나 나겠는가. 그런데 이 경우는 종착 지점을 알 수 없는 초장거리 레이스다. 당연히 최소한 자전거는 마련하고 출발하는 게 좋다. 여력이 되면 꾸준히 장비를 업그레이드해서 자동차를 마련해야 할 것이다. 그래야만 다소 늦게 출발하더라도 무턱대고 두 발로 뛰어나간 사람보다 훨씬 빠르고 편리하게 결승선을 통과할 수 있다.

그리고 한 가지, 이 경주에서 자전거나 자동차를 마련할 때는 자기 돈을 들여 사는 것도 되지만 누군가에게 빌려 오는 것도 가능하다는 것이다. 이자는 경주를 하며 버는 돈으로 갚으면 그만이다.

금융지출과 금융소득의 밸런스 맞추기

재테크의 최종 목표는 자산을 늘리는 것이 아니다. 자산보다 중요한 것은 소비에 필요한 돈을 자산에서 발생하는 소득으로 대체하는 것이다. 자산이 많아야 그럴 수 있는 것이 아닐까 싶지만 반드시 그렇지는 않다. 자산이 많다고 해서 반드시 소득이 지출보다 많은 것은 아니기 때문이다.

보유자산은 상당한데 자산에서 발생하는 소득이 부족하거나 지출을 커버하지 못한다면 어떨까? 그런 경우가 있을까 싶지만 이런 곤란을 겪는 자산가들이 있다. 건물을 가지고 있지만 건물에서의 임대수익이 대출이자를 따라잡지 못하는 것이다. 이들은 마트에서 장을 보는 것도 마음껏 하지 못한다. 늦은 저녁 할인을 해야 비로소 마트로 나선다. 문제는 자산의 총량이 아니라 현금의 흐름이다. 현금 흐름이 막히면 자산가도 곤란을 겪는다.

보유현금 1억
+
대출 9천만원

1억 3천만 원
아파트 취득

6천만원
투자자산 활용

주변에도 금융지출과 금융소득의 균형을 맞추지 못해서 곤란을 겪는 사람들이 너무 많다. 대표적인 예로 하우스푸어를 꼽을 수 있다. 하우스푸어는 융자를 끼고 수 억 원대의 아파트를 샀는데, 아파트 값이 오르지 않고 대출이자를 갚느라 고통을 받는 사람들을 지칭하는 말이다. 번듯한 집을 가지고 있지만 빚으로 고생하는 하우스푸어도 결국 자산은 있지만 현금흐름의 악화로 문제를 겪는 경우이다.

레버리지를 이용해서 초기 자산을 세팅할 때는 최소한 금융지출과 금융소득 간의 균형을 맞춰야 한다. 가령 연이율 4%의 금리로 대출을 받으면 최소한 연 4%의 수익률을 올리는 것으로 초기 자산을 세팅해야 한다. 이것도 어디까지나 최소한이며 제대로 된 효과를 보려면 4%를 넘어서는 수익률을 목표로 해야 한다. 투자에 따른 노력과 물가상승률을 감안하면 8% 정도의 연수익률을 목표하는 것이 필요하다.

조금 더 구체적으로 알아보자. 보유 부동산을 담보로 3천만 원의 대출을 받아서 초기 자산을 세팅하는 경우, (대출금리는 4%이며, 투자수익률은 8%) 금융지출은 연간 120만 원, 금융소득은 240만 원이다. 연간 순수익은 120만 원으로, 월로 환산을 하면 10만 원의 추가소득이 발생하는 것이다.

매월 10만 원의 금융소득을 내기 위해서 빚을 지고 투자를 해야 하는가, 하는 회의감이 들 수도 있다. 그러나 이 10만 원이 어디에서 나왔는지 생각해보자. 아르바이트를 하며 열심히 일을 한 노력의 결과물이 아니다. 애초에 없었을 자산을 자기 것으로 해서 꾸준한 수익률을 올릴 안정적인 투자를 했을 뿐이다. 단지 금리와 수익률의 차이를 이용해서 자산가들이 하는 재테크를 따라한 것

뿐이다. 더욱이 지금은 수익이 월 10만 원에 불과하더라도 앞으로 저축을 더하면 자산 금액이 커지면서 자연스럽게 금융소득도 늘어날 것이다.

총자산 3천만 원, 연간 금융소득 120만 원에서 매월 100만 원씩 1년간 저축을 더하면 빌려온 시작 자산 3천만 원에 1년 뒤 1,200만 원의 순자산이 플러스 되어 (저축하는 동안의 이자는 없다고 가정), 자산 규모는 4,200만 원이 된다. 이 시점에서의 금융지출은 여전히 120만 원이지만 금융소득은 336만 원으로 크게 좋아진다. 1년이 지났을 뿐인데 월수입이 10만 원에서 18만 원이 되었다. 게다가 늘어난 소득만큼 저축을 더 할 수 있게 되어 앞으로 자산이 늘어나는 속도는 점차 빨라질 것이다.

만약 처음에 3,000만 원을 이용하지 않았다면, 즉 레버리지 없이 투자를 했다면 같은 시간이 지난 후 금융소득은 월 8만 원에 불과하다. 레버리지를 이용한 초기 자산 세팅을 했을 뿐인데, 단기간에 두 배가 넘는 성과를 올린 셈이다. 그리고 이 차이는 앞으로 시간이 흐를수록 더 큰 격차를 만들어 줄 것이기에 더 큰 의미가 있다.

기존 부채가 있는 경우

레버리지를 할 수 없는 사람들도 많이 있다. 레버리지는커녕 빚이 많아 금융지출만 쌓여 있는 사람들도 있을 것이다. 학자금 대출로 학업을 마치고 사회에 진출하는 수많은 사회초년생들이 그렇다. 열심히 공부해서 대학을 졸업해서 어렵게 취직은 하였지만, 재정상태를 파악해 보니 쥐꼬리만한 월급에 부채를 잔뜩 짊어지게 된 것이다.

이런 경우 가능하면 부업이라도 해서 소득을 늘리거나 최대한 절약하여 저축을 늘려야 한다. 단, 단순히 부채를 상환하기 위한 절약과 저축이라고 생각할 필요는 없다. 지금부터 기존 대출의 금융지출을 상쇄할 수 있는 투자자산을 마련해보자.

가령 떠안고 있는 학자금 대출의 총 원금액이 3천만 원이고 대출이자가 평균 4%인 경우 1,500만 원의 투자자산을 마련하여 8%의 수익률을 올릴 수 있다면 금융지출과 금융소득 간의 균형을 맞출 수 있다. 만약 월 120만 원씩 저축이 가능하다면 1년 안에 해낼 수 있으니 3,000만 원을 모아서 상환하는 것보다 절반은 시간을 단축시키는 것이다. 이런 방식으로 기존 대출에 대한 부담을 금융소득으로 커버한 뒤 자산을 확장해나가면 생각보다 빠르게 희망의 빛을 볼 수 있지 않을까?

투자수익률이 대출금리보다 높으면 이론적으로는 원금을 되도록 늦게 상환하는 것이 유리하다. 하지만 대부분 대출은 일정기간 거치 후, 또는 즉시 원금을 분할하여 상환해야 한다. 원금상환 기간에는 투자자산을 늘리는 속도를 줄이고 대출 잔액을 줄여서 총수익을 높이는 전략으로 선회를 할 수밖에 없다.

물론 이 경우는 대출금리가 낮아서 투자자산으로 상쇄가 가능한 경우이다. 하지만 모든 대출이 연 4%인 것은 아니다. 시중은행을 벗어난 곳에서의 신용대출, 신용카드 리볼빙 등은 8% 수익률로는 어찌할 수 없는 고금리 대출이다.

이 경우에는 투자수익률을 8%로 올린다고 해도 부채에 따른 금융지출을 따라잡기가 어렵다. 가령 금리가 16%인 3,000만 원의 부채가 있는 경우, 수익률 8%로 이자를 커버하려면 도합 6,000만 원의 투자자산이 필요하다.

투자수익률보다 대출금리가 높으면 무조건 부채상환을 우선해야 한다. 물론 16% 이상의 투자수익률을 낼 수 있다면 얘기가 달라지지만 그것은 현실성이 떨어지는 계획이다.

안정적인 투자수익률의 한도는 연간 10% 안팎으로 정하자. 현 금융환경에서 연 6~7% 정도의 수익률만 꾸준히 낼 수 있어도 좋은 투자를 하는 것이며, 얼마든지 자산 재테크에 적용할 수 있다. 연 7%를 넘어서는 금리의 대출을 가지고 있다면 다른 재테크 모두를 제쳐두고 상환을 먼저 하는 것이 원칙이다. 본격적인 자산 형성은 그 후에 시작해도 늦지 않다.

금융소득으로 지출 커버하기

경제적 자유란 무엇일까? 여러 가지로 정의를 할 수 있겠지만, 평범한 소시민적 입장에서 경제적 자유에 대해서 정의를 내리면 이럴 것이다.

"사는 데 필요한 지출을 감당할 수 있는 꾸준한 소득을 보장받는 것."

당첨이 되면 죽을 때까지 연 500만 원의 연금이 지급되는 연금형 복권이 있다. 이 연금복권의 인기가 상당하다. 인기의 비결은 한번 당첨되면 큰 부자는 되지 못할지언정 적어도 경제적 자유를 얻기 때문일 것이다.

자산 재테크의 최종 지향점 역시 연금복권과 같다. 살아가는 데 필요한 지출을 커버할 수 있는 소득을 만드는 것이다. 단 운에 맡기는 것이 아니라 합리적인 계획과 관리에 의한다는 것이 다르다. 물론 어려울 것이다. 상당한 기간이 걸릴 수 있다. 하지만 되면 되고 말면 말고 식으로 접근했다가 실패하거나 애초에 포기하는 것보다는 훨씬 낫다.

지출을 상쇄하는 일반적인 순서

금융소득으로 지출을 상쇄시킬 때는 고정지출을 우선 처리한다. 금액에 변동이 없기 때문에 어렵지 않게 상쇄할 수 있기 때문이다. 예를 들어서 자산을 통해 벌어들이는 연간 소득이 150만 원이라면, 매달 고정적으로 나가는 아파트 관리비 12만 원 정도를 금융소득으로 상쇄 처리하는 것이 가능하다.

관리비 12만 원을 금융소득으로 처리하면 매달 12만 원씩을 추가로 저축을 할 수 있다. 애초에 금융소득이 늘어났기 때문에 저축 여력도 같이 커지는 것으로 이해해도 무방하다. 어쨌든 자산 증식의 속도가 한층 빨라질 것이다. 이것이 자산증식의 숨겨진 비밀이다. 자산을 마련하고 소득을 늘리는 첫 관문을 넘으면 그것이 또 다시 자산을 불리는 선순환 구조가 만들어진다.

모든 고정지출을 상쇄한 후 생활비(유동지출)를 금융소득으로 해결할 수 있으면 진정한 의미의 경제적 자유를 얻은 것이다. 상당히 많은 자산이 필요하므로 평범한 직장인에게는 쉽지 않은 일이지만 긴 호흡으로 차근차근 준비하면 된다.

고가의 제품을 구입하거나 목돈이 나가는 것을 금융소득으로 해결할 수 있다. 대표적인 예가 자녀의 대학등록금이다. 어린 자녀를 둔 부부라면 미래에 자녀가 성장해 대학에 입학하는 것을 상상해 봤을 것이다. 자녀의 성장과 대학입학의 기쁨과 감격 뒤에는 끝을 모르고 솟구치는 대학등록금이 버티고 있다. 지금도 이미 평범한 직장인이 감당하기에 벅찬 수준인데 10년, 20년 뒤에는 어떨까? 과연 4년 동안의 등록금을 내줄 수는 있을까? 10년 뒤 대학등록금이 한 해에 1천만 원일지, 2천만 원일지 모른다. 어쨌든 감당하기 힘든 수준이 될 가능성이 높다. 그럼에도 불구하고 뾰족한 방법은 없다. 4년치 등록금을 지금부터 따로 모으기에는 포기할 것이 너무 많다. 그렇다고 그 짐을 자녀에게 전부 지우는 것도 싫다. 가장 좋은 방법은 자녀가 대학에 갈 시점에 1천만 원 또는 2천만 원에 달하는 금융소득을 벌어다 주는 자산을 지금부터 준비하는 것이다. 그래야 등록금을 해결하고 그 후 은퇴를 해서도 편안한 노후를 맞이할 수 있다.

살면서 써야 할 수많은 지출을 자산에서 나오는 금융소득으로 해소하는 것, 이것이 자산 재테크의 최종 목적지이다.

자산 재테크의 내 집 마련 방법

수 천, 수 억 원에 달하는 금액의 돈을 모아서 내 집 마련에 성공하는 순간 모아둔 돈이 바닥나고 심지어 빚더미에 앉게 된다. 값비싼 소비로 얻는 결과물은 물론 달콤하다. 아늑하고 편안한 내 집, 그 누구의 눈치도 볼 필요가 없는 가족의 안락한 보금자리. 그러나 머지않아 마음이 무거워 진다. 통장잔고는 비어 있고, 대출금은 갚아야 하기 때문이다.

요즘 주택 가격은 너무나 비싸다. 그 어떤 소비재에 비교할 수 없을 정도로 고가이다. 이것은 부동산시장의 구조적인 문세로 우리들이 어떻게 할 수 있는 것이 아니다. 어쩔 수 없이 내 집 마련은 하지만 열심히 모은 돈을 탈탈 털어서 집을 사고 한순간에 빈털터리가 되면 착잡하고 허무하다.

비싸다는 이유로 집을 사지 않는 것도 영 탐탁지 않다. 주택구입에 대한 대안으로 전세를 선택하지만 전세 가격이 집값의 80% 이상으로 치솟는다. 일부 지역은 전세가율이 90%를 넘어선다. 전세 가격이 비싸서 월세를 살자니 임대료가 너무 아깝다. 게다가 주변에서 집값이 올라 큰돈을 벌었다는 사람을 보면 배가 살살 아파온다.

대다수 서민들에게 재테크는 내 집 마련을 향한 평생의 사투와 같다. 고생해서 집을 사자니 가진 돈을 모두 털어넣는 것도 부족하여서 빚까지 짊어지게 되고, 안 사자니 당장 손해를 보는 것 같은 이 아이러니를 어떻게 해야 할까? 여러 가지 의견을 나눌 수 있지만 근본적으로는 주택을 소비품이 아니라 자산으로 다뤄 금융소득을 만들어 내는 것이 해답이다.

"저는 당장 제가 들어가서 살 집이 필요해요. 당장 살 집도 없는데 투자 목적의 집을 사는 것은 힘드네요."

이렇게 말하는 사람이 있을 것이다. 그런데 주택을 자산으로 다루기 위해 반드시 주택을 사서 임대를 놓을 필요는 없다. 나중에 주택 가격이 오르길 바라며 도박을 하라는 것도 물론 아니다. 본인이 직접 들어가서 살면서 투자에 따른 금융소득도 올리는 방법이 있다.

어떻게 그것이 가능할까? 지금까지 배워 두었던 레버리지를 활용한 투자를 이용하면 된다. 발상의 전환이 조금 필요할 뿐 방법 자체는 어렵지 않다.

레버리지를 이용한 내 집 마련 전략

1. 주택을 구입할 때 주택 담보대출의 비율을 최대로 높인다.
2. 주택 구입에 쓰기 위해 마련한 자금과 대출을 합해 주택을 마련한다.
3. 담보대출의 한도를 높인 결과 남은 자금을 투자자산으로 이용한다.
4. 금융지출을 상쇄하는 금융소득을 올린다.

예를 들어보자. 흥부가 열심히 저축을 하여 1억 원을 만들었다. 흥부는 이 1억 원으로 내 집을 마련하고 싶다. 삶의 질을 중시하는 흥부는 최소 1억 원 이상인 아파트를 사서 본인이 직접 거주를 하려고 한다. 이 경우 흥부는 두 가지 선택지 중에서 하나를 선택할 것이다.

1. 빚 없이 1억 원으로 아파트를 사서 입주한다.
2. 대출을 약간 받아서 1억 원보다 비싼 아파트를 사서 입주한다.

보통 빚을 지는 게 너무 싫다면 1번을 택하겠지만, 흥부는 다소 빚을 지더라도 마음에 드는 아파트에서 살고 싶어서 2번을 선택하기로 했다. 조금 더 구체적으로 말하자면 3천만 원 정도의 대출을 받아서 조금 더 넓고 쾌적하고 교통이 좋은 1억 3천만 원짜리 아파트를 사려는 것이다.

흥부가 이렇게 사들인 아파트는 자산으로서 역할을 하지 못한다. 다시 말해 흥부는 내 집 마련에 대한 대가로 빈털터리가 되는 것은 물론 빚까지 떠안는다.

그렇다면 집을 사서 거주문제를 해결하고 금융소득도 올리기 위해서는 이 두 가지 외의 다른 방법을 모색해야 한다.

3. 매매가 1억 3천만 원인 아파트를 사서 입주를 하는데, 3천만 원이 아닌 9천만 원의 대출을 받는다.

1과 2는 의사결정 과정에서 대출을 최소화 한다는 공통된 원칙에 따른 것이다. 대출이란 비용이고 백해무익하므로 줄이거나 없애는 것이 당연하다고 생각한 결과이다.

하지만 레버리지와 투자의 상관관계를 이해하고 자산의 개념을 가지고 있다면 다르게 생각해볼 수 있다. 돈이 들어오는 기회를 최대한 활용하는 것이다. 대출을 최대로 받음으로써 투자자산을 최대한 확보하는 것이다.

물론 이것은 남은 6천만 원의 투자자산을 올바로 운용할 수 있다는 전제가 깔려 있어야 가능한 이야기

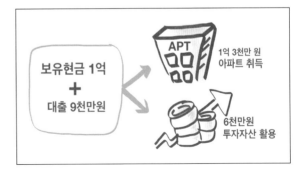

보유현금 1억
+
대출 9천만원

APT
1억 3천만 원
아파트 취득

6천만원
투자자산 활용

다. 다시 말해 대출에 따른 금융지출을 커버할 수 있는 수익을 낼 수 있는 투자가 가능해야 한다. 그것만 가능하면 홍부는 1억 3천만 원이라는, 자신이 보유한 돈 이상의 가치를 가진 주택에서 거주할 수 있다. 그리고 더불어 6천만 원의 투자자산으로 금융소득을 올려서 대출이자를 상쇄시킬 수 있으며 하기에 따라 추가적인 금융소득도 만들어 낼 수 있다.

이와 같은 주택 구입은 본질적으로 금융지출과 금융소득의 균형을 맞추는 것과 같은 원리다.

결과적으로 홍부는 삶의 만족도를 높이고 부채의 부담을 벗을 수 있게 되었다. 또한 돈의 압박으로부터 벗어나 차후 시세차익을 올릴 가능성이 높은 주택을 구입할 수 있다는 점도 홍부가 얻을 수 있는 성과다.

자산 재테크
실전 사례

이번에는 자산 재테크를 실제로 어떻게 하는지 알아보자. 각각의 사례는, <흥부야 재테크하자> 카페에서 진행했던 상담 가운데 각 연령대의 흥부를 대표할 만한 사례를 선별하여 각색한 것이다.

자산 재테크 실전 사례 A : 20대 초중반 사회초년생

학자금대출의 힘을 빌려 학업을 마치는 사회초년생들이 늘고 있다. 학자금대출을 받으면, 학생 때는 등록금을 해결해서 좋지만 졸업을 하고 취업을 하면 상환에 대한 부담을 떠안아야 한다. 사회초년생의 젊음과 부족한 경력은 그들에게 넉넉한 급여를 보장하지 않는다. 그런데 상당히 높은 비중의 부채마저 해결해야 하는 것이다. 학자금대출이 아니더라도 가정형편에 따라서 사회생활을 빚과 함께 시작하는 이들이 많을 텐데, 그들은 어떻게 재테크를 해야 할까?

첫 번째 사례로 알아볼 A는 학자금대출을 떠안고 대학을 졸업한 뒤 평범한 중소기업에 취업해 사회생활을 시작하는 20대 초중반 여성이다. A는 낯선 사회에 나와서 꿈을 펼치고 싶지만, 곧 다가올 대출상환 때문에 머릿속이 복잡한 상태이다. 간단하게 요약된 A의 재무제표와 재정목표를 살펴보자.

자산 :
현금 1,500,000원
기타 1,500,000원

부채 :
든든 학자금대출 20,000,000원
· 550만 원(5.7%)
· 400만 원(5.2%)
· 500만 원(4.9%)
· 400만 원(3.9%)
· 150만 원(2.9%)

수입 :
급여 1,600,000원

지출 :
소비지출 670,000원
비소비지출 600,000원

저축 :
현금보유 330,000원

재무목표 : 학자금대출 상환 · 주택마련 · 서른 살 이후 여행경비 2천만 원

기초분석

A는 부채 (학자금대출)만 잔뜩 안고 있을 뿐 보유하고 있는 자산은 거의 없다. 약간의 유동자산과 기타 자산이 있지만 이것은 월급에서 쓰고 남은 현금에 불과하다.

1. 학자금 대출과 전세자금 대출의 부담을 안고 있는 상황
2. 소액의 현금 외에 자산을 마련하지 못하였음

3. 현재의 소득과 지출 스타일을 계속하여서는 저축다운 저축
   이 어려움

문제를 해결할 드라마틱한 한방이 있으면 좋겠지만, 현재 재정상태만으로는 즉각적인 변화를 기대하기는 어렵다. 우선 가장 큰 걸림돌은 원금 2천만 원의 학자금대출이다. 장학재단의 학자금대출은 취업 후 일정수준 이상의 소득이 발생하면 상환이 시작된다. 머지않아 상환을 시작해야 할 것이므로 이에 대한 준비를 해야 한다.(상환시기 1년 후로 예상)

문제는 현재 A가 대출상환을 대비하여 저축을 할 수 있는 여력이 많지 않다는 데 있다. 생활비 등의 지출 후에는 월 33만 원의 여윳돈이 남을 뿐이다. 월급이 넉넉하지 않기 때문일 수 있으며, 월급에 비해 소비가 많아서 그럴 수도 있다. 어쨌든 A에게 닥쳐올 대출상환 등의 재정환경을 고려하면 절약을 통한 저축이 반드시 필요하다.

재테크를 논하면서 개인의 라이프스타일을 바꾸라는 말을 하기는 쉽지 않다. 그럼에도 불구하고 A는 여타 재테크를 계획하기에 앞서 우선 소비를 줄여서 저축금액을 높여야 할 것 같다.

자산이 불어나는 속성을 상기해보자. 자산 증식의 초반기에 되도록 많은 저축을 더하여 자산의 총량을 빨리 늘리는 것이 무엇보다 중요하다.

학자금대출에 따른 금융지출 문제해결

1년 후, 학자금대출에 대한 원금과 이자를 상환해야 하는 A는

향후 1년 동안 무조건 대출상환을 염두에 두고 재테크를 해야 한다. 가령 은행에서 적금 하나를 들더라도 만기를 1년을 넘겨서 가입하면 곤란하다. 모든 재테크는 적어도 1년 뒤 모두 현금화 할 수 있는 대상이 좋다. 유동자산, 안전자산이 적합하다. 물론 투자자산 가운데에도 1년 안에 현금화 할 수 있는 것이 있다. 그러나 대부분의 투자자산은 1년 동안 확실하게 원금을 지키며 수익도 올릴 수 있다고 보장하기 어렵다. 되도록 안전한 선택을 해야 한다.

저축을 하더라도 지금처럼 현금으로 쌓아두어서는 곤란하다. 1년의 만기를 꽉 채울 수 있는 여유가 있다면 최소한 1년 만기 정기적금이라도 가입해서 이자를 챙겨야 한다. 대형 시중은행(1금융권)보다 저축은행이나 새마을금고, 신협, 단위농협(2금융권)에서 적금을 가입하는 게 이자 면에서 유리하다. 새마을금고, 신협, 단위농협에서는 비과세 종합저축에 가입하면 세제 혜택을 받을 수 있다.

1년이라는 정해진 기간 동안 보다 높은 수익을 내고자 한다면 최근 떠오르는 크라우드펀딩에 관심을 가져보자. 크라우드펀딩은 군중을 뜻하는 크라우드와 재원 마련을 뜻하는 펀딩의 합성어로, 다수 군중으로부터 자금을 모집하는 투자 제도이다. 크라우드펀딩의 가장 큰 장점은 소액으로 투자를 할 수 있으며 약정된 수익률이 높다는 점이다. 크라우드펀딩에는 대출형과 투자형이 있다. 그동안 국내 금융법상 합법도, 불법도 아니어서 소수의 얼리어답터에게만 오픈되어 있었지만, 2015년 법제화가 되면서 대중적 인지도를 높이고 있다. 앞으로 소액투자자에게 안정적이고 높은 수익을 보장하는 질 좋은 크라우드펀딩이 다수 나오리라 예상된다.

대출상환 VS 투자자산 마련

만약 A가 지금보다 조금씩 더 절약해서 매달 50만 원씩 저축을 할 수 있다면 1년 뒤 모을 수 있는 자산의 원금은 600만 원이 된다. 이때 A의 선택은 두 가지 중 하나가 될 것이다.

첫 번째, 600만 원 전액을 1년 뒤 대출원금으로 상환해서 대출원금을 1,400만 원으로 줄이는 것이다. 원금이 줄면 이자 부담도 준다. 자연스럽게 저축 여력이 늘어나고 자산 마련의 기회도 높아질 것이다. A의 경우 다수의 대출을 보유하고 있는데, 금리가 높은 대출을 우선순위로 상환해야 한다.

두 번째 선택은 학자금대출을 상환하는 대신 대출이자보다 높은 수익을 낼 수 있는 투자자산을 마련하는 것이다. 가령 저축한 자금 600만 원으로 투자를 해서

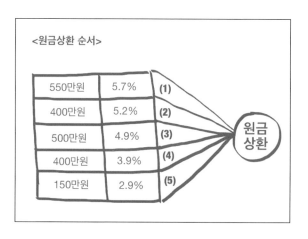

연 8%의 수익률을 올릴 수 있다면 2,000만 원에서 발생하는 대출이자 800만 원 가운데 480만 원을 상쇄시키는 것이 가능하다. 결과적으로 A의 금융지출은 380만 원으로 줄어들 것이다.

만약 A가 600만 원을 원금상환에 써버리면 남은 원금 1,400만

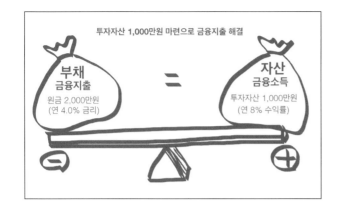

원에서 발생하는 이자는 연간 560만 원이다. 부채를 줄이지 않고 투자자산을 운용하기로 결정함으로써 연간 180만 원의 이익을 볼 수 있다. 물론 연간 8% 수준의 투자수익률을 올리는 것이 관건이다. 쉽지는 않겠지만 욕심을 줄이고 안정적인 투자처를 찾는다면 무리한 수익률도 아니다.

부채를 상환하지 않고 투자자산을 확보하여 금융소득을 올리고 금융지출을 상쇄하는 전략은 뒤의 예를 통해 살펴볼 것이다. 여기서는 첫 번째 선택지였던 600만 원을 상환하고 남은 1,400만 원의 학자금대출 원금도 모두 상환한 상황이라는 점에서 이야기를 계속해보자. 매월 50만 원씩 저축을 계속하면 상환 완료 시점은 2~3년 후이다.

자산구축 계획하기 : 초기자산 세팅

열심히 노력한 A가 2~3년 안에 학자금대출을 전액 상환하였다면 이때부터 A도 본격적으로 자산을 확보할 수 있다. 투자자산과 부동자산을 확보하고 복리로 자산을 늘려가는 재테크를 할 수 있는 것이다. 동시에 지출을 하나씩 상쇄시키며 차분하게 계획을 세워 궁극적으로 경제적 자유를 얻을 수 있으리라. (앞서 부채를 상환하지 않는 두 번째 경우를 선택하였다면 이미 투자자산을 운용하고 있을 것이다. 여기서는 편의상 부채 상환을 먼저 하는 것으로 가정한다.)

부채를 모두 상환한 A의 자산, 부채 현황을 다시 요약하면 다음과 같다. 자산은 여전히 변동이 없지만 부채를 모두 상환했기 때문에 이제 순 자산을 따져볼 수 있게 되었다.

자산 :	부채 :
현금 1,500,000원	

수입 :	지출 :
급여 1,700,000원	소비지출 670,000원
	비소비지출 530,000원
	저축 :
	투자자산 500,000원

* 2~3년의 시간이 흘렀으므로 월 소득은 10만 원이 올랐으며,
대출금을 상환해서 비소비지출이 줄고 저축을 50만 원까지 할 수 있게 되었다.

초기 자산 세팅

거치금액 : 없음
월 적립금액 : 50만 원

앞으로 A는 시중은행의 안전자산을 이용하지 않고 연 8%의 수익률을 올릴 수 있는 투자자산에 적립을 하는 것으로 가정한다. 금융소득을 확보해 지출을 상쇄해 나가기 위함이다.

이렇게 적립을 계속하면 1년 뒤 A의 투자자산은 원금 600만 원에 금융소득 24만 원이 더해진 624만 원이 된다. 부채를 상환하고 처음으로 순소득 24만 원이 발생하는 것이다. 처음부터 큰 금액일 수는 없다. 꾸준한 적립과 복리투자를 통한 자산 증식이 필요하다.

2년차에는 월급이 다소 올랐고 과거 학자금 대출에 부과되는 이자 지출도 없어졌으니 저축 금액을 높여서 매월 60만 원씩 적립형 투자를 하는 것으로

<A 자산재테크 시뮬레이션>

투자수익률 : 8%

연차	월적립금액	연초거치금액	금융소득	총자산
1	500,000	0	240,000	6,240,000
2	600,000	6,240,000	787,200	14,227,200
3	600,000	14,227,200	1,426,176	22,853,376
4	800,000	22,853,376	2,212,270	34,665,646
5	800,000	34,665,646	3,157,252	47,422,898
6	1,000,000	47,422,898	4,273,832	63,696,730
7	1,000,000	63,696,730	5,575,738	81,272,468
8	1,200,000	81,272,468	7,077,797	102,750,265
9	1,200,000	102,750,265	8,796,021	125,946,287
10	1,200,000	125,946,287	10,651,703	150,997,990
11	1,500,000	150,997,990	12,799,839	181,797,829
12	1,500,000	181,797,829	15,263,826	215,061,655
13	1,500,000	215,061,655	17,924,932	250,986,587
14	1,500,000	250,986,587	20,798,927	289,785,514
15	1,800,000	289,785,514	24,046,841	335,432,356
16	1,800,000	335,432,356	27,698,588	384,730,944
17	2,000,000	384,730,944	31,738,476	440,469,420
18	2,000,000	440,469,420	36,197,554	500,666,973
19	2,000,000	500,666,973	41,013,358	565,680,331
20	2,000,000	565,680,331	46,214,426	635,894,757

*월적립금액 : 투자수익률 연 8%로 적립식투자
*연초거치금액 : 전년도 말의 총자산으로 연초에 거치투자하는 금액 (연8% 수익률)
*거치이자 : 거치식투자에 따른 수익률(연8%)
*증자산 : 연간 총적립자산 + 거치원금 + 거치이자

계획하였다. 그리고 3년차 이후에도 보편적인 월급 인상과 금융소득 증대를 토대로 적립금액을 상향 조정한다. 이런 식으로 꾸준히 자산을 쌓아 가면 표와 같은 시뮬레이션 테이블이 만들어진다.

표를 통해서 보면 20년 뒤 총 투자자산은 635,894,717 원에 이른다. 하지만 이것은 돈을 쓰는 것은 고려하지 않고 오직 자산증식만 계산된 것이다. 지출을 감안한 시뮬레이션을 만들어보자.

A에게는 5년 이내에 2천만 원으로 해외여행을 떠나려는 계획이 있다. 5년 후 금융소득이 연 2천만 원이면 정말 좋겠지만 그렇지 못하므로 자산의 일부를 떼어서 소비를 할 수밖에 없다. 이 소비 계획을 반영하여 자산증식 시뮬레이션을 수정하면 다음과 같다.

<해외여행 경비를 감안한 A의 자산재테크 시뮬레이션>

투자수익률 : 8%

연차	월적립금액	연초거치금액	금융소득	연말총자산	자산차감	연말재투자자산
1	500,000	0	240,000	6,240,000	0	6,240,000
2	600,000	6,240,000	787,200	14,227,200	0	14,227,200
3	600,000	14,227,200	1,426,176	22,853,376	0	22,853,376
4	800,000	22,853,376	2,212,270	34,665,646	0	34,665,646
5	800,000	34,665,646	3,157,252	47,422,898	20,000,000	27,422,898
6	1,000,000	27,422,898	2,673,832	42,096,730	0	42,096,730
7	1,000,000	42,096,730	3,847,738	57,944,468	0	57,944,468
8	1,200,000	57,944,468	5,211,557	77,556,025	0	77,556,025
9	1,200,000	77,556,025	6,780,482	98,736,507	0	98,736,507
10	1,200,000	98,736,507	8,474,921	121,611,428	0	121,611,428
11	1,500,000	121,611,428	10,448,914	150,060,342	0	150,060,342
12	1,500,000	150,060,342	12,724,827	180,785,170	0	180,785,170
13	1,500,000	180,785,170	15,182,814	213,967,983	0	213,967,983
14	1,500,000	213,967,983	17,837,439	249,805,422	0	249,805,422
15	1,800,000	249,805,422	20,848,434	292,253,856	0	292,253,856
16	1,800,000	292,253,856	24,244,308	338,098,164	0	338,098,164
17	2,000,000	338,098,164	28,007,853	390,106,017	0	390,106,017
18	2,000,000	390,106,017	32,168,481	446,274,499	0	446,274,499
19	2,000,000	446,274,499	36,661,960	506,936,458	0	506,936,458
20	2,000,000	506,936,458	41,514,917	572,451,375	0	572,451,375

*월적립금액 : 투자수익률 연 8%로 적립식투자
*연초거치금액 : 전년도 말의 총자산으로 연초에 거치투자하는 금액 (연8% 수익률)
*거치이자 : 거치식투자에 따른 수익률(연8%)
*총자산 : 연간 총적립자산 + 거치원금 + 거치이자
*재투자금액(총자산 - 수익배당) : 다음 년도의 거치원금에 더해져서 재투자되는 금액
*배당수익(임의설정) : 자산증식 재투자에 사용되지 않으며 보너스 개념으로 받는 자금

A는 언젠가 거주용 주택을 마련해야 하므로 부동자산을 염두에 둔 보다 세분화된 시뮬레이션이 필요하다. 이 부분은 또 다른 자산 재테크 사례 B를 통해 알아보자.

결혼을 앞둔 20대 후반 싱글 여성 B의 상황

자산 :	부채 :
CMA 1,500,000원 적금 2,000,000원 퇴직연금 6,500,000원	

수입 :	지출 :
급여 2,600,000원	소비지출 1,700,000원 비소비지출 50,000원
	저축 : CMA, 현금보유 850,000원

재무목표 : 결혼자금 · 주택마련(2억 원) · 투자자금 마련 등

B는 취업 3년차 직장인으로, 내년 결혼을 앞두고 있는 20대 후반의 여성이다. 급여는 월 실수령액 260만 원. 부족함은 없지만 그다지 넉넉하다는 생각은 들지 않는다. 지난 3년간 직장생활을 하면서 저축다운 저축도 못 했지만 결혼이 눈앞으로 다가오면서 결혼자금으로 쓸 돈을 모으기 위해 1년 전부터 정기적금으로 돈을 모으기 시작했다. 지금은 1년 만기 정기적금의 마지막 납입을 마친 상태이다.

B의 최우선 재무목표는 1년 뒤 하게 될 결혼식에 사용할 비용을 마련하는 것이다. 욕심 같아서는 2천만 원 이상이 있어야 할 것 같지만 현재의 급여와 저축 수준으로는 1년 뒤 2천만 원을 마련하기가 어려울 것 같아서 1천만 원으로 목표를 축소하였다.

결혼을 앞두고 있음에도 B와 예비신랑 모두 저축을 해둔 것은 거의 없으며 부모님의 지원도 기대하기 어렵다. 다행히 신랑에게 관사가 제공되어 당분간 살 집 걱정은 하지 않아도 된다. 그래도 최대한 빨리 내 집 마련의 종자돈을 장만하여 관사를 나오는 것이 목표이다. B는 앞으로 어떻게 재테크를 해야 할까?

기초분석

B가 소유하고 있는 가장 규모가 큰 자산은 퇴직연금이다. 퇴직연금이란 근로자가 재직 중에 현금 또는 현물을 퇴직연금사업을 하는 금융기관에 적립하고, 퇴직 후에 매월 또는 매년 지속적으로 연금을 받는 금융상품이다. 아직 모든 기업이 퇴직연금 제도를 적용하지 않은 상황에서 퇴직연금을 운용하는 것은 B가 재직하고 있는 기업의 규모가 영세하지 않음을 짐작할 수 있다.

퇴직연금 외에 보유하고 있는 현금자산과 안전자산은 수입을 만드는 측면에서 아직 규모가 미미하다.

필요한 결혼자금에 비해서 적립을 하는 금액이 부족해 보인다. 급여 수준을 고려하였을 때 최소 100만 원 이상은 적립을 해야 한다. 저축을 늘릴 방안에 대한 검토가 필요하다. 결혼 후 남편과 재정을 합할 것이므로 결혼 후 재정상태를 재점검하여 계획을 다시 세워야 하는 것을 염두에 둬야 한다.

조정 및 권고사항

1. 월 적립 (저축 또는 투자) 금액을 최소 100만 원 이상으로 높일 것. 가능하다면 월급의 50% 이상
2. 만기가 도래한 적금은 CMA통장에 넣어서 유동자산 비율을 높일 것 (비상금 통장으로 활용)

결혼자금에 대한 계획

결혼을 1년 앞두고 있는 상황에서 수익 여부와 달성 기간을 예측하기 어려운 투자자산을 늘리는 것은 부담스럽다. 결혼까지 1년의 여유가 있다는 가정 하에 1년 만기의 예·적금을 이용하여 결혼자금을 준비하는 것이 필요하다.

지금 당장 지출을 줄일 수 있다면 1천만 원의 결혼자금을 준비하는 것과 동시에 투자자산을 확보하기 시작할 수도 있다. 하지만 지금의 현금흐름으로는 추가적인 투자를 하기는 어려우므로 앞으로 1년간은 결혼자금을 마련하는 데만 집중한다. 결혼 후 남편과 재정관리를 하나로 합하면 보다 더 많은 적립이 가능할 것이므로 주택 구입을 포함한 자산 재테크 계획은 그때로 미룬다.

결혼자금 마련 플랜

저축은행, 새마을금고, 단위 농협, 신협에서 1년 만기 정기적금 상품에 100만 원씩 가입한다. 저축은행은 일반은행에 비해서 약정금리가 높다. 새마을금고, 단위 농·수협은 금리가 높은 것과 더불

어 1인당 3천만 원 한도 내에서 비과세 혜택이 주어진다.

앞선 사례 A에서 부채는 원금을 전부 상환해야 하는 부담은 없다. 그러나 결혼자금은 반드시 써야 할 자금이다. 그런 면에서 오히려 B가 A보다 자금 압박이 심하다. B가 1년 간 반드시 안정적인 저축을 해야 하는 이유이다.

자산구축 계획 : 주택마련을 목표로

시간이 흘러 B는 무사히 결혼을 했고 비로소 본격적인 재테크를 할 수 있게 되었다. 이후의 재테크는 자산을 확장하며 거주 주택을 마련하는 데 비중을 둘 것이다. 남편의 몫이 더해진 재무상태표와 현금흐름표는 다음과 같다.

자산 :	부채 :
CMA 4,500,000원	
적금 5,000,000원	
퇴직연금 6,500,000원	
전세보증금	

수입 :	지출 :
급여(본인) 2,600,000원	소비지출 2,800,000원
급여(남편) 2,800,000원	비소비지출 200,000원
	저축 :
	CMA, 현금보유 300,000원
	투자자산 2,100,000원

자산을 늘리는 일반적인 순서는 다음과 같다.

1. 비상자금 명목의 유동자산 확보

2. 동시에 투자자산 마련

3. 투자자산의 일부를 안전자산으로 돌리기(선택)

4. 거주목적의 부동자산 마련

투자자산은 적립을 통해 지속적으로 늘려가야 한다. B 부부의 경우 적립금액을 200만 원으로 고정할 것이다. 투자자산이 쌓이면 일부를 안전자산으로 돌려서 안정성을 높일 수 있다. 하지만 빠른 자산확장을 위해 여기서는 안전자산으로의 전환은 고려하지 않기로 한다.

초기 자산 세팅

● 거치금액 : 없음
● 월 적립금액 : 200만 원

20년 뒤 총자산이 앞선 A에 비해 거의 두 배가 될 정도로 월등히 많다. (A는 635,894,757원) A도 적립 후반기에는 B와 같은 200만 원을 적립했지만 초반 적립금액이 부족한 이유로 자산총액이 B에 크게 못 미친다.

주택구입을 고려한 시뮬레이션

B 부부는 어떻게 주택을 구입할 수 있을까? 시뮬레이션 상으로 볼 때 2억 원이 마련되는 시점은 7년이 지난 뒤이다. 7년 뒤에 2억

<주택구입을 감안한 B의 자산재테크 시뮬레이션 (B)>

투자수익률 : 8%

연차	월적립금액	연초거치금액	연말금융소득	연간금융지출	연말총자산
1	2,000,000	0	960,000	0	24,960,000
2	2,000,000	24,960,000	2,956,800	0	51,916,800
3	2,000,000	51,916,800	5,113,344	0	81,030,144
4	2,000,000	81,030,144	7,442,412	0	112,472,556
5	2,000,000	112,472,556	9,957,804	0	86,430,360
6	2,000,000	86,430,360	7,874,429	5,200,000	113,104,789
7	2,000,000	113,104,789	10,008,383	5,200,000	141,913,172
8	2,000,000	141,913,172	12,313,054	5,200,000	173,026,226
9	2,000,000	173,026,226	14,802,098	5,200,000	206,628,324
10	2,000,000	206,628,324	17,490,266	5,200,000	242,918,590
11	2,000,000	242,918,590	20,393,487	5,200,000	282,112,077
12	2,000,000	282,112,077	23,528,966	5,200,000	324,441,043
13	2,000,000	324,441,043	26,915,283	5,200,000	370,156,326
14	2,000,000	370,156,326	30,572,506	5,200,000	419,528,832
15	2,000,000	419,528,832	34,522,307	5,200,000	472,851,139
16	2,000,000	472,851,139	38,788,091	5,200,000	530,439,230
17	2,000,000	530,439,230	43,395,138	5,200,000	592,634,368
18	2,000,000	592,634,368	48,370,749	5,200,000	659,805,118
19	2,000,000	659,805,118	53,744,409	5,200,000	732,349,527
20	2,000,000	732,349,527	59,547,962	5,200,000	810,697,490

*특이사항

· 5년차 : 연자말 아파트매입에 따른 자산사용 6천만원

· 6년차 : 전년도 말 2억원 아파트 매입에 따른 금융지출

*연초거치금액 : 전년도 말의 총자산으로 연초에 거치투자하는 금액 (연8% 수익률)

*연말금융소득 : 적립식투자에 따른 수익률과 거치식투자에 따른 수익률의 합(연8%)

*연간금융지출 : 부채 발생에 따른 연간 금융지출 (연이율 4%)

*연말총자산 : 연간 총적립자산 + 거치원금 + 거치이자

원짜리 아파트를 살 수 있을까? 아니다. 이것은 어디까지나 지출이 고려되지 않은 시뮬레이션이므로 오차를 감안해야 한다. 어쩌면 10년이 더 걸릴지도 모른다.

10년 뒤 아파트를 장만해도 문제는 남는다. 2억 원짜리 아파트를 사는 데 모든 투자자산을 사용해 버리면 B에게 남는 것은 집 한 채뿐이다. 또한 현재 매매가 2억 원인 아파트의 10년 뒤 가격이 그대로 2억 원이라는 보장도 없다. 그때가 되면 더 많은 돈이 필요할 것이므로 주택 구입의 시기는 조금씩 미뤄질 것이다. 그러다 보면 빚을 내야 할지도 모른다.

더 많은 돈을 모으기 위해서 기다릴 것인가, 부족한 돈은 빚을 내서라도 보태고 지금 집을 살 것인가, 가격대를 낮춰서 최대한 부담을 줄여야 할까, 가격대를 올리더라도 조금 더 쾌적하고 살고 싶은 마음이 드는 집을 선택해야 할까, 등등 수없이 많은 갈등을 하게 된다. 그리고 그 갈등의 원인은 근본적으로 지금 B가 가진 돈이 부족하기 때문이다.

부족한 돈 문제를 해소하고 주택 구입 시기를 앞당기는 해결책으로 레버리지를 이용해보자. 금융지출과 금융소득의 밸런스를 맞춰서 레버리지를 하면 원하는 집을 빠르게 살 수 있고, 자산 손실도 최소화 할 수 있다.

4년 뒤 투자자산 6천만 원을 사용하여 2억 원대의 주택을 구입하는 계획이다. 부족한 자금 1억 4천만 원은 대출을 받는다. (대출금리 연 4%로 가정)

5년 뒤 보유하고 있는 투자자산이 훨씬 여유 있음에도 6천만 원만 사용한 이유는 무엇일까?

첫째, 해당 시점에 B에게 유일하게 돈을 벌어주고 있는 자산인

<금융소득으로 금융지출을 상쇄하는 테이블 (B)>

연차	월적립금액	연초거치금액	연말금융소득	연간금융지출	연말총자산	순금융소득
1	2,000,000	0	960,000	0	24,960,000	960,000
2	2,000,000	24,960,000	2,956,800	0	51,916,800	2,956,800
3	2,000,000	51,916,800	5,113,344	0	81,030,144	5,113,344
4	2,000,000	81,030,144	7,442,412	0	112,472,556	7,442,412
5	2,000,000	112,472,556	9,957,804	0	86,430,360	9,957,804
6	2,000,000	86,430,360	7,874,429	5,200,000	113,104,789	2,674,429
7	2,000,000	113,104,789	10,008,383	5,200,000	141,913,172	4,808,383
8	2,000,000	141,913,172	12,313,054	5,200,000	173,026,226	7,113,054
9	2,000,000	173,026,226	14,802,098	5,200,000	206,628,324	9,602,098
10	2,000,000	206,628,324	17,490,266	5,200,000	242,918,590	12,290,266
11	2,000,000	242,918,590	20,393,487	5,200,000	282,112,077	15,193,487
12	2,000,000	282,112,077	23,528,966	5,200,000	324,441,043	18,328,966
13	2,000,000	324,441,043	26,915,283	5,200,000	370,156,326	21,715,283
14	2,000,000	370,156,326	30,572,506	5,200,000	419,528,832	25,372,506
15	2,000,000	419,528,832	34,522,307	5,200,000	472,851,139	29,322,307
16	2,000,000	472,851,139	38,788,091	5,200,000	530,439,230	33,588,091
17	2,000,000	530,439,230	43,395,138	5,200,000	592,634,368	38,195,138
18	2,000,000	592,634,368	48,370,749	5,200,000	659,805,118	43,170,749
19	2,000,000	659,805,118	53,744,409	5,200,000	732,349,527	48,544,409
20	2,000,000	732,349,527	59,547,962	5,200,000	810,697,490	54,347,962

*특이사항
· 5년차 : 연자말 아파트매입에 따른 자산사용 6천만원
· 6년차 : 전년도 말 2억원 아파트 매입에 따른 금융지출

*연초거치금액 : 전년도 말의 총자산으로 연초에 거치투자하는 금액 (연8% 수익률)
*연말금융소득 : 적립식투자에 따른 수익률과 거치식투자에 따른 수익률의 합(연8%)
*연간금융지출 : 부채 발생에 따른 연간 금융지출 (연이율 4%)
*연말총자산 : 연간 총적립자산 + 거치원금 + 거치이자
*연말재투자자산 : 총자산 - 지출및배당

투자자산을 최대한 지키기 위함이며 둘째, 남은 투자자산에서 발생하는 금융소득으로 대출에 따른 금융지출을 상쇄시킬 수 있기 때문이다.

5년 뒤 B 부부의 순자산은 2억 원에 못 미치지만 레버리지를 이용하면 2억 원짜리 아파트를 이자 비용 없이 구입하는 게 가능하다. 레버리지를 극대화 해서 부동산을 마련한 결과 투자자산을 남길 수 있었고, 거기서 만들어지는 금융소득으로 대출이자를 상쇄할 수 있는 것이다. 게다가 그렇게 하고도 최종적으로 남는 금융소득이 있으니 1석 2조다.

만약 B가 빚을 최소화 하려면 주택 구입 시기를 미뤄야 한다. 그리고 막상 그때가 되면 집을 사기 위해 투자자산 전체를 소진해 버린 뒤 처음부터 다시 시작해야 한다. 복리의 암흑기를 맴도는 시간이 길어지는 것이다.

레버리지를 이용한 주택 마련의 장점

1. 주택구입 시기를 앞당길 수 있다.
2. 금액의 부담에서 벗어나서 원하는 주택을 알아볼 수 있다.
3. 금융지출의 부담에서 벗어날 수 있다.
4. 자산의 성장 흐름을 깨뜨리지 않는다.

자산 재테크의 제1원칙은 자산의 손실을 최소화 하며, 지속적인 성장을 도모하는 것이다. 수많은 사람들이 빚을 최소화 하려고 열심히 모아둔 자산을 모두 소진한 뒤 처음부터 자산을 만들기 시작한다. '빚=이자'라는 생각이 막연한 두려움을 심어주기 때문이다. 그러나 빚이 무서운 경우는 단지 빚에서 발생하는 이자가 현금 흐름을 악화시킬 때뿐이다. 대출을 받음에도 이자 지출이 없거나 오히려 수입이 늘면 부채는 두려워할 것이 아니다.

이 모든 것은 안정적으로 꾸준한 수익을 낼 수 있는 투자자산을 확보하면 가능해진다.

자산 재테크 실전사례 C : 30대 초반 신혼부부

자산 :
보통예금 3,000,000원
적금 20,000,000원
주식 33,000,000원
펀드 7,000,000원
변액 6,000,000원
전세보증금 73,000,000원

부채 :
신용카드 잔액 1,000,000원

수입 :
급여(남편) 2,200,000원
급여(아내) 2,100,000원

지출 :
소비지출 1,694,000원
비소비지출 395,000원

저축 :
적금 2,040,000원
펀드 100,000원
변액 100,000원

재무목표 : 5년 이내 3억 원짜리 자가 아파트 구매 · 자가용 구매 · 은퇴자금 마련 등

C는 30대 초반의 맞벌이 신혼부부다. 적금, 주식, 펀드, 변액보험, CMA 등 다양한 금융상품으로 재테크를 하고 있으며 한 사람 몫의 월급은 저축과 투자에 할당하고 있다. 알뜰하게 생활을 하며 그만큼 저축과 투자에 열심이지만 C 부부를 안심할 수 없게 만드

는 몇 가지가 있다.

우선 자녀 계획이 문제다. 아내가 임신을 하고 출산을 하면 계속해서 맞벌이를 할 수 있다는 보장이 없다. 자녀 양육에 들어가는 돈은 늘어날 텐데, 일시적, 혹은 지속적으로 외벌이로 전환되어 수입이 줄어드는 것이 걱정이다.

지금 살고 있는 전세의 가격이 오르는 것도 문제다. 다행히 빚은 없지만 주변 주택의 전세 가격이 올라가는 추세를 보면 조만간 있을 전세 재계약을 할 때 전세금이 크게 오를 것 같다. 그렇게 되면 모아둔 돈을 전세보증금 인상에 모두 쏟아 붓거나 대출을 받아야 할 것이다.

이대로는 안 되겠다 싶어서 막연하게 시작한 주식과 펀드의 실적도 만족스럽지 못하다. 꾸준히 하면 좋을 것이라고 해서 가입한 적립식펀드는 수익률이 지지부진하고, 남편이 전부터 계속 해오던 주식으로도 크게 재미를 보지 못하고 있다. 과연 투자를 잘 해서 오르는 전세금과 외벌이 전환에서 오는 경제 불안을 해결하는 방법이 있을까?

수많은 신혼부부 또는 30대 초중반 가정의 모습을 대변하는 C의 재테크를 살펴보자.

기초분석

C는 적금으로 단기자금을 마련하고 있으며, 적립식펀드와 주식으로 중기자금을, 변액보험으로 장기자금을 마련하여 은퇴 후의 삶까지 대비를 하고 있다. 저축과 투자상품의 특성을 이용하여 단기, 중기, 장기간의 목적자금을 마련해가고 있는 것이다. 재무설계

의 관점에서 보면 C의 재정상태는 매우 이상적이다.

하지만 C 부부는 여전히 전세금 상승, 내 집 마련, 자녀 출산과 양육, 은퇴 이후에 대한 불안을 떨칠 수가 없다. 모이는 돈의 속도가 너무 느린 것이다. 착실한 저축과 평범한 투자만으로는 전세 문제를 해결하기도 벅차다.

눈앞에 닥친 재정적인 과제를 수행하고 안정감을 느끼기 위해서는 재테크를 하는 방법에 대한 근본적인 변화가 필요하다. 우선 C 부부의 재정현황에서 짚어낼 수 있는 표면적인 문제부터 짚어보자.

1. 유동자산이 부족하다. 유동자산은 월급의 2~3배를 보유하고 있는 것이 좋다.
2. 주식과 펀드, 변액보험 모두 주식형 상품이다. 그에 반해 투자 실적은 만족스럽지 못하다. 적어도 셋 중 하나의 상품은 다른 유형의 자산으로 전환하거나 보다 집중적인 투자를 하는 것을 고려해볼 필요가 있다.
3. 월 적립금액 가운데 적금의 비중이 너무 높다. 투자자산의 비중을 높여보도록 한다.

보유자산 조정

유동자산을 어느 정도 보유하고 있어야 하는가에 대한 정확한 기준은 없으나 통상적으로 월급의 2~3배 정도의 규모를 가지고 있는 것이 좋다. C 부부처럼 주식과 주식형펀드를 비롯하여 변동성이 큰 자산에 높은 비중으로 투자를 하는 경우 현금성 유동자산을 보다 많이 보유하는 것이 필요하다. 투자시장의 등락에 따라서 유동자산과 투자자산의 비중을 조절하면서 투자성과를 높이거나 손실을 최소화 할 수 있기 때문이다.

가령 유동자산과 투자자산의 비중을 50:50으로 유지하다가 시장이 과열되어 하락에 대한 우려감이 깊어지면 유동자산의 비중을 70으로 높이고, 반대로 시장이 하락하여 상승 기대감이 커지면 유동자산의 비중을 30으로 낮춰서 투자에 힘을 싣는 것이다. 이와 같은 비중변경 전략을 활용하기 위해서는 평소에 유동자산을 충분히 확보하고 있어야 한다. 투자여력이 있는데 투자를 하지 않고 유동자산으로 남겨 두는 것도 쉬운 결정이 아니다. 그렇더라도 적극적인 투자를 결정한 이상 여분의 힘을 남겨두는 인내가 반드시 필요하다.

재무제표만으로 주식과 펀드, 변액보험의 투자실적을 평하기는 어렵다. 투자에 대한 기본지식과 재능이 부족해서 그런 것인가? 단순히 시장의 등락 과정에서 보여지는 중간 과정일 뿐인지, 아니면 다른 문제점이 있는지 알아내기 어려운 부분이 있기 때문이다. 그러나 어쨌든 현재 C가 하고 있는 투자의 결과는 좋지 않다. 전문가의 도움을 받아서든, 투자에 대한 체계적인 학습을 해서든 실적을 높이는 노력이 필요해 보인다.

무엇보다, 투자를 통해 최소한 시중금리 이상의 수익률을 꾸준히 올릴 수 있는가에 대한 자문이 필요하다. 애초에 확률이 낮은 방법으로 고수익을 노리고 있었다면 투자방법에 대한 근본적인 점검을 해야 할 것이다. 만약 자기 스스로 투자를 해서 시중금리 이상의 수익률을 지속적으로 올리기 어려울 것으로 판단되면 간접 투자상품을 찾아보는 것이 나을 수 있다.

C는 주식, 주식형 펀드, 변액유니버셜보험으로 투자자산을 운용 중이다. 이 세 자산의 특징을 간단하게 정리하면 다음과 같다.

1. 주식 : 투자 시기와 종목 등을 본인이 결정하는 직접투자 방식이다. 의사결정의 폭이 매우 넓고 적극적인 대응이 가능하지만 리스크 관리가 까다롭다. 1일 가격의 등락이 상한 30%, 하한 30%까지 움직이므로 변동성이 높으며 고위험 고수익을 노리는 투자자가 선호한다. 선정할 수 있는 종목과, 시장의 종류가 다양한 만큼 투자기법도 매우 다양하다. 이 책의 투자 편에서 기술적 가치분석에 의거한 후크텍 투자기법을 소개한다.

2. 주식형펀드 : 펀드매니저의 재량에 투자성과를 맡기는 간접투자 방식이며 투자 실적에 따라서 손익이 결정되는 실적 배당형 투자상품이다. 하나의 주식형펀드에는 여러 개의 주식 종목이 담겨 있어서 주식형 펀드 하나를 선택하면 여러 주식에 분산투자하는 효과를 거둘 수 있다. 주식에 직접 투자하는 것에 비해 상대적으로 안정적이지만 주식을 베이스로 하므로 반드시 리스크를 관리해야 한다. 국내 주식뿐 아니라 해외 주식에 투자를 하는 상품이 다양하게 출시되어 있다.

3. 변액보험 : 보험사에서 운용하는 실적 배당형 저축보험 상품으로, 보험의 특성상 장기투자에 적합하다. 펀드와 동일하게 주식이나 채권 등에 투자되며 가입자가 임의대로 투자대상의 유형 (국내주식형 성장주, 가치주 / 해외주식형 / 채권형 등)을 선택하고 변경할 수 있다. (재무제표에는 명시되어 있지 않지만 C는 국내주식형 가치주, 성장주에 50:50의 비율로 투자하는 것을 선택하였다.) 변액보험은 보험금을 일시금으로 수령하는 변액유니버셜보험과 연금으로 수령하는 변액연금보험이 있다. 변액유니버셜보험에는 납입을 중단하거나 납입금을 중도인출할 수 있는 기능이 있다.(일반적인 보험은 보험료 납입 중지 등에 대한 선택권이 없다.)

C는 아마 분산투자를 하기 위해 주식과 펀드, 보험으로 포트폴리오를 짰을 것이다. 그런데 C가 미처 생각지 못한 것이 있다. 주식과 주식형펀드, 변액보험 모두 투자대상이 주식이라는 점이다.

　　펀드와 변액유니버설보험은 운용 주체가 다르고 수수료나 세금 면에서 차이가 있지만 투자방식은 본질적인 면에서 동일하다. 더군다나 C가 선택한 주식형 펀드와 국내주식에 투자되는 변액유니버설보험은 대부분 주식에 투자되는 상품이다. 게다가 C는 주식에도 직접 투자를 하고 있다. 결과적으로 C는 모든 투자자산을 주식에 쏟아붓게 된 셈이다. 물론 의도적으로 주식에 집중 투자를 하고 있는 것일 수는 있다. 그런데 만약 집중적인 투자를 위해 하고 있는 것이라면 굳이 이렇게 세 가지 유형으로 쪼개서 투자를 할 필요가 있었을까? 하나 또는 두 개만으로도 충분할 것이다. 만약 셋 모두 하고 싶다면 둘 중 하나는 채권혼합형 또는 채권형으로 투자하거나 해외주식형 펀드를 선택하는 등 분산의 의미를 살리는 것이 필요하다.

　　많은 투자자들이 분산을 목적으로 상품을 쪼개서 가입을 하지만 정작 제대로 분산은 되지 않고 집중 투자를 방해하는 결과만 만들어 낸다. 분산투자의 참 의미에 대해서 다시 한 번 생각해 볼 필요가 있다.

전세보증금을 활용한 초기 자산 세팅

　　C가 자산을 늘리고 관리하는 방법을 본격적으로 살펴보자.

　　C는 A나 B와 달리 그동안 모아 놓은 자산이 꽤 있는데, 대부분 전세보증금으로 되어 있다. 그런데 전세보증금이란 것이 자산

이 맞기는 할까? 전세보증금을 가지고 있다고 해서 그것이 본인들에게 돈을 벌어다 주거나 수익을 올려주지는 않는다. 전세보증금은 거주를 조건으로 집 주인에게 맡겨두는 자금이다. 적어도 전세를 사는 동안은 마음대로 할 수 없는 돈이다. 어떤 면에서 그것은 집 주인의 자산에 가깝다.

하지만 이 전세보증금도 엄연히 소유자가 열심히 모아서 마련한 자산이다. 적어도 일부는 자산으로 활용하는 방법이 있다.

C는 곧 전세에 대한 재계약을 논의해야 하는데 시세를 알아보니 적어도 3천만 원의 보증금 인상이 예상된다. 그동안 안전자산 등을 모아서 대비를 했지만, 어렵게 모은 자산을 보증금에 넣어야 하는 것이 아깝게 느껴진다. 이럴 때 레버리지를 응용하면 자산의 손실 없이 전세보증금 인상의 부담을 해소할 수 있다.

C가 전세계약을 갱신하는 시점에 전세보증금 담보대출을 받으면 보증금 인상분을 해결하고 여분의 투자자산으로 지출을 상쇄할 수 있다. 예를 들어보자. 재계약을 할 때 전세보증금이 3,000만 원 올라서 1억 원이 된다면, 1억 원의 70%인 7,000만 원을 은행에서 대출받는다. (대출금리 연 4%로 가정) 전세보증금 담보대출이란 전세입자가 부족한 전세금을 은행에서 빌려올 수 있도록 시중은행에서 취급하는 담보대출로, 부동산 담보대출과 비슷한 한도와 금리가 적용이 된다. 전세보증금 담보대출의 승인을 받기 위해서는 집 주인의 구두상 동의가 필요하다.

군이 계약에 필요하지도 않는 대출을 초과해서 많이 받는 것은 레버리지 투자 효과를 얻기 위함이다. 대출금 7천만 원과 기존 전세보증금 7천만 원을 합한 1억 4천만 원 가운데 1억 원을 전세보증금으로 집주인에게 전달하더라도 4천만 원이 남으니 대출이자를 상쇄할 수 있는 만큼 투자수익을 올리는 것이 가능하다.

초기 자산 세팅 (전세 재계약 시점)

거치금액 : 7,000만 원
월 적립금액 : 200만 원

오른 전세금 때문에 적금과 투자자산을 깨야 할 상황에 몰렸던 C는 대출을 받음으로써 오히려 전에 없던 투자자산 4천만 원을 마련했다. 대출을 받지 않았다면 전세계약에 사용되었을 3천만 원까지 세이브하게 되었으니 총 7천만 원의 투자자산을 확보한 것이다.

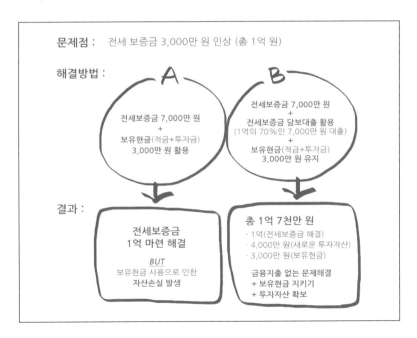

문제점 : 전세 보증금 3,000만 원 인상 (총 1억 원)

해결방법 :

A
전세보증금 7,000만 원
+
보유현금(적금+투자금)
3,000만 원 활용

B
전세보증금 7,000만 원
+
전세보증금 담보대출 활용
(1억의 70%인 7,000만 원 대출)
+
보유현금(적금+투자금)
3,000만 원 유지

결과 :

전세보증금
1억 마련 해결

BUT
보유현금 사용으로 인한
자산손실 발생

총 1억 7천만 원
·1억(전세보증금 해결)
·4,000만 원(새로운 투자자산)
·3,000만 원(보유현금)

금융지출 없는 문제해결
+ 보유현금 지키기
+ 투자자산 확보

복리에서 7천만 원의 자산으로 시작하는 것과 자산이 하나도 없이 시작하는 것은 시간이 지날수록 큰 차이를 만들어 낸다. 얼마가 걸리지 모르는, 7천만 원의 투자자산까지 도달하는 복리의 암흑기를 순식간에 건너뛰는 효과는 매우 크다.

<C 자산재테크 시뮬레이션>

투자수익률 : 8%

연차	월적립금액	연초거치금액	연간금융소득	연간금융지출	연말총자산
1	2,200,000	70,000,000	6,656,000	2,800,000	100,256,000
2	2,200,000	100,256,000	8,020,480	2,800,000	131,876,480
3	2,200,000	131,876,480	10,550,118	2,800,000	166,026,598
4	1,100,000	166,026,598	13,282,128	2,800,000	189,708,726
5	1,100,000	189,708,726	15,176,698	2,800,000	215,285,424
6	1,100,000	215,285,424	17,222,834	2,800,000	242,908,258
7	1,100,000	242,908,258	19,432,661	2,800,000	272,740,919
8	1,100,000	272,740,919	21,819,274	2,800,000	304,960,193
9	1,100,000	304,960,193	24,396,815	2,800,000	339,757,008
10	1,100,000	339,757,008	27,180,561	2,800,000	377,337,569
11	1,100,000	377,337,569	30,187,005	2,800,000	417,924,574
12	1,100,000	417,924,574	33,433,966	2,800,000	461,758,540
13	1,100,000	461,758,540	36,940,683	2,800,000	509,099,223
14	1,100,000	509,099,223	40,727,938	2,800,000	560,227,161
15	1,100,000	560,227,161	44,818,173	2,800,000	615,445,334
16	1,100,000	615,445,334	49,235,627	2,800,000	675,080,961
17	1,100,000	675,080,961	54,006,477	2,800,000	739,487,437
18	1,100,000	739,487,437	59,158,995	2,800,000	809,046,432
19	1,100,000	809,046,432	64,723,715	2,800,000	884,170,147
20	1,100,000	884,170,147	70,733,612	2,800,000	965,303,759

*특이사항

· 1년차 : 연초 7천만원 대출을 통한 레버리지 투자

*연초거치금액 : 전년도 말의 총자산으로 연초에 거치투자하는 금액 (연8% 수익률)

*연간금융소득 : 적립식투자에 따른 수익률(연8%) + 거치식투자에 따른 수익률(연8%) -
- 부채에 따른 금융지출(연이자4%)

*연간금융지출 : 부채 발생에 따른 연간 금융지출 (연이율 4%)

*연말총자산 : 연간 총적립자산 + 거치원금 + 거치이자

7천만 원을 시작 자산으로 매월 적립을 계속하며 자산증식을 이어가는 시뮬레이션을 살펴보자. 현 재정상태에 따르면 월 적립 금액은 220만 원 정도가 가능하다. 그러나 향후 외벌이로 전환될 수 있으므로 4년차부터 적립금액은 절반으로 축소했다.

C 부부의 내 집 마련 계획

C 부부의 최우선 재무목표는 5년 이내에 3억 원대의 아파트를 구입하는 것이다. C와 비슷한 재정환경에 있다면 누구나 비슷한 목표를 가지고 있을 것이다. 그러나 지금부터 아무리 착실하게 돈을 모아도 5년 안에 부족한 2억을 마련하기는 쉽지 않다. 1년에 4천만 원씩 자금을 확보해야 한다. 설령 2억 원을 모은다 해도 3억 원짜리 아파트를 구매하면, 아파트 외에 손에 남는 돈이 아무것도 없으니 그것 역시 문제다.

시작 단계에서부터 레버리지를 이용해서 빠른 속도로 자산을 늘릴 필요가 있다. 그리고 주택을 구입할 때도 다시 한번 레버리지를 이용하는 것이 좋다. 그렇게 하면 보다 빠르게 내 집 마련에 성공할 수 있고 투자자산의 손실도 최소화할 수 있다. 최초 투자자산을 7천만 원으로 세팅하여 복리 시뮬레이션을 돌리고 3년차에 주택을 구입하는 시뮬레이션을 살펴보자. (아래의 표)

아파트 구매시점은 3년 뒤이며, 레버리지를 높여 3억 원짜리 아파트를 매입하는 계획이다. (보유 전세보증금 1억 원 + 투자자산 중 6천만 원 사용 + 담보대출 1억4천 만 원 추가) 또한 기존에 보유 중인 유동자산 및 안전자산은 사용하지 않고 그대로 유지할 수 있다.

<C부부의 주택구입 감안 시뮬레이션>

투자수익률 : 8%

연차	월적립금액	연초거치금액	연말금융소득	연간금융지출	연말총자산	자산차감	연말재투자자산
1	2,200,000	70,000,000	6,656,000	2,800,000	100,256,000	0	100,256,000
2	2,200,000	100,256,000	9,076,480	2,800,000	132,932,480	0	132,932,480
*3	2,200,000	132,932,480	11,690,598	8,400,000	162,623,078	60,000,000	102,623,078
4	1,100,000	102,623,078	8,737,846	8,400,000	116,160,925	0	116,160,925
5	1,100,000	116,160,925	9,820,874	8,400,000	130,781,799	0	130,781,799
6	1,100,000	130,781,799	10,990,544	8,400,000	146,572,343	0	146,572,343
7	1,100,000	146,572,343	12,253,787	8,400,000	163,626,130	0	163,626,130
8	1,100,000	163,626,130	13,618,090	8,400,000	182,044,220	0	182,044,220
9	1,100,000	182,044,220	15,091,538	8,400,000	201,935,758	0	201,935,758
10	1,100,000	201,935,758	16,682,861	8,400,000	223,418,619	0	223,418,619
11	1,100,000	223,418,619	18,401,489	8,400,000	246,620,108	0	246,620,108
12	1,100,000	246,620,108	20,257,609	8,400,000	271,677,717	0	271,677,717
13	1,100,000	271,677,717	22,262,217	8,400,000	298,739,934	0	298,739,934
14	1,100,000	298,739,934	24,427,195	8,400,000	327,967,129	0	327,967,129
15	1,100,000	327,967,129	26,765,370	8,400,000	359,532,499	0	359,532,499
16	1,100,000	359,532,499	29,290,600	8,400,000	393,623,099	0	393,623,099
17	1,100,000	393,623,099	32,017,848	8,400,000	430,440,947	0	430,440,947
18	1,100,000	430,440,947	34,963,276	8,400,000	470,204,223	0	470,204,223
19	1,100,000	470,204,223	38,144,338	8,400,000	513,148,561	0	513,148,561
20	1,100,000	513,148,561	41,579,885	8,400,000	559,528,445	0	559,528,445

*특이사항
· 3년차 : 3억원 아파트 구입

*연초거치금액 : 전년도 말의 총자산으로 연초에 거치투자하는 금액 (연8% 수익률)
*연말금융소득 : 적립식투자에 따른 수익률과 거치식투자에 따른 수익률의 합(연8%)
*연간금융지출 : 부채 발생에 따른 연간 금융지출 (연이율 4%)
*연말총자산 : 연간 총적립자산 + 거치원금 + 거치이자
*신규지출배정 : 자산증식 재투자에 사용되지 않으며 연말에 지출하여 차감할 자금
*연말재투자자산 : 총자산 - 지출및배당

아파트 구매 후(4년차) 부채, 금융지출, 금융소득 변화

부채금액 : 2억 1천만 원 (기존 7천만 원 + 신규 1억 4천만 원) *기존부
채 청산 후 2억 1천만 원을 받는 것과 동일.
연간 금융지출 : 8,400,000원
연말 금융소득 : 9,185,846원 (거치금액 108,223,078원과 2,200,000
원 월적립 자산에서 발생하는 투자수익)

3년 뒤 투자자산을 모두 현금화 하면 빚을 최소화 해서 집을 사는 것도 가능하다. 하지만 그 뒤에는 그동안 꾸준히 돈을 벌어다 주던 투자자산을 의미 없이 모두 소진해야 하며 이자는 고스란히 주머니에서 나간다. 그것은 집을 사는 것이 자산관리에 도움이 되지 않는 선택이다. 실제로 이런 이유로 돈이 있어도 집을 사는 결정을 내리지 못하는 사람들이 매우 많다.

레버리지 투자를 응용하여 주택을 구입하고 투자자산의 상당 부분을 남겨둔 결과 금융소득과 지출의 밸런스를 맞추고 여유 있게 자산관리를 할 수 있게 되었다. 물론 이것은 부동산 담보대출의 이자율과 정책규제 등 제반 환경이 뒷받침 되어야 할 수 있는 투자다. 하지만 어떤 상황에서든 금융지출과 금융소득 간의 균형을 맞추고 투자자산의 붕괴를 최소화하는 원칙에는 변함이 없으므로 어떤 식으로든 응용이 가능하다.

Tip

2016년 시행되는 주택담보대출의 원금상환에 대한 규제로 인해 원금의 일부를 반드시 상환하게 되었다. 이에 따라 시뮬레이션과 실전 간의 부채비율 및 투자자산 확보에 다소 차이가 있을 수 있다.

자녀출산과 외벌이 전환에 대한 대비

C 부부는 임신과 출산을 계획하고 있다. 임신과 더불어 아내가 직장생활을 지속하지 못할 가능성이 있다는 뜻이다. 짧은 육아휴직 뒤 복직을 하여 사회생활을 이어가는 방법이 있지만 한편에서

는 출산 이후 경력의 단절로 직장생활을 하지 못하는 여성들의 수도 상당하다. 우리 사회는 아직 직장여성들의 출산에 대한 제도적 보완이 필요하지만 출산을 계획하고 있다면, 맞벌이에 대한 의지와 무관하게 외벌이 전환에 대한 대비를 하는 것이 좋다.

미래에 대한 계획은 다소 보수적이고 방어적인 관점에서 세워야 한다. 실제로 해낼 수 있는 것을 넘어서는 계획은 실행단계에서 부작용을 낳기 쉽다. 자산 재테크 자체가 무의미해지거나 재정상태를 더욱 악화시키는 결과를 낳을지도 모른다. 너무 위축될 필요까지는 없지만 현실적인 면을 충분히 고려해서 안정적인 설계를 하는 것이 유익하다. 이런 면에서 C와 같은 상황에 놓인 맞벌이 부부들은 외벌이로 전환될 여지는 없는지 객관적인 평가를 내려 보는 것이 필요하다.

외벌이로 전환될지, 아니면 잠깐의 육아휴직 후 계속 맞벌이로 경제력을 유지할 수 있을지를 미리 알기는 어렵다. 출산의 시기도 가늠하기는 어렵다. 다만 대략적인 수준에서 변화를 예측하는 것은 가능하다. C 부부의 경우는 3년차가 지나면서 외벌이로 전환되고 그에 따라 저축 금액을 절반으로 축소하는 것을 시뮬레이션 상에 반영하였다.

Tip

앞서의 시뮬레이션에서 보듯, 사전에 준비를 잘하면 저축이 절반으로 크게 줄어도 안정적인 재테크가 가능하다. 물론 어느 정도 줄어든 수입만큼 근검절약이 뒷받침되어야 한다. 하지만 안정적 수익률을 기반으로 한 레버리지 복리 투자를 통해 이 정도의 재정적 대비가 가능하다면 막연하게 아끼고 살면서도 미래를 준비하지 못하는 것보다는 낫지 않을까?

* 4년차부터 적립금액 절반으로 하향 조정

자산 :

보통예금 16,800,000원
적금 75,000,000원
개인연금 130,000,000원
전세보증금 200,000,000원

부채 :

수입 :

급여(남편) 2,300,000원
급여(아내) 2,500,000원

지출 :

소비지출 2,220,000원
비소비지출(보험실비, 태아보험) 390,000원

저축 :

적금 1,570,000원
개인연금 420,000원
기타저축 CMA등 200,000원

재무목표 : 3~4억 정도 30평대 자가 아파트 구매 · 자녀 대학등록금(20년 후) ·
은퇴자금 마련 등

　　D 부부는 맞벌이를 한다. D의 아내는 서울로 출퇴근을 하며, D
의 근무지는 서울 외곽지역이다. 제정적으로 서울 한복판에 신혼
집을 마련하기 어려웠던 D 부부는 아내의 출근 거리가 다소 멀기
는 했지만 상대적으로 집값이 싸며 D의 직장과 가까운 서울 외곽
지역에 전세를 얻었다.

　　결혼 후 몇 년 간 순조롭게 생활을 해왔지만 최근 자녀를 낳자
마자 상황이 바뀌었다. 육아와 직장생활을 병행해야 하는 아내가
어려움을 호소한 것이다. 고민 끝에 아내의 회사 근처로 이사를
가기로 했지만 지금보다 비싼 집값이 문제다.

　　마침 현재 거주 중인 아파트의 전세 계약일이 다가오고 있다.
D 부부는 현재, 전세가 끝나는 시점에 서울로 이사를 갈 것인가,
당분간 고생을 더 하더라도 2년 동안 전세살이를 더 하고 그 후에

이사 여부를 결정하느냐를 두고 고민하고 있다. 물론 이런 고민을 하는 이유는 돈이 충분하지 않기 때문이다.

기초분석

D 부부는 유동자산과 안전자산으로 재테크를 하고 있다. 은퇴 이후를 대비한 재테크도 꼼꼼하게 하고 있는데, 이러한 정황으로 미루어 보아 D 부부는 아마 상당히 안정적인 성향의 사람들인 것으로 보인다.

성실한 맞벌이 생활과 꾸준한 저축, 노후를 대비한 연금자원 마련까지 기존의 재무설계 관점에서 보면 더할 나위 없이 잘 해오고 있다. 그러나 탄탄하게 자산관리를 잘 하는 것에 비해 현실은 충분한 보상을 주지 않는다.

우선 D 부부의 가장 큰 고민인 집 문제를 해결하기에 지금의 재테크로는 역부족이다. 만약 개인연금의 비중이 지금보다 낮았다면 어땠을까? 전세보증금 2억 원에 합해서 서울에 아파트를 마련할 때 도움이 되었을지도 모른다. 하지만 이미 장기자금으로 묶여버린 개인연금을 주택 구매에 써버리기는 쉽지 않다.

만약 재테크를, 미래를 위해 현재의 행복을 양도할 수밖에 없는 것으로 정의한다면 D 부부는 매우 잘하고 있었던 것일지 모른다. 그런데 정말 재테크는 미래를 대비해 현재의 희생을 무조건적으로 강요하는 것에 불과할까? 자산 재테크의 측면에서 보면 반드시 그렇다고 볼 수만은 없다.

자산 성장성 높이기

유동자산, 안전자산, 투자자산, 부동자산 가운데 수익성이 높은 것은 투자자산과 부동자산이다. 그런데 D 부부는 자산을 키우는 과정에서 투자자산과 부동자산을 올바로 활용하지 못하고 있다. 투자자산은 아예 없으며, 부동자산은 자산확장과 무관하게 전세보증금으로 묶여서 자산으로서 역할을 못하고 있다. 또한 전체 자산에서 큰 비중을 차지하는 개인연금도 당장의 금융소득을 올려주지 않는다. 자산확장에 여러 모로 어려움이 많다.

지금 당장 빠르게 성장할 수 있는 자산이 필요하다. 그리고 그 자산을 통해 의미 있는 소득을 만들어 내야 한다. 자산에서 만들어지는 추가소득은 풍요로운 소비생활을 가능하게 하는 것은 물론 저축할 수 있는 여력도 높여 줄 것이다. 지금까지는 전혀 보유하지 않았던 투자자산을 확보하는 것, 그리고 의미 없이 묶여 있는 전세보증금을 이용하여 자산확장을 도모하는 것이 필요하다.

아파트 구입을 통한 자산 재테크 세팅

D 부부가 당면한 문제는 다가오는 전세 재계약 시점에서의 선택이다. 현재 거주 중인 아파트에서 2년 동안 전세를 더 살 것인가? 아니면 조금 무리를 해서라도 아파트를 장만해서 이사를 갈 것인가. D와 유사한 선택의 기로에 놓이는 가정이 상당히 많을 것이다.

이 상황에서 어떤 선택을 해도 그 나름의 이유는 있다. 경제적인 측면과 생활의 편리성 가운데 어떤 것에 더 큰 의미를 둘 것인가에 따라 결정이 달라질 뿐 정해진 정답은 없다. 단, 이번 예시에서는 전세 재계약을 하지 않고 이사를 가는 것으로 결정을 해보기로 하자.

착실하게 저축을 해온 D 부부가 이사에 사용할 수 있는 유동자산과 안전자산은 9천만 원에 이른다. 전세보증금 2억 원과 합산하면 2억 9천만 원을 사용할 수 있다. 그래도 원하는 아파트 가격인 3억 5천만 원을 취득하려면 6천만 원이 부족하다. 이 금액만큼은 대출을 받아야 한다.

대출이 크게 부담되는 상황은 아니지만 아파트를 매입하면서 유동, 안전자산을 모두 소진해 버리는 것은 마음에 들지 않는다. 가뜩이나 부채 때문에 지출이 느는데, 처음부터 새로 저축을 시작해야 하기 때문이다. 이런 아쉬움들을 해소하는 방향으로 자산을

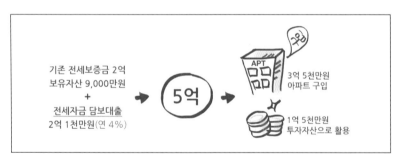

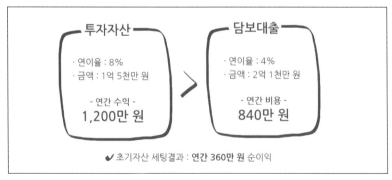

세팅하면 앞의 그림과 같다.

레버리지를 이용하면 부족한 돈을 메우는 동시에 투자자산을 확보할 수 있다. D의 자산 재테크에서도 핵심은 레버리지다. 3억 5천만 원짜리 아파트를 매수할 때 최대한의 대출을 받아서 여유자금을 만들고 그것을 투자자산으로 돌리면 금융소득을 발생시킬 수 있다. 그리고 그 금융소득으로 대출이자를 상쇄하는 것이다.

대출금 2억 1천만 원에 대한 이자는 연간 840만 원이다.(연 4%의 대출금리로 가정) 대출을 받은 2억 1천만 원과 전세보증금 2억 원, 보유현금(유동. 안전자산) 9,000만 원으로 3억 5천만 원짜리 아파트를 구입하면 수중에 1억 5천만 원이 남는다.

이 1억 5천만 원을 8%로 투자하면 연간 1,200만 원의 금융소득을 올릴 수 있다. 이것으로 대출이자 840만 원을 상쇄시키더라도 연 360만 원의 순소득을 올릴 수 있다. 이 시점에서 D의 재정상태는 다음과 같다.

자산 :	부채 :
보통예금 1,800,000원 적금 75,000,000원 개인연금 130,000,000원 **투자자산 150,000,000원** **자가주택 350,000,000원**	담보대출 210,000,000원

수입 :	지출 :
급여(남편) 2,300,000원 급여(아내) 2,500,000원 **투자소득 1,000,000원**	소비지출 2,220,000원 비소비지출(보험실비, 태아보험) 390,000원 **대출이자 700,000원** **저축 :** 적금 1,570,000원 개인연금 420,000원 기타저축 CMA등 200,000원 **순금융소득 300,000원**

이 상태에서 적금으로 넣고 있는 적립금액 중 150만 원을 적립형 투자로 전환을 하고 투자자산을 늘리면 다음 시뮬레이션과 같다.

<주택구입 이후 20년간의 시뮬레이션 / 적금만 돌렸을 때의 비교 (D)>

연차	월적립금액	연초거치금액	연말금융소득	연간금융지출	연말총자산	신규지출배정	순금융소득
1	1,500,000	150,000,000	12,720,000	8,400,000	172,320,000	0	4,320,000
2	1,500,000	172,320,000	14,505,600	8,400,000	196,425,600	2,400,000	6,105,600
3	1,500,000	196,425,600	16,434,048	10,800,000	220,059,648	0	5,634,048
4	1,500,000	220,059,648	18,324,772	10,800,000	245,584,420	1,800,000	7,524,772
5	1,500,000	245,584,420	20,366,754	12,600,000	271,351,173	0	7,766,754
6	1,500,000	271,351,173	22,428,094	12,600,000	299,179,267	0	9,828,094
7	1,500,000	299,179,267	24,654,341	12,600,000	329,233,609	0	12,054,341
8	1,500,000	329,233,609	27,058,689	12,600,000	361,692,297	0	14,458,689
9	1,500,000	361,692,297	29,655,384	12,600,000	396,747,681	0	17,055,384
10	1,500,000	396,747,681	32,459,814	12,600,000	434,607,496	0	19,859,814
11	1,500,000	434,607,496	35,488,600	12,600,000	475,496,095	0	22,888,600
12	1,500,000	475,496,095	38,759,688	12,600,000	519,655,783	0	26,159,688
13	1,500,000	519,655,783	42,292,463	12,600,000	567,348,246	0	29,692,463
14	1,500,000	567,348,246	46,107,860	12,600,000	618,856,105	0	33,507,860
15	1,500,000	618,856,105	50,228,488	12,600,000	674,484,594	0	37,628,488
16	1,500,000	674,484,594	54,678,767	12,600,000	734,563,361	0	42,078,767
17	1,500,000	734,563,361	59,485,069	12,600,000	799,448,430	0	46,885,069
18	1,500,000	799,448,430	64,675,874	12,600,000	869,524,304	0	52,075,874
19	1,500,000	869,524,304	70,281,944	12,600,000	945,206,249	0	57,681,944
20	1,500,000	945,206,249	76,336,500	12,600,000	1,026,942,749	0	63,736,500

*특이사항

· 1년차 : 3억 5천만원 아파트 구입 후 시뮬레이션

· 2년차 : 월 20만원 신규 보장성 보험 가입

· 4년차 : 월 15만원 신규 보장성 보험 추가 가입

*연초거치금액 : 전년도 말의 총자산으로 연초에 거치투자하는 금액 (연8% 수익률)

*연말금융소득 : 적립식투자에 따른 수익률과 거치식투자에 따른 수익률의 합(연8%)

* 연간금융지출 : 부채 발생에 따른 연간 금융지출 (연이율 4%)

*연말총자산 : 연간 총적립자산 + 거치원금 + 거치이자

*신규지출배정 : 자산증식 재투자에 사용되지 않으며 연말에 지출하여 차감할 자금

보험 : 지켜야 할 자산의 규모에 맞는 가입이 필요

2년차와 4년차에 보장성 보험을 신규지출로 배정했다. 우리는 보험을 불의의 사고나 질병에 대한 대비로 가입한다. 그런데 구체적으로 어떤 것을 대비하는 것일까? 사고나 질병으로 이용하게 될 병원비에 대한 준비일까?

의료비는 1차적인 문제에 불과하다. 질병에 걸리거나 사고를 당하면 일을 하지 못해서 수입이 끊기는 것이 더 큰 문제이다. 게다가 몸이 아프면 대체로 평소보다 더 많은 생활비를 필요로 한다. 보장성 보험의 주된 목적은 혹시 사고를 당하거나 질병에 걸렸을 때 열심히 모은 자산이 무너지는 것을 막기 위함이다. 그러므로 자산이 많아질수록 보험의 규모도 키워야 한다.

쌓아놓은 자산이 얼마 없다면 보험은 의료실비보험을 비롯한 최소한으로 가입하는 것이 좋다. 사람의 목숨 값을 돈으로 환산하는 것은 안 될 말이지만, 소득수준이 낮은데 고가의 사망보험이나 생활보험을 가입하는 것은 낭비다. 보험 가입자들이 과거에 비해서 똑똑해졌지만, 여전히 불필요한 보장으로 보험에 가입하는 사람들이 적지 않다. 양심적이지 않은 설계사들이 여전히 많기 때문이다.

잘 모르겠으면 하나의 원칙만 기억하자. 보험은 지켜야 할 자산이 있거나, 적어도 자산이 늘어나는 시기에 맞춰서 가입하는 것이다. D의 자산 재테크 시뮬레이션에서 추가된 보장성 보험의 역할도 앞으로 복리로 늘어갈 자산을 지키기 위함이다.

의료실비보험

의료실비보험은 보장성 보험 중에서 가장 인기가 많은 보험이다. 감기, 상해사고, 질병, 입원, 수술 등 보장의 폭이 넓고 국민건강보험에서 보장하지 않는 진료도 실비로 보장하기 때문에 보험 가입 1순위로 손꼽힌다. 처음 만들어졌을 때보다 본인부담금이 늘어난 등 혜택이 줄고 있지만 여전히 매력적이다.

의료실비보험은 단독으로 가입할 수 있지만 암 보장, 뇌질환 보장, 심장질환 보장 등 다양한 특약을 함께 묶어서 가입할 수도 있다. 의료실비보험만 필요한 경우 단독 실비보험을 가입하는 것이 가장 합리적이다. 하지만 그 외의 보장도 갖추고 싶거나 앞으로 추가할 가능성이 있다면 되도록 하나의 보험에 포함해서 가입해야 전체적인 보험료를 절약할 수 있다.

암보험

우리나라 남·녀의 사망원인 부동의 1위는 암이다. 그래서 암보험의 인기는 꾸준하다. 암보험의 핵심은 암 진단비인데, 암에 걸렸다는 진단을 받는 즉시 보험금을 받을 수 있다. 국민건강보험으로는 고액의 항암 방사선 치료에 대한 보장을 제대로 받기 어렵다. 이때 암 진단비를 받으면 고액의 치료비 및 생활에 필요한 자금으로 사용할 수 있다. 이외에 암 수술 및 입원 시에 보험금을 받을 수 있는 보장도 선택적으로 구성이 가능하다.

한편 암은 나이가 들수록 발병 가능성이 높으므로 보장기간을 길게 가입하는 것이 유리하다. 만약 보장기간을 짧게 하려면 만기 이후의 대비책을 별도로 세워야 한다.

태아보험

태아보험의 1차 가입목적은 조기출산으로 아이가 인큐베이터에 들어가거나 선천성 이상 질환시의 수술, 입원비를 마련하기 위함이다. 하지만 이 이후에도 자녀가 성장하는 내내 겪을 질병과 상해에 대비하는 보험이기도 하다. 출생 시는 물론 자녀의 성장기 내내, 혹은 성장 이후 보장성 보험으로 기능을 올바로 하는지에 대한 여부를 꼼꼼하게 체크해야 하며 불필요한 보험료를 내지 않도록 주의가 필요하다.

사망보험

사망보험에는 두 종류가 있다. 가입을 해두면 언제든지 사망에 대한 보장이 되는 종신보험과 정해진 기간 동안의 사망에만 보장을 해 주는 정기보험이다. 누구나 언제 죽을지 모르니 종신보험이 좋아 보이지만 문제는 보험료이다.

종신보험과 정기보험의 보험료는 3배 정도 차이가 난다. 당연히 종신보험이 비싸다. 그런데 과연 그렇게 비싼 만큼 종신보험이 효율적일까? 30세 남성이 1억 원의 종신보험에 가입하였다고 가정해보자. 만약 이 남성이 60년 이후 즉 90세에 사망하였을 때 유족이 받는 1억 원은 얼마의 가치가 있을까?

자산가치는 복리로 하락한다. 물가상승률을 4%로 가정하여 계산하면 60년 뒤 1억 원의 가치는 1천만 원이 채 안 된다. 시간이 오래 지난 시점에서 보험금 가치는 상상 이상으로 떨어진다.

그런 의미에서 사망보험을 정기보험으로 가입하는 것도 나름의 의미가 있다. 노년의 사망은 다른 방법으로 대비할 수 있을 것 같은데, 한창 일할 나이에 불시에 사망을 해서 남겨질 가족이 걱정된다면 저렴한 보험료로 정기보험에 가입하는 것이 좋다. 정기보험의 보장기간은 보통 가입 후 20년 동안 / 65세까지 / 70세까지 / 80세까지 / 90세까지 등 다양하게 정할 수 있다. 물론 보장기간이 길수록 보험료는 올라간다.

일반적으로 종신/정기 보험은 생활 보장형 보험 (의료실비보험, 암보험 및 기타 건강보험)보다 후순위로 가입해야 한다. 죽었을 때 남겨질 유족에게 돌아가는 보험금을 생각하기에 앞서 의료비를 비롯한 생활에 필요한 보험금을 받아서 회복을 하는 것이 먼저이기 때문이다.

자산 재테크 실전 예시 E : 40대 중반 경제적 자유를 향하여

E의 재정상태는 비교적 탄탄하다. 자기 집을 보유하고 있으며 부족하지 않은 급여에 은퇴를 대비하는 투자까지. 저 정도만 되면

자산 :	부채 :
CMA 2,500,000원 적금 4,000,000원 연금펀드 160,000,000원 변액연금보험 150,000,000원 보유주택 370,000,000원	담보대출 28,000,000원 대여금 10,000,000원
수입 :	지출 :
급여(남편) 4,500,000원 급여(아내) 3,200,000원	소비지출 3,100,000원 비소비지출 1,100,000원
	저축 :
	연금펀드 1,000,000원 변액보험 1,500,000원 정기적금 1,000,000원

재무목표 : 1년 이내 대출상환 · 은퇴 후 월 소득 250만 원 · 자녀 대학등록금 마련

무엇이 걱정일까, 굳이 재테크를 할 이유가 없어 보이기도 한다. E보다 재정상태가 못한 사람이라면 누구나 비슷한 생각이 들 수 있다.

그렇지만 E 부부에게도 고민은 있다. 은퇴까지 얼마 남지 않았음에도 충분한 돈을 마련하지 못한 것 같기 때문이다. 아무리 계산을 해봐도 은퇴 이후 살아갈 수 십 년의 세월이 불안하게 느껴진다. 반복된 이야기이지만 E가 고민하는 이유 역시 앞선 A, B, C, D와 동일하다. 자산이 부족하고 금융소득이 없기 때문인 것이다. 어떻게 자산을 마련할 것이며 금융소득을 어떻게 발생시킬 것인지 계획이 필요하다.

지금은 비록 E의 재정상황에 미치지 못해도 누구나 언젠가 E의 상황에 놓일 수 있다. 본인과 상관없는 이야기가 아니므로 관심을 가지고 살펴보자.

기초분석

E가 선택한 노후대책의 핵심은 연금저축이다. 일정시기가 되면 매월 정해진 금액을 현금으로 받을 수 있는 연금은 가장 대표적인 노후준비 수단이기 때문에 나쁘지 않은 선택이다. 그런데 E가 가입한 연금의 적립 비중이 너무 높은 것이 문제다. 연금펀드와 변액연금보험의 성격이 겹치는 것도 문제의 소지가 있다. 이 두 상품은 모두 실적배당형 상품으로, 투자실적에 따라 연금 총액이 변한다. 판매기관에 따라 세제혜택 및 수수료 등에 차이가 있을 뿐이다.

연금저축은 세 종류가 있다. 은행권에서 가입할 수 있는 연금신탁, 증권사의 연금펀드, 보험사의 연금보험이다. 이 가운데 가장 투자성향이 강한 것은 연금펀드이며 연금보험과 연금신탁은 상대적으로 안정성이 높다. 하지만 높은 투자실적에 대한 고객의 요구가 높아짐에 따라 보험사에서도 실적배당형 연금상품을 내놓았고, 그것이 E가 가입한 변액연금보험이다. 변액연금보험의 경우 관리방법의 세부적인 면은 차이가 있지만 수익성 면에서 연금펀드와 차이가 별로 없다.

E는 이렇게 비슷한 성격의 두 연금저축 상품에 가입을 하여 매우 높은 비중으로 적립을 하고 있는 중이다. 그런데 E가 미래를 내다보고 가입한 이 두 연금이 E의 자산 재테크에 걸림돌이 되고 있다. 이대로는 연금 외에 다른 방법으로 자산을 늘리기 어렵게 된 것이다.

아무리 실적배당형 상품일지라도 연금은 은퇴 전까지 소득을 늘리는 역할을 하지 못하는 약점도 있다. 자산을 통한 금융소득의 확보와 그로 인한 자산 불리기라는 선순환 구조를 만들려는 자산 재테크와 성격이 잘 맞지 않는다. 어찌될지 모르는 미래를 대비해서 연금 재원을 확보하는 것은 나름의 의미가 있지만 너무 높은 비중은 지양하는 것이 좋다.

문제 해결

E는 현재 수익 구간에 들어선 변액연금보험을 해지하여 목돈과 적립금액을 확보하여 금융소득을 창출할 투자자산을 확보하기로 했다. 변액연금보험이 앞으로 얼마나 높은 수익을 올려줄지 알 수 없는 일이지만 금융소득을 확보하여 은퇴 전까지 자산의 총량을 확보하면 보다 더 많은 연금 재원을 확보하는 것이 가능할 것이다.

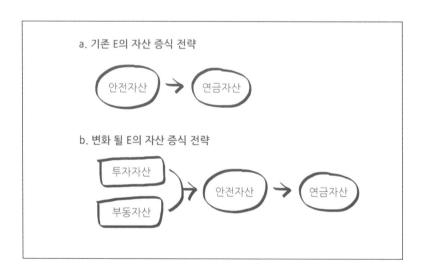

자산확장에 별로 도움이 되고 있지 않은 부동자산도 활용할 계

획이다. 즉 묶여 있는 부동자산을 레버리지에 이용하여 보다 많은 투자자산을 확보할 것이다. 시중금리 이상의 수익률로 투자자산을 운용할 수 있으면 레버리지를 이용해 복리의 암흑기를 상당기간 건너뛸 수 있다. E는 은퇴 전까지 모든 지출을 금융소득으로 해결해야 한다. 다시 말해 E의 자산 재테크는 경제적 자유를 향한 구체적인 해결책이다.

초기 자산 세팅

E의 자산 중 E에게 돈을 벌어다 주지 못하는 대표적인 자산은 부동자산이다. 오로지 거주 목적으로만 쓰이고 있기 때문이다. 이 부동자산의 일부를 쪼개어 투자자산으로 돌리는 것이 가능하다.

방법은 몇 가지가 있다. 예를 들어 1억 원대의 주택으로 이사를 가고 나머지 2억 7천만 원으로 투자를 시작할 수 있다. 공격적인 투자성향을 가진 사람들은 이것을 실행한다. 하지만 보통 사람들이 이런 결정을 내리는게 쉽지 않다. 투자가 두려운 이유도 있지만 그것보다 거주할 주택을 축소하거나 가격대가 낮은 지역권으로 이사를 하는 것이 내키지 않기 때문이다. 어렵게 장만한 안락한 집을 포기하기 어려운 것은 당연한 심리다.

이때 대안은, 현재 거주 중인 부동자산을 그대로 유지하되 자산을 담보로 대출을 받는, 레버리지 투자를 응용하는 것이다. 앞서 D를 통해서 구체적인 방법을 알아본 바 있다. E도 비슷하게 초기 자산을 세팅할 수 있다.

보유 부동자산 3억 7천만 원을 이용해 레버리지를 일으켰고 그 결과 가용한 투자자산을 2억 5천만 원을 확보하였다. 여기에 해지

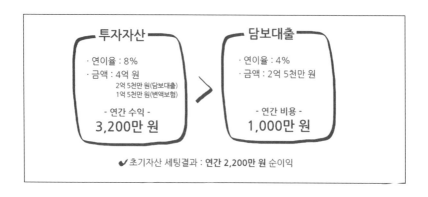

한 변액연금보험금 1억 5천만 원을 합산하면 투자자산을 4억 원까지 늘리는 것이 가능하다.

E의 재정 목표는 은퇴 후 매월 250만 원, 즉 연간 3,000만 원의 생활비를 확보하는 것이다. 만약 E가 이 4억 원의 투자자산으로 연 8%의 수익률을 올린다면, 당장 목표로 한 은퇴자금에 근접한 현금 흐름을 만들어 낼 수 있다. 물론 E에게는 자녀의 대학등록금 마련 등 앞으로 해결해야 할 재정적 이벤트들이 있으므로 시간은 더 필요하다. E가 경제적 자유를 얻을 수 있을지 시뮬레이션 표를 통해 확인해보면 12년 뒤 은퇴 이후에 경제적 자유를 달성할 수 있다.

12년 뒤 은퇴

금융소득으로 추가 보험 가입, 월 35만 원
금융소득만으로 소비성지출 현행 수준 유지, 연간 3,600만 원
금융소득만으로 비소비성 지출 현행 수준 유지, 연간 1,300만 원
금융소득 내에서 매년 가족 해외여행 가능, 연간 1,000만 원
금융소득 내에서 자녀대학등록금 지출 가능, 연간 1,500만 원
-> 경제적 자유 달성

<시뮬레이션 테이블. 각종 지출 포함 작성 (E)>

연차	월적립금액	연초거치금액	연말금융소득	연간금융지출	연말총자산	신규지출배정	순금융소득
1	2,500,000	400,000,000	33,200,000	10,000,000	453,200,000	0	23,200,000
2	2,500,000	453,200,000	37,456,000	10,000,000	510,656,000	2,400,000	27,456,000
3	2,500,000	510,656,000	42,052,480	12,400,000	570,308,480	0	29,652,480
4	2,500,000	570,308,480	46,824,678	12,400,000	634,733,158	1,800,000	34,424,678
5	2,500,000	634,733,158	51,978,653	14,200,000	702,511,811	0	37,778,653
6	2,500,000	702,511,811	57,400,945	14,200,000	775,712,756	13,000,000	43,200,945
7	2,500,000	775,712,756	63,257,020	27,200,000	841,769,776	0	36,057,020
8	2,500,000	841,769,776	68,541,582	27,200,000	913,111,359	10,000,000	41,341,582
9	2,500,000	913,111,359	74,248,909	37,200,000	980,160,267	0	37,048,909
10	2,500,000	980,160,267	79,612,821	37,200,000	1,052,573,089	36,000,000	42,412,821
11	2,500,000	1,052,573,089	85,405,847	73,200,000	1,094,778,936	0	12,205,847
12	2,500,000	1,094,778,936	88,782,315	73,200,000	1,140,361,251	0	15,582,315
13	0	1,140,361,251	91,228,900	73,200,000	1,158,390,151	0	18,028,900
14	0	1,158,390,151	92,671,212	73,200,000	1,177,861,363		19,471,212
15	0	1,177,861,363	94,228,909	73,200,000	1,198,890,272	0	21,028,909
16	0	1,198,890,272	95,911,222	73,200,000	1,221,601,493	15,000,000	22,711,222
17	0	1,221,601,493	97,728,119	88,200,000	1,231,129,613	0	9,528,119
18	0	1,231,129,613	98,490,369	88,200,000	1,241,419,982	0	10,290,369
19	0	1,241,419,982	99,313,599	88,200,000	1,252,533,580	0	11,113,599
20	0	1,252,533,580	100,202,686	88,200,000	1,264,536,267	0	12,002,686

*특이사항
· 1년차 : 2억 5천만원 레버리지+보유자산 1억 5천만원 거치투자에 이용
· 2년차 : 월 20만원 신규 보장성 보험 가입
· 4년차 : 월 15만원 신규 보장성 보험 추가 가입
· 6년차 : 비소비지출 전액 상쇄
· 8년차 : 매년 가족 해외여행
· 10년차 : 소비지출 전액 상쇄 -> 경제적 자유
· 13년차 : 은퇴로 인한 근로소득 및 적립 중단
· 16년차 : 자녀 대학등록금

*연초거치금액 : 전년도 말의 총자산으로 연초에 거치투자하는 금액 (연8% 수익률)
*연말금융소득 : 적립식투자에 따른 수익률과 거치식투자에 따른 수익률의 합(연8%)
*연간금융지출 : 부채 발생에 따른 연간 금융지출 (연이율 4%)
*연말총자산 : 연간 총적립자산 + 거치원금 + 거치이자
*신규지출배정 : 자산증식 재투자에 사용되지 않으며 연말에 지출하여 차감할 사남

5

재테크의 엔진,
투자

연 8% 수익률의 투자를 향하여

투자의 최소 조건은 시중금리 이상의 수익률을 올리는 것이다. 그 이유는 두 가지를 꼽을 수 있다. 첫째, 예·적금과 같은 안전자산이 약정하는 이자율 이상의 수익률이 전제되어야 리스크를 감수하는 의미가 있기 때문이고 두 번째 이유는 시중금리 이상의 수익률을 꾸준히 올리는 것이 가능하면 자기를 중심으로 들어오고 나가는 돈의 흐름을 만들어서 자본금 이상의 투자자산을 확보할 수 있기 때문이다. (레버리지)

그렇다면 최적의 투자수익률은 어느 정도일까? 이 문제에 대한 답은 개개인의 투자성향 및 투자에 대한 안목과 혜안, 자신감 등에 따라 다르다. 다만 획일적으로 하나의 최적 수익률을 정해야 한다면 연 8%가 적당하다. 연 3~4% 정도 물가 상승률과 레버리지에서 차감되는 시중 대출금리를 감안하면 8%의 수익률은 내줘야 자산을 늘릴 수 있기 때문이다.

현재 우리나라의 기준금리는 1.5%에 불과하다. 사상 최저수준이다. 그렇다면 금리는 앞으로는 오를 일만 남았을까? 아니면 더 내려갈까? 누구도 확신할 수 없다. 시간이 지나면 반등해서 다시 오를 수 있지만 반대로 이보다 더 내려갈 수도 있다. 그렇기에 투자에 있어서도 변하지 않는 최적의 수익률을 논하는 것은 의미가 없다. 다만 현 시점에서의 금리와 물가상승률에서 자산을 늘리고 경제적 자유에 가까워지기 위해서 필요한 수익률을 8%로 정하면 큰 무리는 없다.

지금부터 알아보는 투자에 관한 이야기는 연 8%의 수익률을 올리는 데 밑거름이 될 기본적인 것들이다. 기본에 불과하기 때문에 여기서 논하는 내용만 가지고 투자에 나서면 좋은 결과를 내지 못할 수 있다. 애초에 투자경험이 없으면 절반도 이해를 못할 수도 있다. 당연한 것이다. 서두르지 말고 앞으로 경험과 지식을 더 쌓아야 한다는 점을 강조하고 싶다.

그래도 이 정도면 안정적 수익률을 보장하는 재테크의 세계를 엿보는 것은 가능하다. 초보자에게 친절하지 못한 설명에 대해 양해를 구하며, 부족한 부분은 <흥부야 재테크하자> 카페에서 공유되고 있는 정보를 참고하기 바란다.

주식

주식은 무엇일까? 사람들이 흔히 갖는 주식투자의 편견

　자본주의 경제는 주식 위에 놓여 있다고 해도 과언이 아니다. 재테크와 투자에 대해서 말할 때 주식을 빼 놓고는 이야기 자체가 어려울 정도다. 그런데도 주식은 수많은 사람들로부터 오해와 좋지 않은 편견에 둘러싸여 있다. 일단 주식은 도박과 동류의 취급을 받는다. 주식으로 패가망신한 사람들에 대한 이야기는 여기저기서 쉽게 들을 수 있으며, 언론은 주식시장의 변덕스러움에 대해서 하루가 멀다 하고 비판적으로 다룬다.

　그러나 이것은 어디까지나 자극적인 소재로 포장되어진 주식의 한 단면일 뿐, 본질과는 거리가 멀다. 분명히 우리 주변에는 주식으로 안정적이고 꾸준한 결과를 만들어 내며 건전하게 재테크를 하는 개인들도 많다. 다만 그들이 입을 다물고 있기에 주식의 미덕과 성공담이 우리 귀에 잘 들리지 않을 뿐이다.

　주식투자란 무엇이며 어떻게 해야 하는지 배우기에 앞서 사람들이 흔히 잘못 생각하고 있는 주식의 잘못된 편견 3가지를 알아 보자.

첫 번째 편견 : 주식은 위험하다

투자에는 리스크가 동반된다. 그것은 주식도 마찬가지다. 리스 크에 대한 이해 없이 주식으로 대박을 노리며 투기를 하려고 든 다면 당연히 손해를 볼 가능성도 커진다. 그러나 대부분의 투자가 그렇듯 올바른 관점에서 주식을 하면 리스크를 관리하며 수익을 높이는 것이 가능하다. 전문적인 투자자 집단 대다수가 주식으로 꾸준한 수익을 올리고 있다.

체계적인 학습과 경험 없이 주위의 권유와 돈에 대한 욕심으로 주식을 하면 투자가 아닌 투기를 하게 되기 쉽다. 투자가 계획과 전략에 의한 것이라면 투기는 운을 바라고 욕심에 휘둘리는 것이 다. 주식 투기는 위험하다. 그러나 건전한 투자를 목적으로 주식에 접근하면 손실의 위험을 낮출 수 있다.

두 번째 편견 : 주식은 높은 수익을 보장한다

주식의 세계에서 며칠 사이에 원금의 두 배, 세 배를 불리는 것은 비일비재하다. 그만큼 주식은 그 어떤 투자수단보다 높은 수 익을 내는 것을 가능케 한다. 하지만 대다수 주식투자자들의 수익 률은 별로 높지 않다. 사실상 대부분은 수익을 내지 못하고 오히 려 원금을 잃는다.

통계적으로 주식투자로 수익을 내는 사람은 100명 중 20명 내

외에 불과하다. 세상 대부분의 일이 그렇듯 주식으로 성공하는 사람들은 소수이다. 이들은 과연 어떻게 주식을 하고 있을까?

주식투자에 성공하는 사람들은 연간 수익률 100%와 같은 터무니없는 목표를 정하지 않는다. 주식으로 1년 동안 100%의 수익을 올리는 것이 불가능하다는 말이 아니다. 하지만 가능하다는 것과 나도 할 수 있다는 것은 전혀 다른 문제다. 심지어 제 아무리 고수라도 1년에 100% 수익을 꾸준히 올리는 것은 결코 쉽지 않다. 워렌 버핏의 연평균 수익률조차 30% 안팎에 불과하다. 세계 최고의 투자자가 올리는 성적이 이 정도다.

앞서 살펴보았듯 우리는 연 8%의 수익률만 가능해도 경제적 자유를 목표로 투자를 할 수 있다. 주식으로 가능한 높은 수익률이란 과연 어느 정도일까? 각자의 기준에 따라 다르게 와 닿겠지만 투기 마인드가 강한 사람일수록 그 기준점을 끌어 내려서 현실적인 수준을 바라보는 것이 필요하다. 주식 자체가 높은 수익을 보장해주지 않음을 이해하자. 주식은 투자의 수단일 뿐이다. 그리고 투자를 하는 주체는 개개인의 사람이다. 그 수단을 어떻게 이용할 것인지 역시 개인의 몫이다. 경험과 배움을 통해 스스로의 실력을 높여나가야 한다.

세 번째 편견 : 종목을 잘 찾아야 주식을 잘 한다

그 어떤 투자자도 상승하는 종목에만 투자할 수 없다. 좋은 종목을 잘 찾아서 투자를 하더라도 반드시 투자가 성공한다는 보장은 없는 것이다. 주식투자를 잘 하려면 종목을 찾는 것과 별개로 수익을 관리할 수 있어야 한다. 자산을 늘리고 부를 쌓아가기 위해서 꾸준하고 안정적인 수익이 반드시 필요하기 때문이다.

특정 기법을 이용해서 종목을 잘 찾는 사람은 종목이 상승해 줘야만 수익을 낼 수 있다. 즉 좋은 종목이 예상대로 올라 줘야만 수익을 만들 수 있는 것이다. 그런데 반대의 경우 오를 것으로 예상한 종목이 하락을 하면 손실에 대한 대처와 관리가 되지 않아 그동안의 수익을 반납하고 전체적인 수익이 깨져버리는 경우가 빈번하게 생긴다.

주식에는 리스크가 동반하기 때문에 수익과 손실이 함께 한다. 그래서 수많은 주식투자자들이 벌어 놓은 수익을 그 이후 이어진 손실로 반납하는 경험을 한다. 주식으로 돈을 버는 사람과 그렇지 못한 사람의 차이는 수익과 손실의 패턴 속에서 최종적인 수익이 나도록 관리를 할 능력이 되느냐 안 되느냐에 있다.

주식투자를 잘 하기 위해서 좋은 종목을 찾아야 하는 것은 기본이다. 그러나 좋은 종목을 찾는다 해도 그 이후에 관리를 할 능력이 없다면 주식을 잘 할 수 없다. 주식을 이용한 재테크에서는 본인이 투자한 종목을 제대로 관리해서 수익과 손실의 총합을 플러스로 만들어가는 것이 무엇보다 중요하다.

놀부와 흥부의 주식투자

'놀부는 10종목에 투자를 하여 10종목 모두 수익을 봤다. 반면 흥부는 10종목에 투자를 하여 6종목에서 수익을 보고 4종목에서 손실을 봤다.'

놀부가 흥부보다 훨씬 투자를 잘 하는 것 같이 보인다. 6종목에 성공한 흥부에 비해 10종목 모두 성공을 했기 때문이다. 그런데 과연 놀부가 앞으로도 모든 종목의 선택에 성공할 수 있을까? 투자에서 백전백승은 없다. 투자를 계속하면 언젠가는 손실을 볼 종목을 고를 것이다. 만약 놀부에게 관리 능력이 없다면 한 번만 종목 선택에 실패해도 전체 투자에서 실패할 수 있다.

반면 가격이 오를 종목을 고르는 안목이 60%에 불과한 흥부일지라도, 전반적인 수익 관리만 할 수 있다면 시간이 흐르고 흐른 뒤 놀부보다 훨씬 큰 부를 쌓는 것이 가능하다. 꾸준하고 안정적인 수익을 실현하여 복리로 자산을 만들어갈 것이기 때문이다.

복리로 재테크를 하는 이들은 반드시 흥부와 같은 수익관리 능력을 갖추고 있어야 한다. 다행인 것은, 놀부처럼 백발백중의 선택을 하는 것보다 다소 미흡한 선택을 하더라도 안정적인 관리를 하는 흥부의 방식이 보다 현실적이고 따라 하기 쉽다.

캔들과 차트를 알면 주식이 보인다

주식투자의 핵심은 싸게 사서 비싸게 파는 것이다. 그런데 내가 사려는 주식이 싼 것인지 비싼 것인지 어떻게 알 수 있을까? A주식이 1,000원이고 B주식이 2,000원인 경우를 예로 들어보자.

A의 가격은 B의 절반이다. 즉 보이는 가격에서는 A가 B보다 훨씬 싸다. 이 경우 B보다 A를 사는 것이 유리할까?

당연히 그렇지 않다. 어떤 주식을 살 것인가에 있어서 주식의 절대적인 가격 차이는 전혀 중요하지 않기 때문이다. 중요한 것은 가격보다 가치다. 이것은 모든 유형의 투자에 있어 동일하다.

주식투자를 배운다는 것은 주식의 가치를 평가하는 기준에 대해서 배우는 것이다. 주식의 가치를 평가하는 방법에는 기본적 분석과 기술적 분석이 있다. 이 가운데 기본적 분석은 주식의 본질적인 가치를 알아내는 것으로 기업의 내재가치를 분석하여 가치를 평가하는 방법이다. 가령 해당 기업의 실적이나 자산가치, 미래 가능성 등을 분석하고 예측하는 것이다. 반면 기술적 분석은 과거 주식의 거래량이나 주가 등의 누적된 데이터를 기초로 미래의 주가 변화를 예측하는 방법이다. 차트분석이라고도 한다.

기본적 분석과 기술적 분석에 대해서는 하나씩만 잡고 이해하려 해도 양이 너무 방대하다. 여기서는 기술적인 분석에 가장 기초가 되는 캔들과 차트부터 알아보자.

캔들과 차트는 주식의 의미를 파악하는 알파벳과 같은 기호이다. 이 기호를 알아야 차후의 기본적 분석과 기술적 분석도 시작할 수 있다.

캔들의 구성

캔들은 일본에서 유래된 가장 기본적인 기술적 분석 도구로, 특정 기간 동안 주식의 가격이 어떻게 변화하였는지 하나의 도형으로 표현하기 위해서 고안되었다. 우리말로는 봉이라고도 하는데, 예를 들어 하루 동안의 종목 움직임을 기록한 것을 일봉이라 부른다.

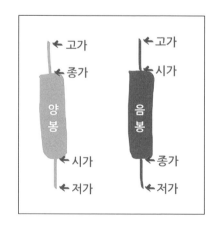

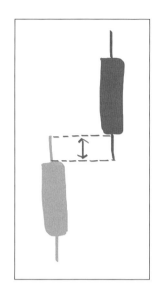

캔들은 직사각형과 위, 아래 가는 선으로 구성이 되어 있다. 직사각형 부분을 캔들의 몸통이라 하며 몸통의 위, 아래는 시가와 종가를 의미한다. 몸통의 위, 아래에서 나온 선을 꼬리 (그림자)라고 부르는데, 꼬리는 시가 또는 종가보다 가격이 높았거나 (위 꼬리), 낮았던 것을 (아래 꼬리) 기록한 것이다. 시가를 기준으로 종가가 상승을 한 경우 몸통을 붉은 색으로 그린다. 한편 시가를 기준으로 종가가 하락하면 캔들의 몸통을 파란색으로 그린다. 몸통이 붉은 캔들을 양봉이라 하며 파란색의 캔들을 음봉이라 부른다.

캔들의 음봉과 양봉은 지난 시점의 종가를 기준으로 정해지지 않는다. *일봉을 예로 들면, 전날 종가에 비해서 오늘의 종가가 상승하였다고 해서 무조건 양봉이 출현하는 것은 아니다. 왜냐하면 직전 종가에 비해서 이번의 시가가 갭을 두고 상승한 뒤 종가에 비해 하락하면 직전 종가 대비로는 상승하였지만 음봉이 그려질 수 있기 때문이다. 예를 들어 전일 종가가 9,000인 경우 오늘의 시가가 10,000으로 시작하여 9,500원에 마감하면 전일 종가 대비 가격은 500원 상승하였음에도 오늘의 일봉은 음봉으로 그려진다.

** 일봉 : 하루 단위의 캔들. 가장 일반적인 캔들이다. 캔들에는 주단위로 시가, 종가, 고가, 종가를 표기하는 주봉, 월단위의 월봉, 분단위의 분봉 등이 있다.

차트

캔들을 나란히 배열해서 이어놓으면 주가의 흐름을 한눈에 파악할 수 있다. 이때 연속적으로 배열한 캔들의 기록을 차트라고 한다. 차트에는 주식시장을 판단하는 데 재료가 되는 수급의 변화와 시세의 흐름, 과거의 투자패턴 및 심리가 담겨 있다. 그래서 미래의 주가를 기술적으로 예측하는 데 널리 이용된다.

차트는 매일의 종가를 선으로 연결한 선형 차트와 캔들을 나열한 캔들 차트(봉차트)가 있다. 이 가운데 캔들 차트는 복합적인 주가 변동을 파악하기 쉬워서 널리 사용된다.

시장에는 차트를 분석하고 바라보는 관점에 따라 수많은 거래 비법이 존재한다. 하지만 원론적으로 지난 차트를 보고 앞날의 주가를 정확하게 예측하기란 불가능에 가깝다. 다만 몇 가지 주요한 정보로 흐름을 파악하는 것은 가능한데, 그때 가장 일반적으로 보는 정보가 차트 안의 캔들과 거래량이다. 대부분 후행적인 성격의

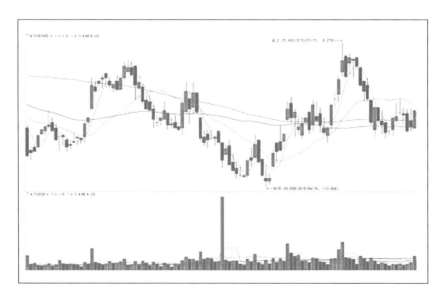

지표와 달리 거래량은 앞날의 주가 추세를 미리 보여주는 성향이 있다. 주가에 강한 영향을 미치는 수급을 보여주는 가장 근접한 지표이기 때문이다.

이 외에 이동 평균선을 비롯한 각종 보조지표, 그리고 상승 하락의 패턴에 따른 분석법 등의 차트분석 방법이 있다.

주식투자, 이것만은 알고 하자 : 시장가치 포인트

우리는 정보가 부족해서라기보다 정보가 너무 많아서 문제인 시대를 살고 있다. 주가와 관련된 정보 역시 주변에 무수히 많다. 그 많은 것들 가운데 종목의 가치가 어느 정도인지 현 시장상황에 맞춰서 알려주는 정보를 선별할 수 있어야 한다.

주식투자자들이 종목의 가치를 평가하기 위해서 반드시 알아봐야 하는 요소들은 다음과 같다.

프로필

기업의 기본적인 프로필을 살펴봐야 한다. 본인이 어떤 종목에 투자하는지에 대해서 기본적인 호구조사를 하는 과정이라고 보면 된다. 기업의 이름만 알고 주식을 하는 투자자들이 적지 않은데, 올바른 투자자라면 적어도 현재 적자를 내고 있는지 흑자가 나고 있는지 등의 기본적인 재무상태에 대한 조사를 해야 한다.

제 아무리 전문가가 강권하고 스스로 기업에 대해 친숙하고 좋은 느낌이 들더라도 재무상태 평가 결과가 좋지 못한 종목이라면

1차적으로 걸러내야 한다. 기본적인 프로필에 충실한 투자만 하더라도 한 번에 큰 손실을 입는 최악의 리스크를 최소화할 수 있다.

뉴스

기본적인 프로필에 대한 평가를 마친 상태에서 실시간으로 뿌려지는 뉴스를 보며 투자에 판단을 내려야 한다. 뉴스는 종종 투자자들에게 잘못된 정보를 제공해 손해를 입히기도 하므로 과신하면 안 되지만, 그럼에도 투자를 할 때 꼭 활용해야 할 중요 요소이다. 온라인 포털이나 증권 관련 사이트에서 다양한 뉴스를 확인할 수 있으며, 주식거래를 하는 HTS나 MTS를 통해서도 손쉽게 접근할 수 있다.

캔들

캔들은 주식을 기술적으로 분석하는 기본단위다. 각각의 캔들에는 모양과 형태에 따라 고유의 의미가 담겨 있다. 그리고 그 의미는 기본적으로 앞으로 주가가 상승할 것인가, 하락할 것인가에 대한 것이다.

캔들이 미래를 정하여 보여주는 것은 아니다. 그러나 의미 있는 움직임에 대한 확률적 예측은 가능하며 이것만으로도 투자에 유리한 포지션을 취할 수 있다.

개인투자자들은 주식을 언제 사고 언제 팔아야 하는지에 대한 기준 없이 주먹구구식 매매를 하는데, 캔들에 대해 이해만 하고 있어도 매수, 매도 시점을 체계적으로 정할 수 있다.

차트

캔들과 함께 기술적 분석의 중심에 있는 것이 차트다. 차트는 한때 투자시장의 가장 강력한 트렌드였으며, 지금도 다양한 측면에서 분석에 활용된다. 그러나 현 시장은 차트분석만으로 답을 내리기에는 너무 정교하고 복잡하다. 캔들도 마찬가지이지만 차트를 활용한 기술적 분석에 기본적 분석을 접목하는 것이 중요해졌다. 차트는 여전히 중요한 시장가치 분석의 요소이지만 과신해서는 곤란하다.

수급/호가

캔들과 차트는 주가의 변화를 기록한 것으로, 이는 앞날의 흐름을 예측하는 데 사용된다. 수급은 차트분석에서 빼놓을 수 없이 중요한 것으로 주가의 방향을 선행적으로 보여주는 요소이다. 단순하게 말해서 주식을 사고자 하는 측이 많아지면, 즉 수급이 강해지면 주가는 오를 가능성이 높아진다. 반대로 주식을 팔려는 매도세가 우위를 점하면 주가는 내려갈 것이다. 수급은 차트상의 거래량과 호가창의 호가 변화를 통해 파악할 수 있다.

시나리오

시나리오란 이상 다섯 가지 요소를 종합하여 주가의 흐름을 예측하고 그에 맞는 투자 계획을 세우는 것을 의미한다. 객관적 분석에 의거한 시나리오를 세우면 원칙에 의거한 투자를 하는 것이 가능하며 그로 인해 안정적으로 리스크를 관리하며 목표한 수익을 달성할 수 있다.

프로필 — 뉴스 — 캔들 — 차트 — 수급/호가 — 시나리오

이상의 여섯 단계를 한 과정으로 묶어서 주식투자에 이용해야 한다. 이는 누적된 데이터를 기반으로 주가를 예측하는 기술적 분석의 단점을 기본적 분석으로 보완하는 기술적 가치분석 방법의 하나이다.

주식투자에 있어서 가장 중요한 가치를 정확하게 맞추는 것은 불가능하다. 어디까지나 예측을 할 뿐이다. 그 예측을 얼마나 높은 확률로 해내는가 하는 것이 관건이다. 그런데 시간과 정보의 불리함을 안고 투자에 나서야 하는 개인 투자자들이 정확한 예측을 하기란 매우 어렵다. 그러므로 예측의 범위를 좁히고 단순화 하는 것이 좋다. 위에서 살펴본 여섯 단계를 거치며 가치 평가를 범주화하는 것이 유효한 이유이다.

주식의 가치를 파악하자 : 후크텍 기법

흔히 주식을 잘하려면 좋은 종목을 사야 한다고 말한다. 앞으로 가격이 오를 만한 가치를 지닌 종목을 매수해야 수익의 가능성도 그만큼 커진다는 뜻이다. 이러한 관점을 기반으로 투자에 나서는 것을 가치투자라 한다.

가치투자는 워렌 버핏이 증명하였듯 성공 가능성이 높은 투자

방법이다. 하지만 똑같은 가치투자를 하는 사람이더라도 실제 주식투자에서 만들어 내는 결과는 매우 다르다. 누군가는 가치투자로 큰 수익을 내지만 누군가는 손실을 보기도 하는 것이다. 같은 종목에 동일한 순간 투자를 하더라도 각자 매도 시점은 다를 것이기 때문이다.

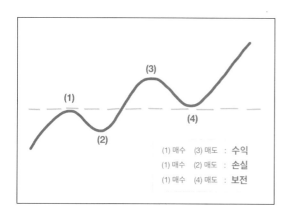

주식을 처음 하는 사람도 종목을 매수하기는 쉽다. 별다른 기준이 없더라도 마음이 내킬 때 매수하면 그만이기 때문이다.

그러나 아무리 쉽게 매수를 할 수 있어도 매도는 어렵다. 매도를 앞두게 되면 각각의 상황에 따라 다음과 같은 생각이 들 것이다.

1. 주식의 가격이 올랐을 때 내가 팔고 나서 나중에 가격이 더 올라가지 않을까 하는 주저.
2. 주식의 가격이 내린 상황에서 조금 기다리면 오르지 않을까라는 기대감.

결과적으로 매도는, 수익이 나도 하기 힘들고 손실이 나도 힘들다. 주식을 하는 사람들이 처음에는 수익을 잘 내다가 한 번의 실수로 큰 손실을 내는 이유는 결국 매도에 대한 확실한 원칙이 없기 때문이다. 매도원칙이 없으면 어느 순간 매수에 대해서도 확신을 잃기 쉽고, 투자에 실패하고 시장을 떠날 가능성도 높다.

꾸준하게 안정적인 수익을 올리는 투자를 해서 복리로 자산 증식을 하려는 이들에게 무엇보다 필요한 것은 매수와 매도 시점에 대한 원칙이다. 즉 가치가 떨어졌을 때 매수를 하고 가치가 올랐을 때 매도를 하는 것을 반복할 수 있어야 한다. 그런데 대다수 개인 투자자들은 정확하게 이와 반대로 투자를 한다. 가치가 올라가면 덩달아 사고, 가치가 내려가면 두려움에 굴복해 파는 것이다. 이러면 투자에 실패할 수밖에 없다. 따라서 주식의 가치를 분석하는 자기만의 기준을 세우는 것이 반드시 필요하다.

주식을 사고, 팔 때 결정의 근거로 삼을 수 있는 기술적 근거를 하나 알아보자. 가격이 오르고 내려가는 것이 반복되는 파동을 이해하고 그 안에서 갈고리(후크)로 수익을 거머쥔다는 뜻의 *후크텍 매매기법으로, 몇 가지 원칙만 이해하면 초보자들도 보다 자신 있는 투자를 하는 것이 가능하다.

> *후크텍 : 주식 투자 자문 및 전문 교육기관 ㈜허니스탁의 투자기법. 주식의 파동에서 적절한 매수, 매도 포지션을 잡는 데 이용할 수 있다.

후크텍의 기본원리

주식은 어떤 종목이든 상승을 하거나 하락을 할 때 일자로 뻗지 않는다. 언제나 상승과 하락이 반복한다. 예외적으로 상승이나 하락이 계속 이어질 때도 있지만 그것은 순간일 뿐 길게 늘여 놓고 보면 결국 상승과 하락의 파동이 만들어진다. 사람이 숨을 쉴 때 들숨과 날숨이 반복되는 것과 같이 당연한 시장의 습성이다.

후크텍은 이와 같은 주식의 파동 안에서 특정 모양의 갈고리 모양을 포착하고 각각의 순간에 대한 가치를 측정하여 매수와 매도 포지션을 잡는 매매기법이다.

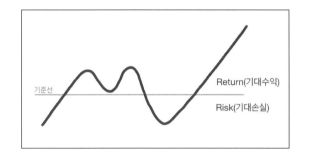

차트상에서 그림과 같은 흐름을 보이며 주가가 움직였을 때, 기준선을 중심으로 주가의 가치를 구분하면, 영역의 아래 부분은 리스크 (기대손실)로, 윗부분은 리턴 (기대수익)으로 볼 수 있다.

주식은 리스크와 리턴의 관리에서 최종적으로 수익과 손실이 만들어진다. 그런데 머릿속 상상만으로는 리스크와 리턴이 얼마나 되는지 계산하거나 예측하기가 결코 쉽지 않다. 무언가 기준이 될 만한 것이 필요한데, 이와 같이 차트의 영역을 분류하여서 아래 영역을 리스크로 보고 윗 영역을 리턴으로 가정하면 각 영역의 크기를 수익성에 대한 기준점으로 삼을 수 있다. 즉 투자자 스스로 어느 정도까지의 하락을 견뎌도 괜찮으며 어느 정도까지의 수익을 바라볼 수 있는지 판단기준을 정하는 것이다.

차트 구간 나누기란?

차트의 구간 나누기는 차트를 통해 주가의 방향을 예측하기 위해 사용되는 기본적 분석방법이다. 전체 차트에서 최근 흐름의 저항 라인을 나누는 것으로, 파악하기가 쉽지 않지만 매우 중요하므로 반드시 알고 있어야 한다.

파동의 흐름을 나눠서 지지 저항 라인을 포착하여 매매 타이밍을 선점하는
데 이용.

종류

1. 일봉 차트 구간 나누기 : 기본적인 차트 구간 나누기. 중장기 매매에 적합.
2. 분봉 차트 구간 나누기 : 3, 5, 10분봉으로 나눈다. 3분봉이 선호됨. 단기,
   단타 매매에 적합.
3. 주봉, 월봉 차트 구간 나누기 : 전체적인 주가의 사이클을 살펴볼 때 사용.

이 가운데 일반 개인투자자가 접근하기 손쉬운 것은 일봉 차트를 통한 구간
나누기이다. 일봉 차트는 가장 기본적인 차트로, 종목을 공략하는 기본적 분
석에서 가장 먼저 분석에 이용된다.

라인 나누기

1. 순서 : 기본선(고점→저점→중점)을 그리고 추가적으로 보조선을 기입.
2. 기본선 : 강한 지지 저항 라인을 의미.
3. 기본선의 형태 : 3선 나누기.
4. 보조선 : 기준선 사이에서 캔들이 많이 수렴되는 구간인 의미 있는 지지 저
   항선이 있을 경우에 넣어준다. 기본선보다는 약한 지지선을 의미.

선 나누기. 일반적인 산업군의 종목에 많음. 박스권 상/하단이 구분됨

※ 후크텍은 고점과 저점 등 지지선에 대한 이해를 바탕으로 매수, 매도 포지
션을 잡는 매매기법이다. 그러므로 후크텍을 자기 매매에 활용하기 위해선 차
트상의 구간 나누기에 대한 이해가 반드시 필요하다. 구간 나누기는 여기에서
모두 설명하기에 한계가 있으므로 〈흥부야 재테크하자〉 카페 또는 ㈜허니스
탁 홈페이지에서 실전을 통해 익히도록 하자.

리스크 대비 리턴을 비율로 가정하면, 몇 대 몇 정도일 때 투자를 하는 것이 좋을까? 가령 리스크 대비 리턴이 5 : 5라면? 투자를 하였을 때 정확하게 반반의 확률로 수익이 나거나 손실을 입을 것이다. 이런 계산이라면 아무래도 리스크는 줄일 수 있는 만큼 줄이고 리턴을 최대한 높이는 것이 유리하다. 예를 들면 리스크 대비 리턴이 1 : 9 정도가 5 : 5보다 좋을 것이다.

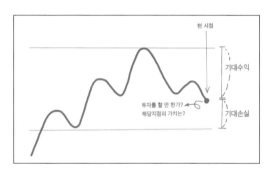

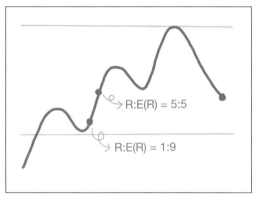

하지만 실제 투자에서는 리스크 대비 리턴 영역이 너무 크면 오히려 수익을 내기가 어렵다. 차트상에 리스크와 기대수익 영역을 구분하면, 리스크 영역은 매도를 통해 최종적으로 수익을 거둬들일 때까지 견딜 수 있는 손실의 범위이다. 즉 리스크로 정해진 범위를 넘어가면 손해를 보더라도 매도를 해서 손실을 확정지어야 하는 것이다. 그런데 리스크 영역이 너무 작으면 견딜 수 있는 범위가 좁아서 최종 수익 실현을 하기 전에 손해를 보며 매도를 할 가능성도 커진다.

물론 리스크 영역이 작으니 한 번에 큰 폭의 손해를 보지는 않을 것이다. 하지만 빈도로 따지면 상당히 잦은 손실을 감수해야

한다. 가랑비에 옷 젖듯 이런 식의 *손절
매가 반복되면 결코 좋지 않다. 특히 자금
력이 약한 개인 투자자가 이런 상황을 계
속적으로 견디기는 쉬운 일이 아니다. 물
론 리스크 대비 리턴이 1:9인 포지션이
나쁘다는 것은 아니다. 다만 이것만이 최
선이 아님은 이해하고 있어야 한다.

　개인 투자자들이 취하기 손쉬운 매매 포지션은 리스크 대비 리
턴이 3:7 또는 2:8 정도이다. 어느 정도 여유 있게 손실을 견디며
상대적으로 높은 수익을 기대해 볼 수 있기 때문이다. 종목에 대
한 확신이 있다면 5:5의 포지션을 잡고 여유 있게 후크를 만들어
가는 것도 좋은 방법이다.

　어쨌든 각각의 포지션 모두 나름의 의미가 있다. 리스크 대비
리턴의 비율로 후크를 만들어 가는 것을 유형화 하여 조금 더 자
세히 알아보자.

최저점 공략하기 : 후크텍 1

　후크텍은 기술적 가치분석에 의해 리스크 대비 리턴의 매매 포
지션을 구분하는 매매기법이다. 그 중 첫 번째 매매 포지션은 최
저점을 공략하여 높은 기대수익을 공략하는 지점이다. (후크텍 1)

　후크텍 1은 매수 이후 주가가 상승할 잠재 가치가 가장 높은
동시에 상대적으로 리스크가 가장 낮은 장점이 있다. 리스크 대비
리턴의 개념으로 보면 가장 안정적이다. 반면 성공률에 있어서는
아쉬움이 있다. 또한 관리를 잘못하면 손실의 폭이 커지기 쉬운

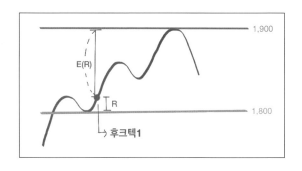

포지션이기도 하다. 같은 지점이라도 상승을 하면 최저점이지만 반대로 주가가 하락하는 경우는 최고점으로 해석이 되기 때문이다. 손절매 시기를 놓치면 최고점에서 매수를 한 결과가 되기 쉽다.

최저점에서의 매수 공략은 수익의 성공률을 높이는 방법은 아니다. 성공률보다는 한 번의 성공에서 거둬들이는 수익률을 극대화 하는 것에 의미를 둬야 한다. 가령 최저점을 공략하는 매매를 연속해서 열 번 한 경우 이 중 한 번의 성공을 통해 소기의 성과를 거두어야 한다. 리스크 대비 리턴이 1:9라면 1/9의 성공률로 본전 이상을 찾아야 하는 것이다.

리스크 대비 리턴의 비율이 높은 포지션을 잡는다는 말은 다시 말해 매물이 밀집되어 있는 영역대의 가장 낮은 지점(생명선)에서 매수를 하는 것이다. 그러나 실제로는 생명선이라고 할 수 있는 최저점 아래에도 만만치 않은 물량이 나와 있기 때문에 개인투자자가 매물대의 영역을 정확하게 파악하고 매수를 성공하는 것은 쉽지 않다. 하지만 그럼에도 불구하고 매수에 성공한다면 높은 수익을 기대할 수 있는 좋은 포지션이다.

가령 1,800원이 하단 기준이며 영역의 범위가 3~5%라고 하였을 때, 최저점 공략은 다음과 같은 흐름으로 진행한다.

1. 1,810원 정도에서 매수를 한다.

2. 만약 1,800원 미만으로 내려가면 매도하여 손절한다.

3. 영역대의 고점을 뚫고 올라가는 것을 기다리며 매도 타이밍을 잡고 수익을 실현한다.

영역대 자체가 3~5% 정도 되기 때문에 영역 안에서 매도를 하더라도 리스크보다 높은 수익을 기대할 수 있다. 또한 애초에 목표하였던 영역대를 뚫고 올라가게

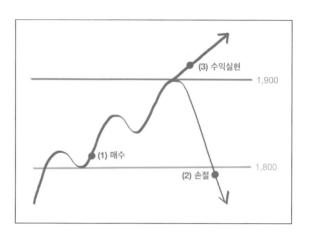

되면 그보다 더 큰 수익을 기대할 수 있다.

최저점을 공략했는데 주가가 하락하는 경우 손실률은 1~2%이다. 반면 상승하는 경우 평균적으로 10% 이상의 수익을 가져올 수 있다. 성공할 수 있는 확률이 아무리 낮더라도 한 번의 성공이 나머지 다수 실패를 커버하고 최종적으로 수익을 만들어 줄 수 있다.

그런데 관심을 두고 있는 종목이 후크텍 1번에 해당하는 장면을 연출하고 있는지 어떻게 알 수 있을까? 이에 대해서는 '의

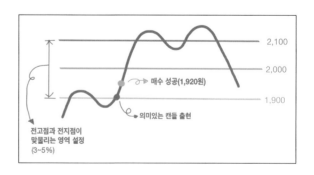

미 있는 캔들'이 주는 주가의 상승과 하락 시그널을 파악하는 것이 필요하다. 의미 있는 캔들이 출현하면 언젠가 반드시 후크텍의 1, 2, 3번 포지션을 준다. 의미 있는 캔들에 대해서는 개별 후크텍 포지션을 살펴본 뒤 따로 알아보기로 하자.

전 고점과 전 저점이 지속적으로 갱신되며 주가가 상승되는 N자형 대세상승 차트 곡선이다. 이때 기준이 되는 가격을 기점으로 위 아래 2% 정도의 오차값을 반영한 박스권 3~5% 정도를 영역으로 설정한다. 그 후 전 고점을 돌파하는 시점에서 의미 있는 캔들이 출현하고, 박스권 하단의 호가에 물량 결집이 있는 부분에서 최저점 매수를 공략한다. 그 후에는 주가의

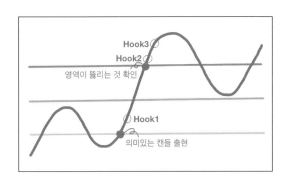

상승, 하락에 따라 손절을 하거나 기대했던 만큼의 수익을 실현하는 방법으로 대응을 한다.

주식은 싼 가격에 사서 비싼 가격에 팔면 잘 할 수 있다. 그렇기 때문에 대다수 사람들이 주식에서 가장 중요한 것은 가격이라고 생각한다. 그러나 30년 전과 지금의 절대가격을 비교하는 것이 아무 의미가 없듯이 중요한 것은 가격보다 가치다. 그리고 그 가치는 시시각각 변하므로 가치를 판단할 수 있는 기준을 세우는 것과 그에 맞는 대응법을 자기 것으로 하는 것이 주식투자에 있어서 매우 중요하다.

손쉬운 수익 만들기 : 후크텍 2, 3

최저점 공략은, 공략하기가 쉽지 않고 성공 확률이 높지 않지만 손실 리스크를 최소화하며 상대적으로 기대수익을 극대화 할 수 있는 방법이다. 그런데 최저점 공략보다 조금 더 손쉽게 수익을 낼 수 있으며 성공률이 높은 방법은 없을까? 손절에 대한 범위를 넓히고 기대수익을 상대적으로 줄이면 보다 성공률을 높이며 여유 있게 투자를 할 수 있을 텐데 말이다. 지금부터 알아볼 후크텍 2와 3은 개인 투자자 누구나 손쉽게 자주 활용할 수 있는 포지션이다.

후크텍 1 : 고점 돌파를 시도하는 자리
후크텍 2 : 고점 돌파를 완전히 확인하는 시점
후크텍 3 : 고점 돌파 후 호가 상에 물량이 들어오는 것을 확인
　　　　　하는 시점

주가가 전 고점을 돌파할 때는 후크텍 1이 먼저 나오고 돌파 이후에 2와 3이 순차적으로 나온다. 각각의 포지션을 잡기 위해서는 각 부근에 강력하게 형성되어 있는 저항 매물대를 뚫으면서 의미 있는 캔들이 발생하는 것을 확인해야 한다.

저항 매물이 형성 되어 있는 영역을 뚫고 주가가 올라갈 때 영역 안에서 포지션을 하는 것이 후크텍 1이다. (영역은 보통 기준선을 중심으로 2~5% 정도의 오차범위로 설정하며, 이 안에서 거래량과 호가 상의 물량을 확인한다.) 그러므로 후크텍 1에서는 매수를 하고 수익을 기다리다가 주가가 꺾이면 빠르게 손절을 해야만 한다. 가능성은 무궁무진하지만 성

공하기가 어려운 자리로, 도전을 했다가 안 되면 빠르게 그만두는 용기가 필요하다. 그만두더라도 손실이 작을 때 그만둬야 한다.

한편 후크텍 2와 3은 의미 있는 캔들의 출현 후 전 고점이 완전히 돌파가 되는 것을 확인하면서 매수를 하는 자리다. 이때는 반드시 호가 창에 강력한 저항 매물대가 형성되는 것을 동시에 확인해야 한다.

영역대의 영역이 상단으로 뚫리는 것이 확인되는 순간의 예이다. 고점 라인에 도달하여 횡보하던 흐름 중 급격한 거래량이 동반되며 상단 돌파되는 것을 분봉에서 파악할 수 있다.

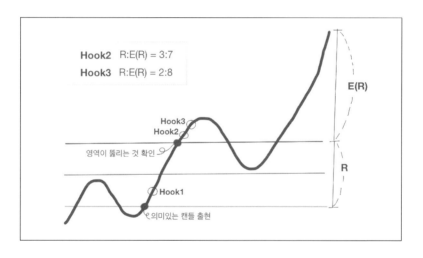

주가의 흐름이 완만한 종목은 의미 있는 캔들이 발생한 후 후크텍 2와 3의 매수 기회를 잡기까지 2~3일 가량 여유를 준다. 반면 테마주, 주도 주와 같은 굉장히 빠르게 움직이는 종목은 순식간에 기회가 사라지며 다시는 같은 기회를 주지 않는 경우도 많다. 강하게 상승하는 종목이 언제나 좋은 것은 아니며 재테크로 주식에 투자하는 대다수 개인 투자자들에게는 완만한 흐름의 주식 종

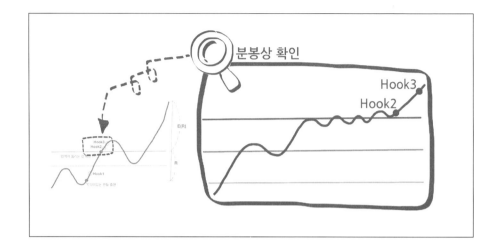

목이 투자하기에 더욱 용이한 이유이다.

후크텍 2에서 기대할 수 있는 리스크와 손실 비율은 2:8, 후크텍 3번은 3:7 정도로 보면 된다. (비율은 어디까지나 금액의 범위이지 성공률을 의미하는 것은 아니다.) 물론 이런 비율은 평균적인 종목을 선정하고 영역을 올바로 설정하였을 때를 전제로 한다. 종목의 특징과 시장상황에 따라서 달라질 수 있으며 테마주와 같이 급등락을 하는 종목은 리스크가 더 커지는 것이 당연하다. 원론적으로 우량주와 스몰 캡 종목이 후크텍 2와 3을 활용하기에 좋다.

짧고 강한 수익 : 후크텍 4, 5

후크텍 4와 5는 리스크 대비 기대수익이 상대적으로 낮은 4:6 또는 5:5에 해당한다. 리스크에 비해서 수익이 부족해 보여도 결코 그렇지 않으며 다른 포지션과의 연계가 되기도 하니 꼭 알고 있어야 할 포지션이다.

투자금을 자기 마음대로, 자기 스타일대로 사용할 수 있다는 것이 개인투자자의 가장 큰 장점이다. 참고로 기관투자자는 개인처럼 자금 운용이 자유롭지 못하다. 어쨌든 기관에 비해서 유연한 투자를 할 수 있다는 점 때문에 많은 개인투자자들이 보유 종목이 하락하여 평가손실 상태일 때 무분별하게 2차 매수를 한다. 평균 매수단가를 낮추기 위해 물 타기를 하는 것이다.

주식투자에 있어서 무분별한 물 타기는 독이 되곤 하지만, 최초 매수 시점부터 2차 매수를 염두에 두고 전략적인 투자를 하면 물 타기도 좋은 무기가 될 수 있다. 후크텍 4와 5는 2차 매수를 염두에 두고 사전 선점하는 매수 포지션이다.

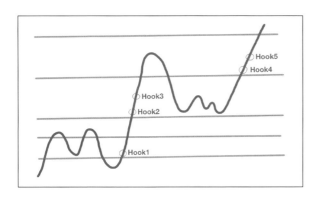

주식 종목 중에는 처음에는 리턴이 작아 보이지만 뒤이어 큰 기회가 오는 종목이 종종 있다. 급등주, 주도주 등 큰 수익의 기회가 되는 종목으로, 이들 종목은 강하게 한방의 수익을 가져다준다. 하지만 처음부터 이런 종목에 한방을 노리고 모든 것을 걸면 곤란하다. 안정적으로 포트폴리오를 구성하고 플러스 알파로 큰 수익을 거둘 수 있는 시나리오를 그리는 것이 현명하다.

주가가 일직선으로 하락하는 경우는 극히 드물다. 추세가 무너진 듯 보이더라도 파동을 보이며 상승과 하락을 반복하면서 하락을 한다. 특히 급등주, 테마주 같이 움직임이 빠른 종목은 안정적인 자리를 잡을 기회를 잘 주지 않는다. 시간과 기술에서 불리한 개인 투자자가 흐름이 빠른 종목의 후크텍 1, 2, 3번을 놓치면 어떻게 해야 할까?

주가가 움직이는 경우의 수를 가정해보자. 특정 영역을 돌파하여 그대로 상승하는 경우를 열 번 중에서 네 번이라고 가정한다. 한편 영역을 돌파하고 상승하는 듯 보이다가 다시 하락하는 것이 다섯 번, 영역을 돌파하는 듯하다가 완전 이탈해 버리는 것은 한 번으로 가정한다.

후크텍 4는 이 경우 하락하는 50%의 리스크를 감수해도 매수할 가치가 있다고 판단되었을 때 잡는 포지션이다. 리스크 대비 리턴 5 : 5의 자리에서 매수를 하는 것이다. 그런데 이때 기대와 달리 주가가 하락을 하여 리스크의 영역으로 들어가 버리면 어떻게 해야 할까? 이때 2차 매수를 하여 영역 안에서의 파동을 관리하면 평균 단가를 낮추어 보합 매매를 할 수 있다. 즉 후크텍 4의 실패 이후 후크텍 2와 3 포지션을 잡아서 만회를 노리는 것이다.

주식의 가격만 볼 줄 알고 가치를 모르는 사람이 볼 때 후크텍 4는 매우 위험해 보일 것이다. 어쨌든 1, 2, 3번에 비해서 고점에서 매수를 하는 것이기 때문이다. 한편 2차 매수를 통한 종목 관리를 모르는 사람은 후크텍 4에서의 첫 실패로 즉각적인 손절을 하기 쉽다.

반면 후크텍 4에 이은 2차 매수를 해서 2, 3 포지션으로 전환을 할 수 있다면 수익을 낼 수 있는 여지가 보다 많아진다. 또한 후크텍 4는 상대적으로 자주 접할 수 있으면서 급등시 추가수익까지

노려볼 수 있다. 관리가 가능한 선에서, 절대적인 가격을 조금 높게 잡더라도 도전해볼 만한 것이다.

물론 후크텍 4에서의 매수 이후 영역을 이탈하여 완전 하락세로 돌아서는 경우도 있다. 이때는 따질 필요 없이 손절을 해야 한다. 이 경우 누구든 손실을 피할 수 없다. 그러나 무분별한 물 타기와는 분명 다를 것이다.

지금까지 살펴본 후크텍 매매기법 외에도 시장에는 접근 방식과 해석이 다른 다양한 매매기법이 있다. 기본적으로 후크텍이든 다른 무엇이든 매매 기법을 이용하기 위해서는 기준선을 잡고 영역을 나누어 종목의 가치를 객관화할 수 있어야 한다. 이 부분은 많은 연습이 필요하다. 하지만 올바른 교육을 받으면 누구나 할 수 있으므로 지레 겁부터 먹을 필요는 없다.

투자는 직접 하기 전 이론으로만 이해하기 어렵다. 투자전문기관의 문을 두드려보고, 온오프라인상의 커뮤니티에서 회원들 간에 오가는 정보에 관심을 기울이자. 무엇보다 실전에서의 경험이 더해져야 연 8%의 수익을 꾸준히 올릴 수 있는 투자자의 자격을 갖출 수 있을 것이다.

의미 있는 캔들이란? : 주가가 오르고 내리는 신호

오를 수 있는 주식을 사전에 매수하여 안정적인 수익을 내거나, 시장의 경고를 파악하여 하락하기 전에 매도를 하기 위해서는 주가의 등락을 알려주는 신호인 '의미 있는 캔들'에 대한 이해가 필요하다.

상승 시그널 1 : 저항선을 뚫는 장대양봉

시가와 종가의 격차가 큰 장대양봉 캔들은 가장 대표적인 상승 시그널이다. 장대양봉과 함께 거래량, 호가물량의 3박자가 맞춰져야 한다. 저항선을 뚫을 때의 거래량이 직전에 비해 눈에 띄게 많아야 하며 호가 물량은 저항선 부근에서 충분하게 뒷받침이 되어야 한다. 같은 장대양봉이라 하더라도 특정 저항선에 걸쳐서 출현을 하며 위로 최대한 솟아 있을수록 상승여력은 더 크다.

상승 시그널 2 : 저항선 위의 장대양봉

저항선 위에서 시작된 장대양봉은 거래량의 비교는 쉽지만, 호가 물량이 보여지지 않는 영역이라서 상대적으로 호가 물량을 파악하기 어렵다. 거래량과 더불어 총 매도 잔량이 총 매수 잔량보다 압도적으로 많은 것을 신호로 상승에 대한 예측을 할 수 있다. 이와 같을 때에 기존의 저항선이 지지선으로 역할을 바꾸게 될 가능성이 높은 것이다.

상승 시그널 3 : 일반적인 양봉과 음봉

일반적으로 장대양봉은 자주 보기 어렵다. 그러므로 장대양봉만으로 상승의 신호를 포착하기는 확률적으로 어려울 수밖에 없다. 많은 경우 후크텍은 가파르기보다 완만하며 이때는 대체로 보통 사이즈의 캔들이 자주 출현한다. 일반적인 모양의 양봉과 음봉으로도 상승에 대한 예측을 할 수 있어야 한다.

상승신호를 주는 양봉 또는 음봉은 저항선 위에서 만들어진다. 거래량이 적은 형태의 음봉이며 저항선 부근에 호가 물량이 쌓여 있다. 이러한 조건을 만족시키는 라인 위의 양봉과 음봉은 추가적인 상승을 암시하는 의미 있는 캔들이다. 추가상승을 예견하는 *눌림목에서는 거래량이 줄되 지속적으로 줄어들지 않으며 순간적으로 줄어든다.

하락 시그널 1 : 장대음봉

첫 번째 하락 시그널은 저항선을 기준으로 선에 걸쳐 있거나 선을 완전히 무너뜨리고 거래량이 동반되어 증가되는 장대음봉이다. 이와 같은 장대음봉이 연출되면 해당 종목은 완연한 하락세로 전환되었다고 볼 수 있다. 얼핏 같아 보이는 하락이더라도 잠깐 눌리는 현상과 하락세로의 전환은 거래량이 동반된 장대음봉의 유무로 구분할 수 있다.

하락 시그널 2 : 도지 캔들

도지 캔들(십자형 캔들)은 추세 전환 캔들이라고도 한다. 하락세일 때의 도지 캔들은 상승 전환의 시그널이지만 상승의 최고점 부근에서 도지 캔들이 출현하면 하락세로 전환될 가능성이 있다. 도지 캔들 역시 의미 있는 캔들로 보기 위해서는 거래량이 동반되어야 하며 거래량 없는 도지 캔들은 단순 보합 캔들이다.

거래량이 동반되지 않은 장대음봉이나 도지 캔들은 보통 기준선 위에서 발생한다. 이런 이유로 하락 시그널은 상승 시그널에 비해 상대적으로 판별이 쉽다.

하락 시그널 3 : 특정 포인트 없는 지속적 하락

특정한 경고 메시지 없이 지지부진한 흐름을 보이며 하락이 지속되는 경우가 있다. 이 경우는 지지선에서 의미 있는 캔들이 나오는지 여부를 주의 깊게 봐야 한다. 계속된 하락이 매물대를 형성하고 있는 지지선 위에서라면 차후의 상승을 기대할 수 있다. 하지만 다음과 같은 신호가 나온다면 대세하락 국면으로 접어들 가능성이 높다.

1. 시가 또는 종가에서 거래량이 동반되지 않은 짧은 음봉이 지지선 아래에 출현 (갭 하락)
2. 지지선을 뚫으면서 형성된 연속적으로 완만한 음봉

시장에는 동시호가라는 매매 시간이 있는데, 동시호가 전에 특정 물량이 치고받다가 물량이 이탈되면 지지선이 무너졌다고 해석이 가능하다. 시장에서는 매물 집결지를 기준으로 매수세와 매도세의 공방이 계속되는데, 공방이 없이 라인이 무너졌으므로 지지선을 무너뜨리는 장대음봉이 나타난 것과 동일하게 봐야 하는 것이다.

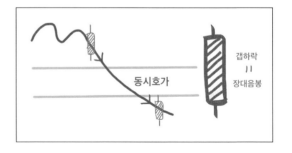

한편 지지선을 뚫고 내려가는 지속적인 음봉은 거래량과 무관하게 일단은 대세하락으로 전환하였다고 봐야 옳다. 물론 이 경우 차후 필연적으로 회복할 가능성이 있지만 추세적으로 하락세에 접어들었으며, 언제 어느 순간에 장대음봉을 유발할지 모르는 시장의 경고 메시지로 봐야 한다.

주식투자 마인드 정립 10계명

무리 없는 투자금액을 정해야 한다

주식은 투자다. 투기가 아니다. 투기와 달리 투자는 통제할 수 있는 선에서 하는 것이다. 그런 면에서 주식투자를 할 때는 어디까지나 본인이 여유를 느낄 수 있는 돈으로 하는 것이 바람직하다. 전 재산 또는 실패했을 때 부담이 되는 돈으로 매매를 하면 이성적인 판단을 하지 못하고 감정적으로 접근하기 쉽다. 적정한 수준에서 본인의 투자금액을 정하는 것이 상당히 중요하다.

종목을 걸러낼 수 있어야 한다

세상에 되는 종목만 공략할 수 있는 사람은 없다. 모든 기법이 100% 맞는 것도 아니다. 전문가들이나 증권사 애널리스트들이 추천하는 종목들을 모두 신뢰해서는 안 된다. 개인투자자들 중에는 어느 정도 투자의 기술과 경험이 있음에도 종목에 대한 분석에 도움을 받기 위해 전문가들과 계약을 하고 매매하는 사람들이 많다. 다양한 견해와 전문적이고 빠른 정보로 종목을 걸러내기 위함이다. 하지만 전문가들도 모든 종목을 공략하여 수익을 내는 것은 아니기 때문에 자기만의 기준으로 종목을 걸러낼 수 있어야 한다.

주가의 흐름에 대응해야 한다

단순 손익률에 의거한 익절과 손절, 추가매수는 올바른 매매 습관이 아니다. 상승을 할 때는 수익실현을 어떻게 할 것인지, 횡보를 할 때에는 어떤 이유로 기다릴 것이며 어떤 이유로 교체를 할 것인지, 하락을 할 때에는 손절을 할 것인지, 계속 관리를 할 것인지 정확한 판단을 내릴 수 있어야 한다. 다시 말해 상승 종목을 어느 구간에서 매도하여 수익을 실현할지, 하락 종목은 추가매수를 할 것인지, 손절을 할 것인지 판단을 할 수 있어야 한다. 분석을 기반으로 한 자신만의 매매 원칙이 있어야 이와 같은 판단을 내릴 수 있다.

무분별한 추가매수를 하지 않는다

수많은 개인 투자자들이 현재의 손실률을 만회하고자 무분별하게 추가매수를 한다. 이것이 반복되면 막대한 비중 확대로 이어지는데 해당 종목이 보유 도중 악재를 맞거나 여타 변수로 상승 재료가 소멸하면 치명적인 손실을 입을 것이다.

추가매수는 하락했기 때문에 마구잡이로 하는 것이 아니다. 차트상 반등 시기를 찾아 정확한 구간에서 해야 하며 만약 이렇게 하지 못할 경우에는 차라리 손절을 하는 것이 낫다.

비중을 조절하는 것도 기술이다

속전속결로 한 번에 급등주에 몸을 싣지만 그 결과 깡통계좌를 만드는 경우가 많다. 한국 사람들의 기질인 급한 성격과 한방을 노리는 성향이 한몫을 한다.

주식은 절대 급하게 하거나 한방을 노리고 하는 것이 아니다. 치밀한 분석과 계획이 배경에 있어야 한다. 급등에 모든 것을 걸었는데 마침 운 좋게 한방 크게 먹은 사람들의 끝은 뻔하다. 잘못된 방식은 필연적으로 언젠가는 더 큰 화를 가져올 것이다. 한방보다 최소한의 분산투자와 비중에 대한 원칙을 세우는 것이 필요하다.

종목은 관리해야 한다

주식매매를 하는 것은 농사를 짓는 것과 유사하다. 씨를 뿌리는 것은 종목을 매수하는 것이고 농작물에 농약을 뿌리고 관리하는 것은 종목을 관리하는 것이며, 수확을 하는 것은 매도를 하여 수익 정리를 하는 것에 비교할 수 있다. 종목에 대한 1차적인 관리는 추가매수이다. 추가매수 이후 부분 손절과 재매수를 하는 등 관리를 더하여 계좌를 살찌울 수 있다. 중요한 것은 종목이 썩지 않도록 관리하는 것이다.

늘 최악을 염두에 두어야 한다

주식시장은 전쟁터를 방불케 할 정도로 냉혹하다. 언제 어디서 어떻게 무슨 일이 벌어질지 예측하기 힘든 시장이며 그 누구도 투자자를 보호해 주지 않는다. 기업 악재, 자금 횡령, 도산 등의 이유로 보유 주식이 하루아침에 휴지조각이 될 수도 있다. 투자자는 늘 최악의 경우에 대비한 매매를 해야 한다.

가장 중요한 것은 예방이다. 기본적인 분석 단계에서 최대한 기업의 재무상태를 꼼꼼히 체크하여 기업 부도라는 최악의 변수를 맞지 않아야 한다. 매수 이후 기업의 사업성에 대한 악재 등도 뉴스 분석을 통해 최대한 피해야 하고 미처 피하지 못했더라도 최대한 빠르게 대응해야 한다.

계좌는 살아 있어야 한다

종목 회전율은 상당히 중요하다. 기업도 자기 자본이 잠식되고 돈줄이 막히면 상장폐지를 당하는 조건이 되듯 개인의 계좌도 자금이 돌지 못하고 잠식 상태가 되면 주식시장에서 퇴출 선고를 받았다고 볼 수 있다. 물론 인내심을 갖고 기다리면 알아서 올라와 주는 경우도 많다. 하지만 자금이 묶인 시간 동안 다른 어떠한 생산적인 매매 활동을 못하는 것 자체가 큰 손실이다. 본인의 계좌에서 손실을 입고 있는 종목이 있어도 다른 현금으로 계좌가 순환되어야 한다. 종목에 대한 대응을 빠르게 하여 자금이 원활하게 회전할 수 있도록 관심을 기울여야 한다.

잦은 매매는 나쁘다

개인투자자들은 장이 좋지 않을수록 매매하기에 바쁘다. 시장에 대한 분석은 하지 못하는데 보유 종목이 하락하면 급한 손절 이후 손실금을 회복하기 위해 바로 다른 종목을 매수한다. 좋지 못한 매매 습관이다.

이 세상에서 주식으로 수익만 계속해서 내는 사람은 없다. 수익을 보는 날이 있으면 손해를 보는 날도 있다. 중요한 것은 수익금이 손해금을 상쇄시키면서 결론적으로 수익을 유지하는 것이다.

매매 중독에 빠져 안절부절 못하는 습관도 버려야 한다. 시장의 흐름을 파악하고, 경우에 따라서 보유종목을 정리한 뒤 잠시 매매를 쉬어갈 줄 알아야 한다. 개인은 절대 시장을 이길 수 없다. 시장에 맞서 싸우려고 하지 말고 자연스럽게 흘러가려는 노력이 필요하다.

아집에 빠지지 말자

사람들은 종목을 매수하기 전 모두 같은 마음으로 매수를 한다. '이 종목은 오를 거야. 올라야 해.' 이런 생각이다. 여기까지는 좋다. 자기 생각대로 흘러가면 좋겠지만 그렇지 않은 경우도 나온다. 단순히 확률로 따지면 50:50이다.

예상했던 시나리오와 완벽히 반대로 갔을 때 실패를 인정하고 그에 대한 조치를 취할 수 있어야 한다. 만약 자기 아집에 빠지면 아무 대응책 없이 단순히 오를 것이라는 기대심리 하나로 가만히 있게 되기 쉽다. 이러면 손절이나 추가매수 타이밍을 놓치고 돌이킬 수 없는 지경이 되기 쉽다. 자기 생각이 틀릴 수 있다는 유연하고 냉정한 자세가 필요하다.

펀드

펀드는 왜 대충 결정해서 가입할까?

대부분의 사람들이 펀드를 처음 접하는 곳은 은행이다. 예·적금 만기가 되어서 돈을 찾으려고 방문하였는데, 은행 직원이 은근슬쩍 펀드를 내밀며 권하는 것이다.

"이번에 적금이 만기 되었는데 이제부터는 펀드에 가입해 보시는 건 어때요? 적금처럼 매월 자동이체로 납입하면 되고 이자는 적금보다 많이 받으실 수 있어요."

적금처럼 하는데 이자는 적금보다 높다? 솔깃한 마음에 무턱대고 가입을 한다. 그런데 몇 개월이 지나고 나서 계좌를 조회해 보니 수익은커녕 원금이 줄어들어 있는 것이 아닌가? 생각지도 못하게 마이너스가 된 잔액을 보고 기겁을 해 전전긍긍하게 된다. 2000년 후반 우리나라에 적립식펀드 열풍이 불던 시기에 많은 사람들이 이런 경험을 했었다. 그리고 펀드를 떠났다.

시대가 바뀐 요즘, 대다수 개인들도 펀드가 투자형상품이고 원금 손실의 리스크가 있음을 잘 알고 있다. 펀드로 수익을 내기 위해서 최소 3년 이상의 중장기투자를 해야 한다는 정보도 여기저기서 많이 봐왔다. 그러나 여전히 펀드에 대해 알려진 것은 극히 일부분이다. 수많은 사람들이 펀드의 이름도 읽지 못하면서 마구잡이로 가입을 하고 있다.

펀드란 주식과 같은 직접투자와 달리 투자자가 가입한 상품을 전문가 집단이 대신하여 운용하고 수익을 분배하는 간접투자상품이다. 그러다보니 수익이 나느냐, 손실이 나느냐는 투자시장의 환경과 더불어 자산을 대신 운용해 주는 회사 (자산운용사)와 거기에서 펀드를 담당하고 있는 전문가 (펀드매니저)의 역량에 좌지우지 된다.

펀드에 가입하기 전에는 최소한 펀드를 운용하는 자산운용사가 어떤 곳이며, 담당 펀드매니저가 과거 어떤 실적을 올려 왔으며, 투자 철학은 어떠한지에 대해서 알아내야 한다. 그 외에 펀드의 비용이라든가 실제 운용되는 자산의 현황 등 상세한 정보를 살펴보는 것도 필요하다. 이것들은 대중에게 거의 대부분 공개되어 있다. 문제는 가입하는 사람들이 이에 대해서 알아야 할 필요성을 느끼지 못한다는 것이다.

냉장고를 하나 사더라도 각 제조사의 브랜드별 기능을 꼼꼼히 따져보고 가격도 철저하게 비교하며 산다. 그렇게 해도 구매 후에 만족할지 실망할지 모를 일이다. 하물며 냉장고가 이러한데 펀드라고 다를까? 은행에서 창구 직원이 권하는 대로 가입을 하는 펀드는 수익을 가져다 주기 어렵다. 이제부터 펀드도 꼼꼼하게 따져서 가입하자.

펀드의 이름을 알면 펀드가 보인다

펀드를 직접 비교하고자 할 때 가장 먼저 부딪치는 장벽은 펀드의 이름이다. 이름이 생각보다 복잡한 것이다. 국민은행펀드, 농협펀드와 같이 우리들이 흔히 부르는 방식의 이름은 애초에 있지도 않다. 분명히 은행에서 가입했는데, 펀드 이름에 은행명이 들어가 있지 않다. 대신 이런 식의 장황한 이름이 지어져 있다.

"현대인베스트먼트로우프라이스자투자신탁 1(주식)A1"

펀드명이 이렇게 복잡한 이유는 이름에 꼭 필요한 정보를 담기 위함이다. 다시 말해, 펀드의 이름만 봐도 자산운용회사가 어디인지? 투자 대상은 무엇인지? 수수료 체계는 어떻게 되는지? 대략적인 정보를 알아낼 수 있다. 다만 초보자의 입장에서 작명의 원리를 모르기 때문에 읽을 수가 없는 것이다.

펀드의 이름을 이해하기 위해서는 의미 단위로 이름을 구분해야 한다. 현대인베스트먼트로우프라이스자투자신탁 1(주식)A1을 통해 펀드의 이름이 어떤 방식으로 지어지는지 살펴보자.

현대인베스트먼트, 로우프라이스, 자, 투자신탁, 1, (주식), A1

현대인베스트먼트

가장 앞에는 펀드를 운용하는 자산운용사의 이름이 명시된다. 펀드와 연관된 기관은 크게 세 종류가 있다.

1. 자산운용사 : 펀드로 조성된 자금을 운용하여 수익을 내는 기관.
2. 수탁/사무회사 : 펀드에 들온 자금을 실제로 맡아서 보관하며 사무 처리를 하는 회사.
3. 판매회사 : 펀드 상품을 판매하는 회사.

이 중에서 가장 주의 깊게 봐야 하는 곳은 투자 결과에 직접적인 영향을 미치는 자산운용사이다. 그렇기 때문에 자산운용사가 펀드명의 가장 앞에 위치한다. 펀드를 은행에서 가입하였더라도 해당 은행은 펀드를 판매하는 곳일 뿐 펀드의 수익률을 결정하는 운용기관은 아니다.

로우프라이스

펀드의 성격이나 투자 대상 등을 명시하여 준다. 펀드의 아이덴티티라고 할 수 있다. 앞서 명시된 자산운용사에서 이 펀드를 어떻게 운영할 것인지 설명해 주는 것이라고 이해하면 된다. 로우프라이스는 우리말로 낮은 가격이므로, 저평가된 주식 등에 투자를 하는 가치주 펀드라는 것을 유추해 낼 수 있다.

자

펀드는 수많은 투자자들이 자금을 모아서 투자를 하는 것이다. 그렇다 보니 투자금의 규모가 너무 커져서 한 묶음으로 운용을 하기가 어려워지는 경우가 종종 생긴다. 그럴 때 운용상의 편의를 위해서 펀드를 모 펀드와 자 펀드로 쪼갠 후 모 펀드의 운용을 그대로 따라가도록 자 펀드를 설계하곤 한다. 이와 같은 펀드를 모자형 펀드라고 하는데, '자'라는 글자는 '모자'형 가운에 '자' 펀드임을 알려주는 것이다. 모 펀드와 자 펀드 간에는 아주 미세한 수익 오차가 발생하지만 신경을 쓸 만큼은 아니다.

1

펀드의 시리즈 순번이다. 오래된 펀드는 1호, 2호, 3호 등으로 순번이 이어진다. 앞선 펀드의 규모가 충분히 커졌거나 발행시간이 오래된 경우 더 이상의 투자금을 모집하지 않고 다음 호수의 펀드를 새로 만들어서 운용한다.

(주식)

펀드의 위험도에 따른 구분이다. 주식형, 채권혼합형, 채권형으로 구분이 되며 뒤로 갈수록 위험도가 낮아진다. (주식)은 주식에 투자되는 비중이 가장 높은 주식형 펀드임을 뜻한다.

주식형 펀드 : 자산의 60% 이상을 주식에 투자되어 위험을 감수하고 고수익을 추구하는 펀드

주식혼합형 펀드 : 자산의 50~60%를 주식에 투자하여 상대적으로 주식투자 비중이 높은 펀드

채권혼합형 펀드 : 자산의 50% 미만이 주식에 투자되어 일반적으로 채권 투자 비중이 높은 펀드

채권형 펀드 : 채권에 60% 이상이 투자되어 안정성이 가장 높고 기대수익률은 낮은 펀드

펀드에는 A, E, C, S형 등으로 구분되는 클래스라는 것이 있다. 클래스의 알파벳을 통해서 수수료 부과 방식과 발행기관 등을 알 수 있다. 알파벳 뒤에 숫자를 붙여서 동종의 클래스 가운데의 차이점을 명시하기도 한다.

A : 최초 가입할 때 선취 판매 수수료를 받는 펀드
B : 펀드 환매 시 후취 판매 수수료가 부과되는 펀드
C : 선취, 후취 판매 수수료를 받지 않으며, 연간 보수가 높은 펀드
D : 선취, 후취 판매 수수료를 모두 받는 펀드
E(Ce) : 인터넷으로만 가입이 가능한 전용 펀드, 수수료가 상대적으로 저렴함
I : 일반 기관과 운용사별 고액거래자 요건을 충족한 기관투자가 전용 펀드
F : 금융 기관 투자가의 가입이 가능한 전용 펀드
S : 펀드 슈퍼마켓 전용 펀드로 수수료와 보수가 낮다

펀드의 비용과 가입 장소

펀드는 자산운용사의 전문인력이 투자를 대신하는 간접투자 금융상품이다. 자신의 투자 실력에 대한 확신이 없거나 직장생활 등의 이유로 투자에 직접 나서기 어려울 때 이용하기 좋다. 하지만 다른 이들에게 투자를 맡기는 대가로 비용을 지불해야 한다.

펀드의 비용은 두 종류가 있다. 첫 번째는 1회적인 비용인 수

수료이며, 두 번째는 펀드의 가입기간 내내 지불해야 하는 보수이다. 펀드의 수수료에는 판매수수료, 환매수수료가 있으며 보수는 운용보수, 판매보수 등이 있다. (펀드의 비용은 별도로 내는 것은 아니며 투자금에서 자동으로 차감된다.)

펀드의 비용

1. 수수료 : 1회성 비용
2. 보수 : 지속적인 비용

투자자의 입장에서 보수와 수수료는 어떻게 생각해야 할까? 아끼는 게 맞을까, 비용을 다소 치루더라도 좋은 펀드에 가입하는 것이 좋을까?

펀드는 비용을 아끼기 위해 가입하는 것은 아니다. 오히려 비용을 치르더라도 돈을 벌기 위해 가입하는 상품이다. 그러니 당연히 비용이 높더라도 돈이 될 펀드에 가입하는 것이 좋다. 그러나 펀드의 비용이 높다고 반드시 수익성이 좋은 것은 아니므로 주의가 필요하다. 비용을 낮추는 것이 능사는 아니지만 굳이 비용이 높은 펀드를 찾아다닐 필요 역시 없다는 뜻이다.

펀드의 비용은 적게는 연간 0.1% 정도에 불과한 것도 있지만 3%가 넘는 것이 있을 정도로 편차가 크다. 통상적으로 운용하는 데 얼마나 많은 힘과 노력이 들어가느냐에 따라 비용이 달라진다. 가령 해외펀드처럼 정보획득과 운용에 노력이 많이 들어가면 비용이 높고 국내펀드처럼 다소 쉽게 접근할 수 있는 시장에 투자하는 것이라면 비용이 낮은 식이다. 이런 이유 때문에 단순히 펀드의 비용이 높은가 낮은가로 좋고 나쁨을 구분하기는 어렵다.

같은 펀드일지라도 판매처가 어디인지에 따라서 비용이 다르다는 것도 알고 있어야 한다. A라는 동일한 펀드를 은행에서 가입하느냐 증권사 홈페이지에서 가입하느냐, 아니면 펀드 슈퍼마켓에서 가입하느냐에 따라서 비용에 차이가 있다.

대체적으로 온라인이 오프라인보다 비용이 낮다. 같은 물건이더라도 백화점에서 사는 것과 온라인 쇼핑몰에서 사는 것에 가격차이가 있는 것과 유사하다. 자산운용사, 운용방식 등 그 속내용이 동일한 펀드라면 이왕이면 비용이 싼 곳에서 가입하는 것이 좋다. 그 작지 않은 차이가 펀드를 환매하였을 때 받는 돈, 즉 최종 수익률에 제법 영향을 주기 때문이다. 셈이 빠른 투자자는 오프라인에서 상담을 받고 가입은 온라인에서 하기도 한다.

펀드의 비용

1. 온라인 : 상대적으로 적다.
2. 오프라인 : 상대적으로 많다.

펀드는 은행, 증권사, 보험사 등의 각종 금융기관에서 판매되는데 사람들이 은행을 자주 이용하다보니 펀드 가입도 은행에서 많이 이뤄지는 편이다. 그런데 은행에서 주로 하는 업무는 예금과 대출이다. 펀드와 같은 투자상품은 부업 정도로 취급된다.

반면 증권사는 펀드 등 증권투자를 주 업무로 한다. 아무래도 은행 직원보다 증권사의 직원이 펀드 및 투자시장에 대한 이해도가 높을 수밖에 없다. 논란의 여지가 있는 의견이지만, 이런 이유로 은행이나 보험사보다는 증권사에서 펀드에 대해 상담을 받는 것이 객관적인 정보를 얻기에 유리하다.

은행이나 증권사가 그룹사로 묶인 같은 계열사의 자산운용사 펀드를 주로 판매하는 것에도 주의가 필요하다. 팔은 아무래도 안으로 굽는다고 한 가족 같은 계열사의 상품을 밀어주기 식으로 판매하는 경우가 많기 때문이다. 오프라인 판매처에서 몰랐던 정보를 얻는 것은 분명히 이득이 되지만 편향된 정보를 얻을 수 있다는 점을 늘 염두에 둬야 한다.

펀드 총비용(TER)

펀드의 비용을 논할 때 보수와 수수료 외에 펀드 총비용(TER)에 대해서 반드시 알아둬야 한다. TER란 보수와 수수료를 비롯하여 자산운용사에서 펀드를 운용하는 데 소요되는 모든 비용을 총망라한 것이다. 예를 들어 펀드를 구성하는 주식 종목을 사고 파는 비용, 펀드매니저가 투자 대상 국가를 오갈 때의 비행기표 값, 하다못해 펀드매니저의 식비 등도 포함될 수 있다. 이 외에 복사용지 값 등 자잘한 각종 사무행정 비용이 포함된다.

투자자 입장에서 TER이 비정상적으로 높은 펀드는 피하는 것이 좋다. 자산운용사의 도덕성을 의심해야 할 수도 있기 때문이다. 당국의 관리 감독 아래 TER에 대한 규제가 더해졌지만 비상식적으로 높은 TER의 펀드도 존재한다. 펀드의 TER은 펀드의 자산운용보고서를 통해 확인할 수 있다.

펀드의 정보를 제공하는 펀드평가사

우리나라는 OECD 국가 중에서 가장 많은 수의 펀드를 판매하고 있는 나라이다. 펀드의 수가 총 1만 개를 넘을 정도다. 그래서 어떤 펀드가 좋은 펀드인지 비교하기가 더 어렵다. 예를 들어, 최근 1년 동안 수익률이 가장 좋았던 펀드에 가입하고 싶다면, 1만 개의 펀드를 하나하나 조회하면서 기록을 뒤져봐야 할 수도 있다.

다행히도 이런 식의 막대한 노력과 시간이 들어가는 일 (펀드를 분석하고 비교하는)을 대신해 주고 있는 전문기관이 있다. 그런 곳을 펀드평가사라고 한다. 펀드평가사는 국내에서 판매되는 펀드의 정보를 대중에게 공개하며 펀드의 객관적인 실적을 평가하여 공시하는 역할을 하는 곳이다. 최근 1개월, 3개월, 6개월, 1년, 3년의 수익률 공시는 물론이며 펀드 간의 장단점 비교와 기타 투자에 참고할 수 있는 다양한 자료를 제공한다. 심지어 각 평가결과를 토대로 점수와 등급을 매겨서 투자자에게 제공하고 있다.

펀드평가사는 펀드의 판매와 무관한 제3의 기관인 만큼 보다 신빙성 있는 자료를 제공한다. 사실상 이들 기관의 정보 외에는 실질적으로 펀드의 객관적인 정보를 제공받을 길이 없는 만큼 반드시 이용해야 한다. 다음은 국내의 대표적인 펀드평가사이다.

1. 케이지제로인 (펀드닥터)
2. 애프앤가이드
3. 모닝스타코리아
4. KFR한국펀드평가 (제로인이 흡수합병)

각 회사별로 펀드를 평가하는 방식에 차이가 있지만 이들 기관의 역할은 대동소이하다. 투자자에게 펀드에 대한 올바른 정보를 제공하는 것이다.

케이지제로인의 펀드닥터는 가장 대중적인 펀드평가사이다. 이곳은 각 펀드의 등급을 매겨서 태극마크로 표기하고 있다. 예를 들어 과거의 운용 실적이 뛰어나면 다섯 개의 태극마크에 모두 색칠이 되어 있는 식이다.

펀드닥터의 태극마크

단, 펀드닥터의 펀드 등급은 펀드가 설정된 지 3년이 지난 이후에 부여되므로 신규 펀드에 대해서는 등급으로 비교를 하기 어렵다.

펀드닥터에서는 펀드의 옥석을 가릴 수 있도록 다양한 분석 자료 및 도구를 제공한다. 유형별 (주식형, 채권형, 국내, 해외 등) 수익률 랭킹, 펀드 간 비교를 비롯, 비용별 순위 자료 및 판매도, 인기도 등 간접적인 참고자료도 제공하므로 전문적인 식견이 없더라도 펀드의 옥석을 가리는 데 많은 도움이 된다.

펀드닥터는 네이버 증권, 펀드 슈퍼마켓 등의 펀드 관련 사이트와도 연계되어 있으며 거의 대부분의 자료는 무료로 공개가 된다.

펀드 평가사의 자료에서 추려서 봐야 할 것들

펀드평가사들은 고유한 방법으로 각종 펀드에 대한 자료를 제공하고 있다. 상황이 이렇다 보니 정보가 너무 많아서 문제다. 소화할 능력을 넘어서는 방대한 자료가 판단을 흐리게 만드는 것이다. 초보 투자자들은 오히려 정보를 가려가면서 보는 방법을 알아야 한다.

펀드평가사에서 제공하는 수많은 자료들 중 우선적으로 봐야 할 것들을 추려보았다.

1. 펀드의 실적 (수익률, 설정액 및 평가사의 평가 결과)
2. 펀드매니저와 운용사 정보
3. 보수와 수수료
4. 성과와 위험분석
5. 업계 동향에 대한 뉴스 분석

이 정도 핵심 정보만 골라서 볼 수 있다면 펀드투자에 자신감을 붙일 수 있다. 몇 가지는 사전지식이 있어야 이해할 수 있지만 사실 배경 지식 없이도 차분히 보다 보면 알 만한 것들이다.

펀드평가사를 찾아 들어가지 않더라도 네이버, 다음 등의 주요 포털 사이트에서 펀드평가사에서 제공하는 각종 정보를 조회할 수 있다. 펀드평가사와 포털 사이트 간에 제휴가 되어 있기 때문이다. 인터페이스가 익숙한 만큼 초보자들은 포털사이트에서 정보를 조회하는 것이 편리할 수 있다. 단, 정보의 재가공 과정에서 누락되거나 업데이트가 늦을 수 있으므로 평가사 사이트에서 재확인을 하는 것이 좋다.

위험지표를 이해하면 선택에 자신감이 붙는다

좋은 펀드를 고르기 위해서 투자자가 조사해야 할 일반적인 단계는 다음과 같다.

1. 펀드등급, 성적 등으로 고려해서 1차 후보군 가려내기
2. 어떤 종류의 펀드인지 파악하기
3. 펀드의 과거 수익률 조회
4. 펀드 위험평가—위험지표 분석
5. 펀드의 최근 투자 내역 살펴보기
6. 자산운용사와 펀드매니저 조사하기
7. 기타 다양한 자료와 애널리스트 견해를 살펴본 뒤 최종 결정

일곱 단계 중 대부분은 특별히 어렵지 않다. 펀드평가사에서 제공하는 자료들만 봐도 한눈에 알 수 있다. 그런데 네 번째 항목인 위험평가 및 지표는 부연 설명이 필요하다. 위험지표란 펀드의

과거와 현재 상태를 객관적으로 알려주는 지표이다. 과거 수익률로는 알 수 없는 펀드의 성향과 상태를 보다 구체적으로 알 수 있으니 관심을 두고 조사해야 한다.

펀드의 위험 지표에는 표준편차, BM 민감도, 트래킹에러, 샤프지수(Sharpe Ratio), 젠센의 알파, 정보비율 등이 있다. 이 지표를 통해 펀드가 과거 어떤 성과를 내었으며 위험도가 높은지 낮은지를 가늠할 수 있다. 이들 지표는 다소간 중복되는 성질의 것이 있으므로 표준편차, BM 민감도, 샤프지수, 젠센의 알파. 이 네 가지만 비교해도 충분하다.

표준편차

일정기간 동안 해당 펀드의 수익률이 *시장평균 대비 얼마나 큰 폭으로 변동하였는지를 수치화 한 통계량이다. 이 펀드가 얼마나 위험한 펀드인지 나타내는 지표로 이해할 수 있다. 표준편차값이 크면 클수록 변동성이 큰, 즉 위험도가 높은 펀드이다. 반대로 표준편차값이 작으면 위험이 작은 펀드로 볼 수 있다.

*시장평균: 펀드가 속해 있는유형이나 섹터의 평균 또는 전체 시장의 평균

가령 특정 펀드의 표준편차가 큰 경우, 펀드의 수익이 좋을 때는 크게 좋다가 시장이 나빠졌을 때 시장평균 이상으로 큰 폭으로 빠질 확률이 높다. 반면 펀드의 표준편차가 작으면 시장의 흐름에 맞춰 꾸준하고 안정적으로 수익을 낼 가능성이 높다. 투기적 마인드가 강하다면 표준편차가 큰 펀드에 가입하는 것이 좋다. 그러나

안정적인 수익을 목표로 한다면 표준편차가 작은 펀드를 취하는 것이 바람직하다.

BM 민감도

일정기간 동안 해당 펀드의 수익률이 시장의 변화에 비해 얼마나 민감하였느냐의 수치이다. BM 민감도가 크면 시장보다 민감하게 움직였다는 뜻으로 위험도가 크고 기대수익도 높다고 해석할 수 있다.

β =1 : 시장 수익률과 동일한 민감도
β >1 : 시장 수익률보다 민감함
β <1 : 시장 수익률보다 둔감함 (안정적)

예를 들어, BM이 1이라면 시장평균이 10% 상승할 때 펀드의 수익률도 10% 상승하며, 시장이 10% 하락하면 펀드도 10% 하락한다. 반면 BM이 1보다 크면 시장의 등락보다 더 큰 폭으로 움직인다.

샤프지수

샤프지수는 돈을 잃을 위험을 1이라고 놓았을 때, 해당 펀드가 안겨주는 초과 수익의 정도를 나타낸다. 즉 1이라는 위험을 부담하는 대가로 얻을 수 있는 수익의 양이다. 샤프지수는 높으면 높을수록 좋게 볼 수 있다. 단 샤프지수 자체가 위험 1을 기준으로 하는 만큼 1보다 작은 지수를 비교하는 것은 의미가 없다.

펀드의 수익률이 균형 상태에서의 수익률보다 얼마나 높은지 보여주는 지표이다. 해당 펀드의 수익률에서 적정 수준의 수익률을 뺀 값이므로 젠센의 알파는 크면 클수록 투자 성과가 좋았던 것으로 해석할 수 있다.

위험분석 지표는 동일한 유형 간에 비교를 할 때 의미가 있다. 가령 국내주식형펀드에 가입하려는 경우 국내주식형펀드 간의 위험지표를 비교해야 한다. 만약 주식형펀드와 채권형펀드를 서로 비교하면 거의 모든 주식형펀드가 채권형펀드에 비해서 위험도가 높고 성과가 높은 것으로 나올 것이다. 가능하면 보다 세분화된 유형 간 비교가 좋다. 국내주식형펀드 가운데 중소형주에 투자가 되는 펀드들 사이에서의 비교를 하는 식으로 말이다.

펀드평가사는 유형평균 대비 위험지표값을 비교할 수 있게 정리를 해주고 있다. 하지만 아쉽게도 세부적인 유형의 평균값을 기준으로 한 비교 자료는 제공하지 않는다. 보다 정확한 비교를 위해서 후보군의 펀드를 수작업으로 비교를 하는 다소간의 노력이 필요하다.

투자설명서와 자산운용보고서

휴대폰이나 TV 같은 제조품에는 사용설명서가 동봉되어 있다. 조립이나 설치방법, 그리고 다양한 기능을 하나의 설명서로 일목

요연하게 보여준다. 고가의 제품일수록, 사용법이 복잡하고 어려울수록 사용설명서에 담겨 있는 내용도 많다.

마찬가지로 펀드 역시 투자자에게 설명서가 동봉되어 제공된다. 우리는 펀드의 투자설명서를 통해 가입 전후 펀드에 대한 정보를 참고할 수 있다. 그러나 펀드의 투자설명서를 눈여겨보는 사람은 매우 드물다.

원래 펀드에 가입하기 전 투자자는 투자설명서를 제공받으며, 읽어본 뒤 확인하였음을 기재하게 되어 있다. 그런데 대다수 투자자들은 이 투자설명서를 건너뛰고 형식적인 서명을 하는데, 이해하기에 너무 어렵고 형식적인 내용으로 채워져 있다고 생각하기 때문이다.

만약 투자설명서의 양이 너무 방대하다면 간이 투자설명서라도 반드시 살펴보고 펀드에 가입하자. 자산운용사는 투자자의 편의를 위해서 투자설명서의 중요 내용만 추려낸 간이투자설명서를 별도로 배포한다. 간이투자설명서에는 앞서 살펴보았던 펀드의 투자 철학과 펀드매니저에 대한 정보를 비롯하여 가입 전에 알아야 할 대부분의 필수 정보가 명시되어 있다.

자본시장과 금융투자업에 관한 법률에 의거 자산운용사는 펀드가 운용된 결과를 투자자에게 요약하여 보고해야 한다. 이 보고서를 자산운용보고서라고 하며 펀드 가입자는 매 분기마다 우편이나 이메일로 받아볼 수 있다. 그리고 펀드에 가입하지 않은 투자자도 금융투자협회나 해당 자산운용사 홈페이지에서 다운로드를 하거나 조회가 가능하다.

투자설명서의 주 목적이 펀드의 개요와 투자 계획을 전달하는 것이라면, 자산운용보고서는 펀드가 운용된 결과에 대한 보고서이

펀드의 간이 투자설명서

다. 자산운용 보고서는 분기별로 발행된다. 그러므로 펀드 가입자는 자산운용보고서를 통해 자기 펀드가 전 분기 대비 어떤 변화가 있었는지 비교할 수 있다. 특정 자산이 눈에 띄게 늘거나 줄어든 경우 펀드의 운용전략이 선회하였다고 해석할 수 있는 것이다. 3개월마다 집이나 회사로 날아오는 자산운용보고서, 어렵다는 이유로 방치하지 말고 꼼꼼하게 살펴본 뒤 보관하고 문제가 있다고 판단되면 다른 펀드로 바꾸는 등 관리에 활용하자.

아직 펀드에 가입하지 않고 투자를 고려 중인 사람들에게도 중요한 참고자료가 되기도 한다. 자산운용보고서도 해당 자산운용사나 펀드평가사의 홈페이지를 통해서 받아볼 수 있다.

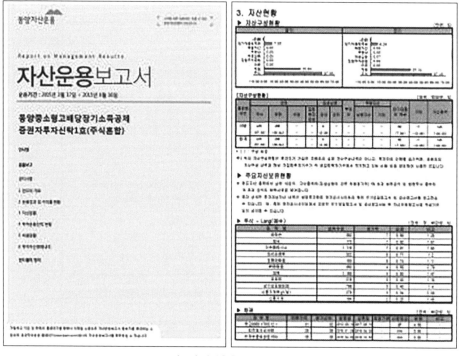

펀드의 자산운용보고서

ETF (상장지수펀드)

인덱스펀드는 시장의 평균수익을 기계적으로 따라가도록 만들어진 펀드이다. 그런데 이 *인덱스펀드를 주식시장에 상장시켜서 개별주식 종목처럼 실시간으로 매매를 할 수 있게 만들 수가 있다. 이렇게 만들어진 금융투자상품을 ETF(상장지수펀드)라고 한다.

일반적인 펀드는 일정기간 안에 환매를 하면 환매수수료가 부과된다. 가령 3개월 이내

에 환매시 이익금의 30%를 수수료를 내도록 되어 있다. 모든 펀드에 환매수수료가 부과되는 것은 아니지만 투자자들에게 중장기 투자를 유도하는 효과가 있기 때문에 다수의 펀드에 적용되고 있다.

한편 ETF는 펀드임에도 거래 방식이 주식과 같으므로 환매수수료 부담 없이 자유롭게 매매가 가능하다. 주식은 초 단위로도 사고파는 것이 가능하기 때문이다. 게다가 ETF는 일반적인 펀드에 비해서 수수료도 낮으며 주식거래시 부과되는 증권거래세가 면제된다. 또한 시장의 평균값(지수)을 따라가므로 개별종목에 비해서 흐름이 완만하고 안정적이다. 그만큼 투자도 안정감 있게 할 수 있다.

장점이 많아서 금융선진국에서는 ETF를 21세기 최고의 재테크 수단으로 평가한다. 그러나 국내에는 2002년 처음 도입이 된 이래 오랜 기간 제대로 정착이 되지 않았다. 금융기관 입장에서 수수료 수입이 거의 없어 투자자들에게 직극적인 홍보를 하지 않았기 때문이다. 그러나 점차 ETF의 장점을 인식하는 투자자들이 늘어나면서 이제는 ETF를 주력 투자대상으로 삼고 공략하는 투자자도 많아졌다.

ETF를 거래하기 위해서는 증권계좌가 필요하다

ETF에 투자를 하기 위해서는 주식거래용 계좌가 필요하다. 주식계좌는 원하는 증권사 지점을 방문하거나 은행에 방문하여 개설할 수 있다. 대부분의 시중은행과 증권사들이 신규고객의 계좌 개설에 대한 업무제휴를 폭넓게 맺어 놓았기 때문이다.

증권계좌를 개설한 뒤 해당 증권사의 홈페이지에 접속, 아이디를 만들어서 계좌를 연결하고 HTS 또는 MTS를 다운받아서 설치하면 거래가 가능하다. HTS와 MTS는 각각 Home과 Mobile의 Trading System, 즉 집에서 또는 스마트폰으로 주식거래를 할 수 있게 해주는 애플리케이션이다.

증권사는 각사의 고유 HTS, MTS를 개발하여 고객에게 배포해 고객들의 주식거래를 유도한다. 투자자는 인터페이스와 수수료, 그리고 증권사의 신뢰도를 기반으로 입맛에 맞는 것을 선택하여서 거래를 할 수 있다.

ETF 매매를 해보자

ETF는 주식 종목과 동일한 방식으로 사고팔 수 있다. 다시 말해 ETF를 사고파는 방법은 주식에도 거의 그대로 적용할 수 있다는 뜻이다. 하지만 ETF와 주식매매에는 결정적인 차이가 한 가지 있다. 주식은 매도 호가와 매수 호가에 의해 자율적인 시장가격이 형성되지만 ETF는 그렇다고 볼 수 없는 것이다. ETF의 가격은 ETF가 추종하는 지수에 의해서 결정되므로 주식의 가격 결정 방식과 근본적인 차이가 있다.

예를 들어서 내가 사려고 하는 ETF가 KOSPI200을 추종하고 현재 KPSPI200의 가격이 1,000이라면 ETF의 가격도 1,000에 맞춰진다. 즉 ETF에도 일반적인 펀드처럼 *기준가라는 개념이 있으며 ETF 거래의 기준이 되는 가격을 NAV라고 표기한다. NAV는 ETF의 순자산을 발행된 ETF의 총 증권 수로 나눈 값이다.

> **기준가 : 펀드를 사고 팔 때 기준이 되는 가격. 하루에 한 번씩 바뀐다.

ETF를 사고팔려는 측은 NAV를 참고하여 매수가와 매도가를 부르고 그에 따라 거래가 성사된다. 이 과정에서 NAV와 실제 거래체결 가격 사이에 격차가 발생할 수 있다. 그리고 그 격차가 커지면 지수를 벗어나게 되므로 문제가 발생한다. 거래량이 많아지면 많아질수록 ETF의 시장가격은 NAV와 거의 일치하지만 거래량이 부족하면 ETF의 실제 거래가격과 NAV의 가격 간에 차이가 커지기 쉽다.

가격 괴리와 유동성 공급자

NAV와 실제 거래가격 사이의 차이를 가격 괴리라고 하며 이 가격 괴리는 ETF의 구조적 특성상 완전히 피할 수 없다. 특히 ETF의 거래가 활발하지 않을수록 매도 호가와 매수 호가의 간격이 벌어지는 일이 빈번하게 발생한다. 그래서 시장에서는 이 가격 괴리를 최소화하기 위해 유동성 공급자라는 제도를 두고 있다. 유동성 공급자는 유동성이 낮은 ETF에서 매수 또는 매도 거래가 요청되면 가격 괴리를 줄이는 목적으로 거래에 참여한다. 즉 ETF의 거래가 활발하지 못해서 발생할 수 있는 오차를 줄이고 원활한 매매를 돕는 중요한 역할을 하는 것이다.

ETF를 할 때는 거래가 활발한 종목을 선택하는 것이 좋다. 가격 괴리에 따른 손실 가능성을 최소화 할 수 있기 때문이다. 하지만 거래가 활발하지 못한 ETF일지라도 유동성 공급자가 존재하기 때문에 매매시의 불이익을 최소화 할 수 있다.

ETF의 종류와 의미 해석

- KODEX 레버리지
- KODEX 인버스
- KODEX 200
- TIGER 200
- KINDEX200
- TIGER 원유선물(H)
- KStar 200
- KINDEX 코스닥 150
- TIGER 코스피고배당
- TIGER 레버리지
- ARIRANG 200
- KODEX 200 중소형
- KODEX 코스피
- KINDEX 중국본토CSI300
- TIGER 배당성장
- KINDEX 한류
- KINDEX 골드선물레버리지(합성 H)

- TIGER 차이나A레버리지(합성)
- KODEX 은선물(H)
- KODEX 배당성장

국내에서 거래되고 있는 ETF는 190종이 넘는다. 개별 ETF는 추종하는 지수의 유형과 수익을 내는 방법 및 자산운용사 등에 따라 구분이 되어 있다. 투자자는 이들 가운데 투자하려는 시장에 맞는 ETF를 선택하여야 하지만, 기본적으로 거래량이 뒷받침되는 ETF를 선택하는 것이 좋다. 아직 ETF를 거래하는 시장 참여자의 수가 부족한 국내에서는 몇몇 ETF에 거래가 쏠리는 경향이 있기 때문이다. 위의 ETF 목록은 거래량 상위 20종을 나열한 것이다.

KODEX, TIGER, ARIRANG 같은 첫 영문자는 ETF를 만들어서 관리하는 자산운용사의 브랜드명이다.

KODEX = 삼성 자산운용   TIGER = 미래에셋 자산운용
ARIRANG = 한화 자산운용   KINDEX = 한국투자 자산운용
Kstar = KB 자산운용

영문자 뒤의 레버리지, 인버스 등은 ETF의 특징을 표현한다. 가령 레버리지는 지수의 움직임보다 더 큰 폭으로 손익이 결정되도록 만들어진 것을 뜻한다. KODEX 레버리지의 경우 KOSPI200을 추종하는 ETF인데, KOSPI200이 10만큼 오르면 20의 수익이 나기 때문에 국내에서 가장 인기가 높은 ETF이다. 인버스는 KOSPI200이 10만큼 내릴 경우 10만큼 수익이 난다. 반대로 지수가 10 내리면 10의 수익이 발생하므로 하락장이 이어질 때에도 수익을 실현할

수 있다. 그 외에 다양한 지수를 추종하는 ETF가 폭넓게 마련되어
있다.

ETF의 세금

ETF의 세금은 각각의 ETF가 투자하는 기초자산에 따라서 부과
방식이 다르다. 세금의 종류는 증권거래세 방식과 배당소득세 방
식 두 종류가 있다. 증권거래세 방식은 매매차익과 무관하게 ETF
를 매도할 때 매도금액에 일정 세율을 적용하는 세금이다. 현재
국내투자신탁형 ETF는 증권거래세 면제 대상이다. 즉 매매차익에
대한 별도의 세금이 부과되지 않는다. 한편 해외지수, 채권, 상품,
파생형 ETF는 매매차익에 15.4%가 부과된다.

예를 들어 레버리지 ETF는 지수보다 높은 손익이 가능하도록
그 안에 파생거래기법이 적용된 ETF이다. 그러므로 레버리지 ETF
를 통해 수익을 올린 경우 파생거래에 의해서 발생한 차익에 대해
서만큼은 증권거래세금이 부과된다.

한편 ETF는 투자 종목에서 발생한 배당금을 현금으로 투자자
에게 분배하는 분배금 제도가 있다. 이 분배금에는 ETF 종류와 무
관하게 15.4%의 배당소득세 방식의 세금이 부과된다.

정리하자면, ETF는 매매차익에 대한 세금이 면제되지만 파생
이나 해외 거래 부분과 배당에는 세금이 부과된다. 그러나 세금이
부과되더라도 일반적인 펀드보다 유리한 것이 사실이다.

ETF는 일반 펀드(인덱스펀드 포함)보다 세금과 거래수수료, 거래의 용이성 면에서 유리하다. 그리고 국내에서 거래할 수 있는 ETF의 종류도 다양한 편이다. 국내주식시장 전체 지수를 추종하는 ETF 외에 삼성그룹주, 배당주, 은행주, 자동차주 등 업종별, 테마별 ETF 및 국내 파생, 해외 주식, 원자재, 채권 등의 다양한 상품이 있다. 투자할 수 있는 시장의 범위와 선택의 폭이 넓다는 뜻이다.

아직은 선진 자본시장에 비하면 ETF의 수와 유형이 많지 않지만 투자자가 늘고 수요가 늘면서 앞으로 지속적으로 발전할 것으로 예상된다. 앞으로 아직까지 유동성이 낮은 ETF들의 거래가 활성화 되면 국내 ETF 시장은 본격적인 성장을 할 것이다. 꾸준하고 안정적인 투자수익을 올리기에 제격인 ETF의 활용을 적극 고려할 필요가 있다.

ELS (주가연계 증권)

ELS는 사전에 정해진 조건을 만족하면 약속된 수익률을 지급하는 투자상품이다. 국내 종합주가지수와 연계된 ELS의 예를 들면, 설정 이후 종합주가지수가 —40% 이하의 손실을 내지만 않으면 3년 이후 만기에 정해신 수익률과 원금을 무조건 지급하는 식이다. 더불어, 가입 이후 6개월이 지난 시점에 종합주가지수가 —5% 이하가 아니면 6개월만에 약속한 수익률로 조기 상환이 되는 부가적인 조건도 붙는다.

잘만 하면 3년 만기까지 기다리지 않고 은행 이자보다 높은 수익을 받을 수 있다는 장점 때문에 중 위험, 중 수익을 추구하는 투자자들에게 큰 인기를 끌고 있다.

ELS의 수익 구조

스탭다운형 ELS의 실례를 통해 ELS의 수익 구조를 이해해보자.

스탭다운형 ELS는 현재 발행되고 있는 ELS 가운데 가장 대표적인 상품이다. 그 중에서 조기상환형 스탭다운형이 대세이다. 보통 두 개의 기초자산이 동시에 상환 조건을 만족해야 수익이 나는 방식으로 수익 구조는 2가지가 있다.

1. 조기상환 조건 만족
2. 만기상환 조건 만족

스탭다운형이란 이름에서 유추할 수 있듯 시간이 지날수록 상환 조건이 점점 완화된다. 가령, 1차 상환은 기초자산이 95% 이상 조건을 만족하여야 하며 2차에는 90%로 완화, 3차는 85%로, 4차는 80%, 5차 …. 마지막 만기에는 60% 조건인 방식이다.

해당 ELS의 만기상환 조건은 크게 두 가지이다.

1. 만기 때 기초자산의 평가가격이 모두 최초 기준가격의 80% 이상.
2. 1에 해당되지 않은 경우 투자기간 중 종가 기준으로 최초 기준 가격의 55% 미만으로 하락한 기초 자산이 없는 경우.

□ 수익구조

자동조기상환	① 첫번째 자동조기상환평가일에 모든 기초자산의 종가가 모두 최초 기준가격의 90% 이상인 경우
	-> 세전 연 6.30%
	② 두번째 자동조기상환평가일에 모든 기초자산의 종가가 모두 최초 기준가격의 90% 이상인 경우
	-> 세전 연 6.30%
	③ 세번째 자동조기상환평가일에 모든 기초자산의 종가가 모두 최초 기준가격의 85% 이상인 경우
	-> 세전 연 6.30%
	④ 네번째 자동조기상환평가일에 모든 기초자산의 종가가 모두 최초 기준가격의 85% 이상인 경우
	-> 세전 연 6.30%
	⑤ 다섯번째 자동조기상환평가일에 모든 기초자산의 종가가 모두 최초 기준가격의 80% 이상인 경우
	-> 세전 연 6.30%
만기상환	⑥ 모든 기초자산의 만기상환평가일의 종가가 모두 최초기준가격의 80% 이상인 경우
	-> 세전 18.90%(연 6.30%)
	⑦ 만기상환평가일까지 모든 기초자산 중 어느 하나도 최초기준가격의 55% 미만으로 하락한 적이 없는 경우(종가기준)
	-> 세전 18.90%(연 6.30%)
	⑧ 만기상환평가일까지 모든 기초자산 중 어느 하나라도 최초기준가격의 55%미만으로 하락한 적이 있고(종가기준) 모든 기초자산 중 어느 하나라도 만기상환 평가일의 종가가 최초기준가격 80% 미만인 경우 -> 원금손실 (손실율=하락률이 큰 기초자산의 하락률 기준, -100% ~ -20%)

* 최초기준가격: 최초기준가격결정일의 종가

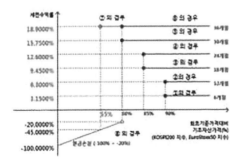

※ 상기 그래프는 고객님의 이해를 돕기 위해 손익구조를 시각화하여 표시한 것이므로 보다 자세한 손익구조는 반드시 투자설명서를 참조하시기 바랍니다.

ELS의 수익/손실 구조

만약 55% 미만으로 하락한 기초자산이 있으며 만기 때 80% 이상이 되지 못하면 하락폭만큼의 손실이 발생한다. 이때 최소한의 기준점인 55% 미만으로 떨어지는 것을 knock-in (녹인)이라 부른다.

ELS는 연계된 증권의 수익률이 조건에 미치지 못하는 경우 투자자가 큰 손실을 입는 위험성이 내포되어 있다. 앞서 예로 들었던 대로 종합주가지수가 40% 이상의 손실 구간으로 들어서지만 않으면 약정 이율을 받는 것이 가능하지만, 40% 이상 마이너스를 기록하면 최종 손실폭이 전부 투자자의 몫으로 돌아가기 때문이다. 설마 녹인이 되겠어? 라고 쉽게 생각할 수 있지만 가능성이 없는 것은 아니다. 실제로 적지 않은 ELS 투자자가 녹인으로 고통을 받는다.

ELS에는 원금이 보장되는 원금보전형 상품도 있다. 조건을 만족하면 약정된 수익률을 지급하지만 그렇지 않은 경우 원금을 돌려주는 것이다. 그러나 원금보전형 ELS는 일부 상품에 국한되어 있으며 약정 수익률이 높지 않다. 원금이 보전된다 해도 만기까지의 기회비용이나 공제된 수수료를 고려하면 리스크가 아예 없다고 보기도 어렵다. 일각에서는 ELS를 악마의 속삭임이라고 한다. 달콤한 유혹과 이면의 무서운 위험성을 경고하는 말이다.

초저금리로 갈 곳을 잃은 여윳돈들이 ELS로 점점 더 많이 향하고 있다. ELS의 유형과 기초자산이 어떻게 구성되었느냐에 따라 실질적인 리스크가 천차만별인 만큼 최소한 ELS의 수익구조와 리스크에 대해 이해를 한 뒤에 투자를 결정하자.

적정 수준의 적립액을 쌓아가면서 적금처럼 펀드에 투자하는 것을 적립식펀드라고 한다. 아직 목돈을 마련하지 못한 투자자가 목돈을 만들어가는 시기에 안전자산 대신 선택할 수 있다는 면에서 활용가치가 높은 투자 방식이다.

적립식펀드의 가장 큰 장점은 매수 시기를 분산시키고 매입단가를 평균화 하여서 손실에 대한 리스크를 줄이는 데 있다. 그러나 많은 사람들이 적립식펀드는 안전하고 적금보다 수익률이 높다고 막연하게 생각하고 있는데, 이런 생각으로 적립식펀드에 투자 하면 후회하기 십상이다. 적립식펀드라고 해서 무조건 성공이 보장되는 것은 아니며, 적립 기간 동안의 가격 흐름에 의해 손실이 날 수도 있기 때문이다.

어떤 경우에 수익과 손실이 나는지 경우의 수를 살펴본 뒤 투자에 응용해보자.

투자 기간 동안 가격이 계속 오른 경우

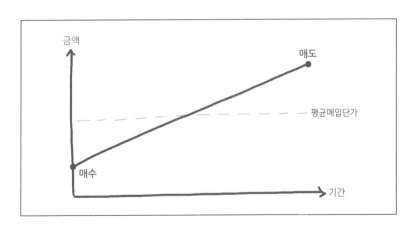

처음 적립을 한 시점부터 펀드의 가격이 계속 오르면 환매 시기와 무관하게 수익은 확정적이다. 단 최초에 거치식 투자를 한 경우에 비해서는 적립식 투자의 총수익은 낮다. 가격이 오르는 동안 꾸준히 매수를 했기 때문에 평균 매입가격이 최초의 가격보다 높을 것이기 때문이다. (등속으로 상승하였다고 가정하였을 때 적립식 수익률은 거치식의 절반) 그래서 적립식펀드의 수익률이 거치식펀드보다 낮다는 이야기를 한다. 하지만 현실에서 펀드의 가격이 꾸준하게 상승만 하는 경우는 매우 드물다. 그러므로 적립식펀드의 기대수익률이 거치식보다 반드시 낮다고 보기는 어렵다.

가격이 오르다가 하락한 경우

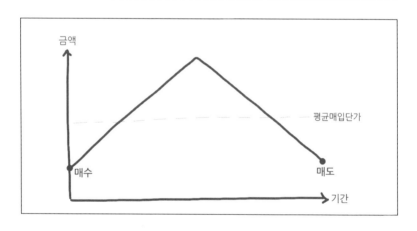

가격이 오르다가 중간부터 하락하여 처음의 가격으로 돌아온 경우를 살펴보자. 첫 적립시점의 가격과 환매할 때의 가격이 같다면 거치식으로 투자를 한 경우 수익은 없다. 그러나 적립식의 경우 평균 매입단가가 최초 적립시점 가격보다 높기 때문에 환매를 하면 수익률은 마이너스가 된다. 적립식으로 펀드를 하고 있는데 가격이 오르다가 내림세로 돌아선다면 수익률이 마이너스가 되기 전에 환매를 해서 수익을 실현하거나 가격이 다시 올라서 수익 구간에 도달할 때까지 적립을 꾸준히 이어가야 한다.

가격이 내린 뒤 오른 경우

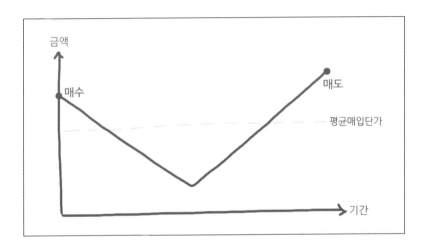

가격이 내렸다가 재차 오르는 경우 적립식은 수익 가능성이 높다. 중간에 가격이 하락하였을 때 계속 적립을 한 결과 평균 매입 비용을 크게 낮추었기 때문이다.

거치식으로 펀드에 투자하였는데 가격이 하락하면 매우 불안할 것이다. 그렇지만 적립식은 펀드 자체에 문제가 없다면 투자를 계속해도 무관하며 긴 호흡으로 투자를 계속하여 평균 매입비용을 낮춰주면 목표수익을 달성할 수 있다 초보 투자자는 가격이 내리면 당장의 수익률이 마이너스가 되므로 불안해서 적립을 멈추거나 손실을 보고 환매를 해버린다. 그러나 가격이 내렸을 때야 말로 적립을 꾸준히 이어가야 할 때이다.

가격이 계속 하락한 경우

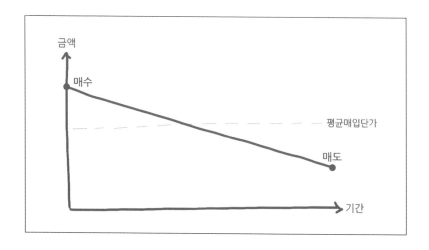

펀드에 가입한 이래 가격이 계속 내려가면 거치식이든 적립식이든 손실을 피할 수 없다. 하지만 적립식의 평균 매입단가는 최초 매수가보다 낮으므로 거치식보다 손실률이 낮다. 또한 투자 기간을 늘려서 계속 적립을 계속하면 가격이 반등을 하면서 손실을 회복하고 수익으로 전환될 가능성도 높아진다.

경우의 수를 네 가지로 단순화 하여 적립식과 거치식과의 수익/손실 차이를 살펴보았다. 실전 투자에서는 시장 흐름이나 펀드의 실적이 보다 불규칙적으로 움직이지만 크게 보면 위의 네 가지 경우가 반복된다. 그리고 이렇게 예측할 수 없는 투자시장에서 매입단가를 평균화 시키며 수익이 날 때를 기다리고 동시에 종자돈을 모아갈 수 있다는 점이 적립식펀드의 가장 큰 매력이다.

Chapter 3

부동산

　부동산은 투기라는 색안경을 낀 사람들이 꽤 많다. 과거 수십 년 간 우리나라가 고도성장을 겪으며 부동산 자산가치 역시 큰 폭의 성장세를 이어왔는데 그 와중에 부동산투기로 눈먼 돈을 거머쥔 사람들이 적지 않으니 곱지 않은 시선은 어쩌면 당연하다. 게다가 이제는 오를 대로 오른 것 같은 부동산 자산가치와 거품 붕괴론은 재테크로 부동산을 시작하려는 이들에게 상당한 고민거리를 던진다.

　유래 없는 저금리 시대, 연일 대두되는 부동산 거품론, 더 이상 오를 곳은 보이지 않고 내리막만 있을 것 같은 요즘 같은 때에 부동산투자를 어떻게 바라봐야 할까? 연 8%의 수익률을 목표로 하는 안정적인 자산 재테크에 부동산투자를 이용할 방법은 없을까?

　조심스러운 이야기이지만 부동산시장이 영원히 침체되고 완전히 붕괴할 것이라고 보기는 어렵다. 침체가 있으면 언제나 상승이 찾아오는 시장의 특성은 부동산에도 그대로 적용되기 때문이다. 접근 방식이 건전하면 부동산도 투자에 활용할 여지는 많다. 일반적인 시장의 상승과 하락 파동 속에서 안정적인 부동산투자를 하기 위해서 알고 있어야 할 중요한 것들을 짚어보자.

왜 부동산인가?

아파트 100채 소유, 부동산 자산 200억! 부동산투자의 세계에는 유독 이런 신화와 같은 이야기가 많다. 집 한 채도 없어서 전전긍긍하는 평범한 사람들은 체감조차 어려운 정도다. 그들의 이야기를 찾아서 들어보면 점점 더 혼란스러워진다. 아파트 100채 신화의 주인공도 처음 투자금은 고작 3천만 원에 불과했다고 하는 것이다.

3천만 원으로 시작해서 아파트를 100채까지 사려면 도대체 어떤 마법을 부려야 할까? 3천만 원으로 아파트를 살 수가 있기는 한가? 가능하다면, 한 달에 한 채를 사도 8년이 넘게 걸릴 일이다. 무엇보다, 한 달에 한 채의 아파트를 사는 것 자체가 애초에 가능하기는 할까? 옆집 사람이 복권 1등에 당첨됐다는 이야기보다 더 거짓말 같다. 아니 솔직히 거짓이라고 믿고 싶은 심정이다.

속상하게도(?) 이게 거짓말은 아니다. 부동산투자에 대한 기본적인 이해와 수익률을 계산하는 기초적인 산수 능력, 그리고 용기만 있으면 할 수 있는 일이다.

부동산은 다른 금융투자와 달리 땅 또는 건물이라는 실물을 대상으로 하는 투자이다. 이 말은, 만약 아파트라는 부동산에 투자를 했는데 이 아파트의 가치가 생각만큼 오르지 않아서 투자에 실패하더라도 내 손에 아파트가 한 채는 남는다는 뜻이다. 그러면 우리는 적어도 그 아파트에 들어가서 살 수는 있다.

매매에 계산되는 가치와 별개로 실물자산 특유의 장점이 덧붙여지는 것이 부동산이다. 그리고 부동산의 이런 특징을 투자에 이용하면 천만 원의 자본금으로 아파트 100채를 사는 것도 가능하다. 대다수 독자가 이미 눈치를 챘겠지만, 지금까지 꾸준히 다루었던 레버리지를 극대화하는 것이 그 비법이다.

부동산투자와 레버리지

현물 그 자체인 부동산은 은행에서 보면 훌륭한 담보물이다. 그렇기 때문에 아파트나 빌라를 비롯한 부동산에는 상대적으로 낮은 금리와 높은 한도의 대출이 승인된다. 정부의 정책방향에 따라 그때그때 다르지만 현 시점에서 아파트를 기준으로 하면 매매가의 70%까지 대출을 받는 것이 가능하다.

LTV(주택담보대출 비율)

은행은 주택을 담보로 대출을 내줄 때 무한정 많은 금액을 대출하지 않는다. 몇 가지 기준을 정하고 그 기준 안에서 대출을 해주는데 LTV는 대표적인 기준 가운데 하나이다.

LTV = 대출한도 / 담보가치

LTV란 담보가치 대비 최대 대출가능 한도를 말하며 보통 시가의 일정 비율로 정한다. 예를 들어 주택담보대출 비율이 70%라면 시가 3억 원짜리 아파트의 경우 최대 2억 1천만 원까지만 대출을 받을 수 있다. 빌라 등의 주택은 은행이 사전에 돈을 갚지 않는 경우 등을 대비하는 차원에 방 1채당 소액임차보증금을 제하고 한도가 정해지기도 한다.

한편 부동산 소유자는 전세 또는 월세로 임대를 놓을 수 있다. 전세는 임대료 없이 보유 주택에 세입자를 고가의 보증금으로 들이는 제도이며 월세는 보증금과 월세를 동시에 받는 방식이다. 이때 전월세 보증금은 집주인에게 흘러가는 돈이므로 성격상 은행의 대출과 유사하다. 게다가 은행 대출과 달리 집주인이 물어야 할 비용도 전혀 없다. 거주를 양도하는 대가로 무이자 대출을 받는 것과 같다.

은행에서의 대출과 임차인의 보증금을 이용해서 투자의 규모를 키우는 것이 부동산 레버리지의 핵심이다. 소유자가 돈을 버는 구조를 만들면 대출도 자산이 될 수 있음을 설명한 바 있다. 이 논리를 알고 있는 사람이 투자를 과감하게 실행하면 아파트 100채 신화의 주인공이 될 수 있는 것이다.

3천만 원으로 아파트 100대를 보유하는 비법을 레버리지의 관점에서 알아보자. (아래의 설명은 매매가격, 금리, 보증금, 월 임대료 등은 모두 설명을 단순하게 하기 위한 가정이다. 실제 거래에서는 정확하게 맞아떨어지지 않는 부분이 있지만 큰 범주에서의 흐름은 가능한 스토리이다.)

1. 자본금 3천만 원으로 매매가 5천만 원인 지방의 소형 아파트를 사들인다.
2. 이때 부족한 2천만 원은 은행에서 주택담보대출을 받는다.
3. 주택담보대출의 금리를 4%라 가정하면 1년 동안 부담해야 할 이자는 80만 원이다.
4. 이 아파트에 보증금 3천만 원, 임대료 월 10만 원으로 월세 입자를 받는다.
5. 세입자를 받으면서 임대인의 수중에 보증금 3천만 원이 들어왔고, 연 120만 원의 임대소득이 생겼다.
6. 연간 은행 이자 80만 원을 내더라도 40만 원의 순소득이다.
7. 임차인에게 받은 3천만 원 보증금으로 또다시 5천만 원의 지방 소형 아파트를 사들인다.
8. 앞서와 동일하게 보증금과 월세를 정해서 임차인을 받는다.
9. 이로써 아파트가 2채를 보유하게 되며 순소득은 80만 원으로 늘어난다.
10. 임대보증금 3천만 원으로 또다시 5천만 원의 아파트를 매입한다.
11. 이렇게 반복되는 과정을 100차례 계속한다.

이런 식이라면 아파트가 100채가 되며 순소득은 연간 4,000만 원에 달할 것이다. 게다가 이 아파트들 가운데 몇 채만 가격이 뛴다면 상당한 시세차익을 보너스로 가져갈 수 있다.

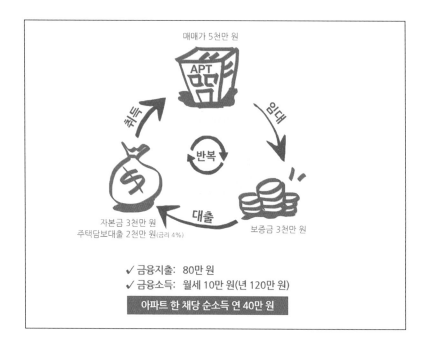

물론 아파트를 100채 보유하면 비용과 리스크에 대한 부담이 커진다. 일단 취·등록을 비롯한 보유 세금문제가 생기고, 아파트의 유지보수 비용도 들어간다. 금리 변동에 따라 이자도 올라갈 수 있음을 감안해야 한다. 임대가 잘 되지 않아 공실이 생기는 문제도 있을 것이다. 아파트의 가격이 내려갈지도 모를 일이다. 그럼에도 불구하고 이 모든 것을 계산하여 수익성을 따지면 실행해볼 가치가 있다.

그런데 과연 이렇게까지 해도 괜찮은 것일까? 레버리지는 잘 활용하면 자산을 빠르게 늘릴 수 있는 거의 유일한 방법이다. 그러나 그 이면에는 걷잡을 수 없는 손실의 위험도 도사리고 있는 양날의 검이다. 그럼에도 불구하고 해볼 만하다고 생각하는지 아닌지는 각자의 판단에 따라 달라진다.

여기서는 통제 가능한 선에서 레버리지를 일으키고 복리를 통한 자산증식에 이용하기 위한 목적으로 부동산투자의 기초에 대해 조금 더 살펴보도록 하자.

2016 주택담보대출 규제 정책에 대하여

2016년 은행의 주택담보대출에 대한 규제정책이 시행된다. 갈수록 불어나는 가계부채 문제를 진화하고자 하기 위함이다. 기존 담보인정 비율(LTV), 총부채상환 비율(DTI) 규제는 유지되지만 대출에 따른 부담은 늘어날 전망이다. 레버리지에 의한 복리 자산 재테크에도 영향을 미치는 중요한 문제이므로 이에 대한 내용을 정리해 보았다.

주요 정책 내용 : 은행이 주택담보대출을 취급할 때 변동금리, 만기 일시상환 대출을 자제하고 고정금리, 분할 상환대출을 우선시 하는 골자의 정책이다. 빚을 늘리는 구조에서 갚아나가는 구조로 전환하겠다는 뜻이다.

1. 변동금리 대출을 받을 때는 대출한도가 줄어들게 된다.
2. 은행이 신규대출을 취급할 경우, 이자만 내는 거치기간을 원칙적으로 '1년 이내'로 줄여야 한다. (단 주택구입 용도의 대출인 경우)
3. 신규대출부터 대출상환방식은 분할상환 방식을 우선시 한다. 주택가격·소득 대비 대출금액이 큰 경우는 과다 대출분에 대해 의무적으로 분할상환을 채택해야 한다. 비율은 아직 정해지지 않았지만 60%라 가정하면, LTV만 봤을 때 3억 원짜리 집 대출한도는 2억 1000만 원이지만 새 규제에 의해 60%인 1억 8000만 원을 넘는 3000만 원에 대해서는 분할상환이 의무화되는 것이다.
4. 변동금리일 때 사실상 스트레스 금리를 추가해 총부채상환 비율을 산정하기 때문에 소득능력이 떨어지면 한도가 줄어들 수 있다. 소득능력이 낮은 젊은층, 주부 및 소득증빙이 애매한 자영업자 등에게 불리해졌다.

실상 줄어들 전망이다. 변동금리 대출을 취급할 때 취급시점 기본금리에 최근 3~5년간의 금리 변동폭(스트레스 금리)을 고려해 대출가능 한도를 계산, 원리금 상환 부담이 일정 한도를 초과하지 않도록 해야 한다.

6. 주택구입 이외의 용도나 명확한 상환계획이 있다면 기존처럼 거치식과 일시상환 대출도 가능하다.

7. 소득증빙이 강화된다. 은행들은 소득금액증명원(사업소득), 원천징수영수증(근로소득), 연금지급기관 증명서(연금소득), 국민연금 납부액, 건강보험료 등의 실제소득 증빙 자료로 상환능력을 확인해야 한다. 신용카드 사용액, 적립식 수신금액, 매출액 등은 더 까다로운 심사를 받게 된다.

수익형 부동산 VS 시세차익형 부동산

수익형 부동산투자

수익형 부동산은 임대소득을 목적으로 부동산에 투자하여 매월 금융소득을 만들어 내는 투자 방법이다. 가령 5천만 원짜리 아파트를 사서 보증금 1천만 원에 월세 40만 원으로 임대를 놓았다면, 월 40만 원의 현금 흐름이 만들어지는 수익형 부동산이다.

모든 투자가 그렇지만 수익형 부동산에서는 수익률 계산이 매우 중요하다. 월세를 받음에도 불구하고 그 월세를 연 환산 수익률로 계산하였더니 시중금리보다 낮다면 굳이 어렵게 투자를 할 이유가 없을 테니까 말이다.

아래는 수익형 부동산의 수익률을 계산하기 위한 수식이다.

위의 계산식으로 앞서 예로 든 5천만 원짜리 아파트의 보증금 4천만 원, 월세 40만 원의 수익률을 계산해보자.

$$400,000 \times 12 / (50,000,000 - 10,000,000) \times 100 = 12\%$$

여기에 부대비용을 감안하면 수익률은 더 낮아지지만 추가비용을 감안하더라도 이 정도면 무난하게 연 8%의 수익률을 올릴 수 있을 것 같다. 게다가 위의 방법은 부동산투자와 늘 따라다니는 레버리지를 이용하지 않은 투자였다. 레버리지를 이용한다면 투자규모를 늘려서 전체적인 수익성을 개선할 수 있을 것이다.

변형된 수익형 부동산투자

부동산 외 투자를 접목시키면, 수익형 부동산을 색다르게 활용하는 것도 가능하다. 앞서 자산 재테크의 예시에서도 살펴본 것이지만, 본인이 거주하는 주택을 활용하여서 수익을 창출하는 방법이다.

예를 들어 부채 없이 1억 원짜리 아파트를 보유하고 있고 그 아파트에 거주 중이라면, 보통의 경우 아파트를 자산으로 활용하기 힘들다. 거주 목적으로 활용하다보니 투자를 할 수가 없는 것이다. 그런데 만약 주택담보대출로 자금을 융통한 뒤 투자를 하면 수익이 일으키는 것은 가능하다.

예를 들어 해당 아파트를 담보로 연이율 4%로 5,000만 원을 대출 받은 뒤 연수익률 8%로 투자를 하면 연 200만 원의 수익을 올릴 수 있다. (5천만 원에 대한 8% 수익에서 4% 이자비용을 차감) 물론 이를 위해서는 안정적으로 목표한 수익을 내는 능력이 뒷받침되어야 한다. 8%의 안정적 투자만 가능하다면 거주 중인 1억원짜리 아파트로도 수익률 2%의 투자를 할 수 있는 것이다.

주택에 거주 중이라는 이유로 소중한 돈을 그냥 깔고 앉아 있을 것인가? 2%에 불과하더라도 투자를 통해 자산을 늘리고 수익을 높이는 데 이용할 것인가. 수익에 대한 확신이 있으면 하지 않을 이유가 없다. 자산 재테크를 위한 투자 공부와, 적어도 시중금리 이상의 수익을 안정적으로 안겨줄 투자상품에 대한 정보력이 필요하다.

시세차익형 부동산투자

수익형 부동산은 매월 현금소득을 안겨 주지만 사실상 각종 비용을 제하면 금융소득을 크게 높이기는 어렵다. 다시 말해 안정적 투자수단으로 활용하기에는 좋지만 수익성이 매우 높지는 않은 것이다. 반면 시세차익형 부동산투자는 높은 수익성을 바라보고 시도할 수 있는 보다 전형적인 부동산투자 방법이다. 수익에 대한 조급함을 느끼는 사람들에게는 시세차익형 부동산투자가 제격이다.

실제로 우리나라에서 과거 오랜 기간 동안 부동산투자는 곧 시세차익형 투자를 의미했다. 자고 일어나면 부동산 가격이 올라가던 시절이 있었기 때문이다. 그런데 국가 전체의 성장세가 안정화 되면서 부동산 가격의 인상률도 지지부진해졌고 시세차익형 부동산투자의 메리트도 그만큼 떨어졌다. 최근 수익형 부동산의 붐이 일어난 이유는 이와 같은 시대적, 환경적인 배경이 있었기 때문이다.

그렇다면 시세차익형 부동산투자는 요즘 같은 저성장 시대에는 더 이상 메리트가 없을까? 반드시 그렇다고 볼 수는 없으며, 부동산투자로 목돈을 버는 것은 아직도 대부분의 경우 시세차익형에서 나오곤 한다. 그리고 엄밀히 말해서 수익형 부동산과 시세차익형 부동산을 구분하기 어려운 경우도 많다.

가령 앞서 예로 들었던 5천만 원의 12% 수익형 부동산의 경우, 3년 뒤 해당 지역에 호재가 생겨 아파트 가격이 크게 올라서 8천만 원이 되었다면 3년 동안은 임대소득을 올리는 수익형 부동산 역할을 하다가 3년 뒤 매매를 통해 3천만 원의 차익을 남길 수 있는 것이다. 이 경우는 수익형 부동산으로 시작했다가 시세차익형 부동산으로 운 좋게 끝난 경우이지만 처음부터 시세차익을 목표로 투자를 계획할 수도 있다.

시세차익을 내는 부동산투자를 하기 위해서는 다음 조건들을 만족시켜야 한다.

1. 싸게 사서 비싸게 판다.
2. 싸게 사서 덜 싸게 판다.
3. 비싸게 사서 더 비싸게 판다.

이 가운데 가장 좋은 것은 싸게 사서 비싸게 파는 것이다. 그러기 위해서 많은 부동산투자자가 경매에 나서거나 시세 이하로 나온 급매를 잡는다. 하지만 시세차익형 부동산이 반드시 1번을 성공해야 가능한 것은 아니다. 3번의 경우처럼 비싸게 샀지만 더 비싸게 팔아서 수익이 나는 경우도 얼마든지 있다. 다시 말하지만 투자에 있어서 중요한 것은 가격이 아니라 가치다. 가격이 비싸더라도 시간이 지나면 보다 더 비싸질 가능성이 있는 부동산이 있다. 당장의 가격보다 미래의 가치를 기준으로 판단해야 하는 것이다.

우리나라는 전 세계에서 유일하게 독특한 부동산 제도인 전세 제도가 존재한다. 전세는 임대료를 책정하지 않고 보증금을 높여서 임차인을 들이는 제도이다. 임차인은 보유 자금이 부족해서 집을 사지 못하거나 살 필요가 없을 때 실거주 목적을 해결하기 위해 전세 제도를 이용한다. 그런데 이 전세라는 것이 지역마다 주택마다 가격대가 제각각이다.

가령 같은 시기에 지어진 매매가 3억 원인 아파트가 A와 B 지역에 각각 있는 경우, A 아파트의 전세가격은 2억 8천만 원인데 B 아파트의 전세가격은 1억 4천만 원에 불과할 수 있다. 이것이 의미하는 것은 무엇일까?

여러 관점에서 분석해봐야 알 일이지만, 확실히 알 수 있는 점은 실거주자 입장에서 B보다는 A가 더 인기가 있다는 점을 알 수 있다. 매매가와 무관하게 실거주자들에게 더 인기가 있기 때문에 전세가격이 올랐을 것이기 때문이다. 즉 거주자의 관점에서 보면 A의 매매가는 B보다 가치 면에서 저평가되어 있다고도 볼 수 있다.

앞으로 A와 B 모두 가격 거품이 심해서 앞으로 가격이 떨어지는 상황을 생각해보자. 보통의 경우 매매가는 떨어져도 전세가는 잘 떨어지지 않는데, 전세가는 실거주자의 수요가 뒷받침되어 형성된 가격이기 때문이다. 또한 보통의 부동산은 매매가가 떨어지더라도 전세가 이하로는 잘 떨어지지 않는다.

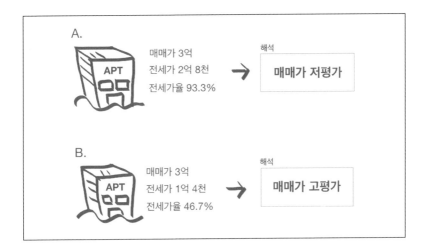

이와 같은 주택시장의 특성상 A 아파트가 떨어질 가격폭은 최대 2천만 원으로 예상된다. 반면 B 아파트의 하락 가능성은 1억 6천만 원에 달한다. 하락 가능성이 낮다는 것을 좋게 해석하면 상승 가능성이 높다는 뜻이다. 그러므로 시세차익형 부동산투자를 하는 사람이라면 B보다는 A를 선택하는 것이 좋을 것이다. 이것을 달리 말하면 비록 같은 가격 또는 비싼 가격에 사더라도 가치가 저평가된 부동산을 매입해서 보유한다면 차후에 제 가치를 찾았을 때 높은 시세차익을 낼 수 있다는 말이기도 하다.

부동산투자에 대해서 논할 때 반드시 짚고 넘어가야 하는 것이 경매이다. 사실 경매를 하기 위해 대단히 전문적인 지식이 필요한 것은 아니다. 어렵게 느껴지는 법률 용어들로 무장되어 있어서 그렇지 경매의 본질은 결국 싼값에 사서 비싸게 팔아 차익을 남기는 것이다. 핵심적인 주의사항을 몇 가지 알아두고 가치투자의 본질을 이해하면 누구나 얼마든지 경매를 자산재테크에 이용할 수 있다.

실전에서 경매투자를 할 때 경매 전문가의 도움을 받을 수 있는 방법도 얼마든지 있다. 투자에 자신이 없는 사람이라면 전문가가 운용하는 펀드에 투자금을 맡기듯 하면 된다. 그러나 아무리 뛰어난 전문가가 함께 해도 투자의 결정과 책임은 투자자 본인이 하는 것이므로 기본에 대한 이해는 반드시 필요하다.

경매투자에 나서기 전, 꼭 알아야 하는 것들을 정리해 보았다.

경매의 필수 용어

매각기일, 입찰기일, 입찰일

법원에서 경매물건에 대해 입찰을 하는 날에 대한 지칭이다. 입찰은 해당 경매물건을 관할하는 법원 내의 입찰법정에서 진행이 된다.

입찰보증금, 매수신청보증금, 경매보증금

부동산을 일반 매매로 살 때 계약금을 내듯 경매 입찰에 참여하기 위해서는 감정가의 10% 또는 20%를 내야 하며, 이때 내는 돈을 뜻한다. 낙찰을 못 받으면 즉시 돌려받는다.

낙찰

가장 높은 가격을 써서 경쟁 입찰자들을 따돌려 계약이 성립되는 것을 말한다. 낙찰을 받은 사람은 최고가 매수인 또는 낙찰자라고 한다.

차순위 매수신고인

입찰에 참여해 패찰했지만 낙찰자가 잔금을 안 내면 잔금을 내고 소유권을 가져오겠다고 법원에 신고를 한 사람을 말한다.

유찰

경매를 진행하였지만 아무도 입찰에 참여하지 않은 경우 유찰되었다고 한다. 유찰시 20~30% 저감된 가격으로 약 한 달 가량 뒤에 경매를 다시 진행한다.

권리분석

경매물건이 권리상 깨끗한가 아니면 낙찰자를 힘들게 하고 손해를 입힐 가능성이 있는가에 대한 분석을 하는 것을 의미한다.

말소기준, 말소기준권리

말소기준권리란 (근)저당권, (가)압류, 담보가등기, 선순위 전세권. (강제)경매개시결정등기 중 가장 먼저 등기된 권리로, 다른 권리에 대한 말소, 인수의 기준이 된다. 권리분석에서 가장 우선되는 것으로 권리가 깨끗해지느냐, 지저분하게 남느냐를 결정한다.

인수

권리가 말소되지 않고 낙찰자에게 남겨지는 것이다. 권리분석을 통해 인수되는 권리가 있는지의 여부를 반드시 확인해야 한다. 인수되는 권리는 문제가 될 수도, 문제가 없을 수도 있지만 초보 경매투자자는 피하는 것이 좋다.

소멸

경매물건에 붙어 있는 여러 권리가 낙찰로 없어지는 것이다. 낙찰자 입장에서는 권리가 깨끗하게 소멸되면 좋다.

특수물건

권리 관계가 복잡하게 얽혀 분석이 까다로운 물건을 말한다. 경매가 대중화 되면서 평이한 물건보다 접근하기 어려운 특수물건에 대한 관심이 높아졌다. 투자할 경우 수익성은 높지만 그만큼 손실 리스크도 크다.

선순위 임차인, 대항력 있는 임차인

말소기준권리보다 하루라도 먼저 전입신고를 한 임차인. 선순위 임차인이 있는 물건을 낙찰받으면 임차인의 보증금을 낙찰자가 물어줘야 하는 경우도 발생한다.

후순위 임차인, 대항력 없는 임차인

말소기준권리가 설정된 날 이후 전입한 임차인으로, 낙찰자에게 위협이 안 되는 임차인이다.

배당

낙찰자가 잔금을 내게 되면 그 돈을 가지고 그 부동산과 관련된 채권자들이 나눠가지는 것.

감정가

법원에서 부동산 경매물건에 대해 타당한 가격을 매기는데, 그 가격을 감정가라 한다. 1차 경매의 최저 입찰가는 감정가를 토대로 진행된다.

낙찰가율

감정가 대비 낙찰가의 비율. 감정가 1억 원짜리의 낙찰가가 9,000만 원이면 낙찰가율은 90%이다.

경락잔금대출

낙찰받은 경매물건에 대해서 받는 대출. 통상 낙찰가 대비 80% 까지 대출한도가 승인된다. 이로 인해 경매투자의 레버리지 효과는 일반 부동산 매매보다 높다.

명도

낙찰받은 주택에 살고 있는 사람(점유자)을 내보내는 것. 협의에 의하거나 법원의 강제집행으로 명도가 가능하다.

강제집행

점유자와 명도가 협의되지 않으면 낙찰자가 법원에 비용을 내고 강제집행 신청을 할 수 있다.

경매물건을 찾는 경매 관련 사이트

대법원경매사이트

법원에서 운영하는 경매정보사이트. 이용은 무료이며 가장 정확한 자료가 제공되므로 경매투자를 위해서 반드시 확인해야 한다. 원하는 물건을 검색하기가 어렵고 번거롭다.

대법원경매사이트 URL -> http://www.courtauction.go.kr

사설 경매정보사이트

대법원경매사이트가 검색이 불편한 이유로 사설 경매정보사이트가 생겨났으며 이들 사이트는 크게 유료와 무료로 나뉜다. 기본적으로 대법원경매사이트의 정보를 편집하고 재가공하여 이용하기 쉽게 만들어져 있다. 이용자를 끌기 위해 기본 정보 외에 다양한 자료를 제공한다.

대표적인 유료경매사이트
- 지지옥션 -> http://www.ggi.co.kr/
- 굿옥션 -> http://www.goodauction.com/
- 스피드옥션 -> http://www.speedauction.co.kr/

경매의 용어에 대해 알아보았으니 이번에는 경매의 진행절차를 살펴보자. 막연하게 느껴지는 경매도 어떤 과정을 거치는지 이해하면 어떻게 참여할지에 대해서 감을 잡을 수 있다. 경매투자자가 본격적으로 경매에 참여하는 입찰과정 이후의 절차는 물론이고 사전 과정도 함께 정리했다.

입찰 이전의 과정

경매의 신청 및 개시

경매는 강제경매와 임의경매로 나뉘며 이들은 신청 및 개시과정에서 약간의 차이가 있다. 임의경매는 담보권 실행에 의한 경매이기 때문에 채권확인의 별도의 절차가 없이 진행된다. 한편 강제경매는 채권실행에 의한 경매라는 차이가 있다. 이는 입찰자 입장에서 크게 중요한 것은 아니므로 알아만 두면 된다.

경매를 신청하면 등기부에 경매 개시가 결정되었음을 적어놓는 경매개시결정기입등기가 된다. 그 후 채무자에게 경매를 통해 채무를 받아내겠다는 안내인 경매개시결정 정본이 송달된다. 경매의 결정은 채무자에게 경매개시결정문이 송달된 때 또는 경매개시결정의 기입등기가 된 때부터 효력이 발생한다.

모든 빚을 갚았는데도 채권자외 착오나 악의적 사유로 경매개시가 결정된 경우 채무자는 이의신청이 가능하다.

매각 준비

법원은 경매개시결정을 하면 해당 부동산에 대한 매각을 준비한다.

1. 배당요구종기의 공고 및 결정

경매를 신청한 부동산의 채권자가 경매 신청자 외에 더 있다면? 즉 채권자가 여러 사람인 경우 다른 채권자들에게 경매가 진행된다는 것을 알려주고 본인이 받을 돈이 있음을 알려야 하는 날짜를 정한다.(배당요구종기일) 채권자는 배당요구종기일 전에 배당신청을 해야 배당을 받을 수 있다.

이때 채권자가 등기부에 올라가 있으면 별도의 배당요구를 하지 않아도 되지만 등기부에 안 올라와 있으면서 받을 돈이 있다면 법원에 배당요구를 꼭 해야 한다.

2. 매각 방법 등의 지정, 공고, 통지

법원은 해당 부동산을 매각하는 날짜와 매각을 결정하는 날짜를 정한다.(매각기일) 최초의 매각기일은 14일 이상의 간격을 두고 지정된다. 그 후 법원게시판, 법원사이트 등에 매각기일을 공고하는데 입찰을 하려는 사람들에게 알리기 위함이다. 한편 해당 경매의 이해관계자들에게도 매각기일을 통지하여 알린다.

입찰부터의 과정

매각 실시

이제 입찰이 진행되며 입찰보증금과 함께 입찰에 참여할 수 있다. 가장 높은 가격을 쓴 최고가매수신고인이 결정되면 차순위매수를 받으며 (차순위매수신고인의 결정), 없는 경우 최고가매수신고인으로 결정 후 매각기일의 종결 고지를 한다. 패찰한 사람들은 입찰보증금을 돌려받는다.

최고가 매수신고인이 결정되면 매각기일 및 매각허가 여부를 법원이 결정하며 매각기일 후 7일 이내에 매각허가 여부에 대한 즉시항고를 받는다. 항고가 없으면 일주일 후 매각허가결정을 내린 부분에 대해서 확정선고를 내린다.

매각허가가 확정된 낙찰자는 잔금납부에 대한 대금지급기한 안에 나머지 매각대금을 납부해야 한다. 참고로 잔금을 내면 등기를 하지 않아도 소유권을 취득한 것으로 인정된다. 매각대금을 내지 않은 경우 차순위매수신고인이 있으면 차순위매수신고인에 대해 매각허가여부를 결정한다. 만약 잔금을 내는 사람이 없으면 법원의 직권으로 재매각을 실시한다. 재매각 3일 전까지 이자를 포함하여 잔금을 내면 재매각 절차는 취소된다. 매수인이 매각대금을 내지 않은 경우 입찰보증금을 돌려받을 수 없으며 해당 보증금은 배당금액에 편입되어 채권자들에게 배당된다.

소유권 이전 등기 등의 촉탁, 부동산 인도명령

매수인이 매각대금 잔금을 모두 내면 서류의 제출을 통해 소유권이전등기, 말소등기를 처리하여 서류상 소유권을 획득한다. 이후 소유인의 부동산을 섬유하고 있는 사람에게 부동산인도명령을 보내서 명도가 진행된다. 명령문을 받았는데도 나가지 않으면 강제집행 신청을 통해 강제적인 명도를 집행할 수 있다.

배당

　낙찰자가 낸 돈은 채권자들이 권리 순으로 가져가며 이를 배당
이라 하며 배당을 끝으로 경매가 종료된다.

경매 초보의 권리분석

　경매에 나오는 부동산은 채무관계가 복잡하게 얽혀 있는 경우
가 많다. 경매물건이 제 아무리 좋아 보이고 장래가치가 있어 보
여도 권리가 복잡하면 낙찰자에게 금전적으로 큰 손해를 가져올
수 있는 것이다. 그렇기 때문에 채무 및 이해관계에 대한 분석을
하지 않고 낙찰을 받으면 매우 큰 곤란을 겪을 수 있다. 경매를
할 때는 그 부동산이 돈이 될지, 그렇지 않고 골칫거리가 될지 사
전에 걸러내는 분석을 해야 하며, 그 작업을 권리분석이라고 한다.

　경매 초보자들이 가장 먼저 겁을 먹는 부분이 이 권리분석이
다. 그러나 이에 대해서 너무 걱정할 필요는 없다. 우리가 접하는
경매물건 가운데 대다수는 권리분석 결과 안전한 물건이며 소수
의 물건만 위험할 뿐이다. 채무관계가 복잡하게 얽힌 특수물건을
걸러낼 정도의 지식만 갖추고 있어도 쉽게 권리분석을 할 수 있고
안전하게 경매를 할 수 있다.

　특수물건이 아니면 돈이 안 된다는 편견을 버리자. 일반 부동
산 매매로도 돈이 되는 투자가 가능하듯 안전한 경매물건도 충분
히 효과적으로 자산재테크에 활용할 수 있다. 즉 경매를 업으로
삼을 것이 아니라면 관심을 두고 있는 경매물건의 권리분석을
할 때 다음의 것만 구분할 수 있으면 충분하다.

1. 모든 권리가 모두 소멸하여 권리상 안전할지?
2. 낙찰 받아도 권리가 남아서 위험요소가 있는지?

해당 물건이 둘 중 어디에 해당되는지 살펴본 뒤 첫 번째에 해당하는 물건에 투자를 하는 것으로도 우선은 충분하다. 즉 인수되는 권리가 있다면 위험하다 판단하고 피해가면 되는 것이다. 결국 우리가 권리분석에서 알아야 할 것은 말소기준권리를 기준으로 모든 권리가 소멸하는가, 남아 있는가를 판단하는 일이다. 이 정도 권리분석 결과는 유료경매사이트에서도 제공하는 정보이다. 하지만 권리분석은 투자의 리스크를 줄이는 차원에서 매우 중요하므로 투자자 스스로 연습을 통해 정확하게 이해를 하는 것이 좋다.

말소기준이 되는 권리

1. 근저당권 및 저당권
2. 압류 및 가압류
3. 담보가등기
4. *선순위 전세권
5. (강제)경매개시 결정등기

> *선순위 전세권이란 부동산 전체에 설정된 전세권 또는 배당을 신청했거나 경매를 신청한 전세권을 의미한다.

위의 말소기준권리보다 먼저 설정된 권리는 낙찰자에게 인수가 된다. 한편 말소기준권리 이후에 설정된 권리는 소멸된다. 권리분석이 말소기준 권리가 무엇인지를 살펴보는 것부터 시작되는 이유이다.

후순위 권리 중 예외적으로 인수될 수 있는 권리가 있으므로 주의가 필요하다. 가처분 (건물철거 및 토지인도), 예고등기는 순위와 상관없이 소멸되지 않는 권리이다. 유치권, 법정지상권, 분묘기지권은 등기부에 없는 숨어 있는 권리이고 소멸이 되지 않는다.

순위와 무관하게 소멸되지 않는 권리

1. 예고등기
2. 가처분

등기가 되지 않으며 소멸이 안 되는 권리

1. 유치권
2. 법정지상권
3. 분묘기지권

말소되는 권리

- (근)저당권, (가)압류
- 말소기준권리 보다 후에 설정된 지상권, 지역권, 배당요구 하지 않은 전세권, 등기된 임차권, 가처분
- 배당요구를 한 전세권
- 담보가등기

인수되는 권리

- 유치권, 법정지상권, 분묘기지권
- 말소기준 권리보다 앞서 설정된 지상권, 지역권, 배당요구를 하지 않은 전세권, 등기된 임차권, 순위보전을 위한 가등기 및 가처분
- 예고등기
- 후순위 가처분 중 지상건물에 대한 철거 목적으로 토지소유자가한 가처분

ㅇ등기부현황

순위	등기목적	접수일자	권리자	청구금액 (계:115,800,000)	기타등기사항	소멸여부
1	소유권이전(매매)	1998.10.14 (39090)	유승재			
2	근저당	2010.05.25 (20199)	한국외환은행	100,800,000원	말소기준등기	소멸
3	근저당	2013.04.19 (13813)	양진용	15,000,000원		소멸
4	임의경매	2014.11.28 (46388)	한국외환은행	87,262,046원	2014타경23556	소멸

말소되는 권리와 인수되는 권리

소재지	경기도 광명시 소하동 889-2, 계운저층아파트 1동 1층 102호				
물건종별	아파트	사건접수	2014-11-27(신법적용)	입찰방법	기일입찰
전용면적	47.25㎡(14.3평)	소 유 자	유승재	감 정 가	135,000,000
대 지 권	33.3㎡(10.1평)	채 무 자	유승재	최 저 가	(70%) 94,500,000
매각물건	토지 건물 일괄매각	채 권 자	한국외환은행	보 증 금	(10%) 9,450,000

말소기준권리와 권리 소멸

　　권리분석을 어렵게 배우면 한도 끝도 없다. 그러나 굳이 어렵
게 배울 필요는 없다. 권리분석에 대한 이해는 낙찰 후 모든 권리
가 소멸되어 안전한 물건인지에 대한 여부를 판별할 수 있는 정도
만 알아두자. 다시 말해 경매초보자는 말소기준권리 이하 모든 권
리가 소멸되는 물건을 선별하여 투자하는 것이 좋다.

　　권리분석을 잘 하는 사람이 부동산 경매로 돈을 잘 버는 것은
아니다. 물론 권리분석에 능하면 어려운 물건에 접근하여 높은 수
익률을 올릴 수가 있다. 그러나 이때도 높은 수익에 뒤따르는 높
은 리스크라는 투자의 원칙은 동일하게 적용된다. 어려운 물건만
으로 고수익을 노리면 한 번의 잘못된 권리분석으로 돌이킬 수 없
는 손실을 입을 확률도 커진다.

　　꾸준하고 안정적인 자산재테크를 하려고 마음먹었다면 굳이

권리분석이 어려운 물건에 집착할 이유가 없다. 즉 권리분석이 어려우면 안 들어가면 그만이다. 경매시장에는 수없이 많은 물건들이 나오며 대다수는 누구나 쉽게 권리분석을 할 수 있는 물건들이다. 권리분석보다 중요한 것은, 안전하게 들어가되 수익은 확실히 챙길 수 있도록 부동산 시장의 흐름과 경기를 읽는 노력이다.

경매투자 전략, 어떤 것이 있을까?

경매의 가장 큰 장점은 급매물 부동산보다 싼값에 살 수 있다는 점이다. 모름지기 경매란 싼 값에 사서 정상 가격에만 팔아도 큰 수익을 거둘 수 있다는 장점 때문에 하는 것이다. 그러나 근래의 부동산 경매물건의 일반적인 낙찰가율을 보면 결코 싼값에 사기가 쉽지 않다. 경매가 대중화 되면서 많은 이들이 몰려 경쟁이 심해지고 있기 때문이다. 사실 십 수 년 전에 비해 싼값에 살 수 있다는 경매의 장점은 상당히 희석되었다고 할 수 있다.

그러나 그렇다고 해서 경매가 더 이상 메리트가 없는 투자라고 보기는 어렵다. 경매는 여전히 시중은행의 안전자산에 비해서 높은 수익을 거둘 수 있는 가능성이 높으며 자산재테크에 활용할 수 있는 장점이 많은 투자수단이다. 자산재테크를 하는 우리들이 경매를 할 때는 어떤 전략으로 하는 것이 좋을까? 몇 가지 투자 전략을 살펴보고 본인에게 적합한 방법을 찾아보도록 하자.

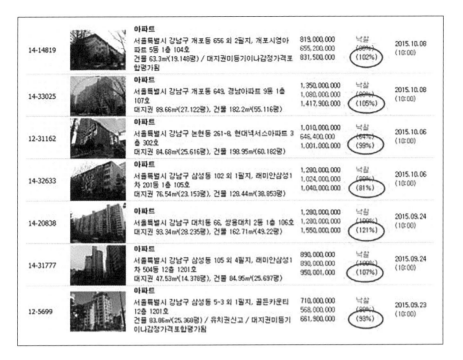

14-14819		아파트 서울특별시 강남구 개포동 656 외 2필지, 개포시영아 파트 5동 1층 104호 건물 63.3㎡(19.148평) / 대지권미등기이나감정가격포 함평가됨	819,000,000 655,200,000 831,500,000	낙찰 (80%) (102%)	2015.10.08 (10:00)
14-33025		아파트 서울특별시 강남구 개포동 649, 경남아파트 9동 1층 107호 대지권 89.66㎡(27.122평), 건물 182.2㎡(55.116평)	1,350,000,000 1,080,000,000 1,417,900,000	낙찰 (80%) (105%)	2015.10.08 (10:00)
12-31162		아파트 서울특별시 강남구 논현동 261-8, 현대녁서스아파트 3 층 302호 대지권 84.68㎡(25.616평), 건물 198.95㎡(60.182평)	1,010,000,000 646,400,000 1,001,000,000	낙찰 (64%) (99%)	2015.10.06 (10:00)
14-32633		아파트 서울특별시 강남구 삼성동 102 외 1필지, 래미안삼성1 차 201동 1층 105호 대지권 76.54㎡(23.153평), 건물 128.44㎡(38.853평)	1,280,000,000 1,024,000,000 1,040,000,000	낙찰 (80%) (81%)	2015.10.06 (10:00)
14-20838		아파트 서울특별시 강남구 대치동 66, 쌍용대치 2동 1층 106호 대지권 93.34㎡(28.235평), 건물 162.71㎡(49.22평)	1,280,000,000 1,280,000,000 1,550,000,000	낙찰 (100%) (121%)	2015.09.24 (10:00)
14-31777		아파트 서울특별시 강남구 삼성동 105 외 4필지, 래미안삼성1 차 504동 12층 1201호 대지권 47.53㎡(14.378평), 건물 84.95㎡(25.697평)	890,000,000 890,000,000 950,001,000	낙찰 (100%) (107%)	2015.09.24 (10:00)
12-5699		아파트 서울특별시 강남구 삼성동 5-3 외 1필지, 골든카운티 12층 1201호 건물 83.86㎡(25.369평) / 유치권신고 / 대지권미등기 이나감정가격포함평가됨	710,000,000 568,000,000 661,900,000	낙찰 (80%) (93%)	2015.09.23 (10:00)

낙찰 후 즉시 처분하여 시세차익을 올리기

초보 경매투자자는 권리상으로 안전한 물건들에 한해서 투자를 하는 것이 좋다. 그러나 권리상 안전한 물건을 최대한 싼 가격에 낙찰을 받는다는 것은 현실적으로 매우 어렵다. 비슷한 생각을 가진 투자자들 간의 경쟁이 심해졌기 때문이다. 그러나 지속적으로 입찰을 한다면 시세 대비 낮은 가격의 낙찰을 받을 기회는 온다. 다만 확률이 매우 낮을 뿐이다.

확률이 낮다고 무시할 이유는 없다. 꾸준히 법원을 찾을 여력이 되고 발품을 팔 형편이 된다면 지역과 상관없이 꾸준히 도전을 해볼 수 있다. 한 번에 여러 개의 물건에 동시 입찰을 하는 전략을 쓰는 것이 좋다. 단 이렇게 하기 위해서는 그만큼 많은 보증금이 필요하고 다양한 물건에 도전해야 하므로 투자금이 넉넉한 경우에 유리하다. 시세차익을 노리는 투자이므로 무엇보다 실거래가에 대한 확인은 필수이다. 낙찰 후에는 명도와 리모델링을 거친 뒤 빠르게 처분하여서 수익을 실현한다. 빌라, 오피스텔보다 아파트가 유리하다.

임대수익 내기

종자돈이 넉넉지 못하고 시세차익에 앞서 임대수익을 내고 싶은 투자자에게 적합하다. 임대수익을 내기 위한 경매투자를 할 때는 아파트, 빌라, 오피스텔, 상가를 두루 두드려 볼 수 있다. 임대수요가 높은 물건에 투자하는 것이 포인트이며 운이 좋으면 향후 시세차익도 더불어 가져올 수 있다.

임대수익을 목적으로 경매를 할 때는 대출, 보증금, 월세를 어떻게 계획하느냐에 따라서 수익률을 사전에 예측할 수 있다. 그리고 그것에 따라서 투자금액도 달라진다. 경우에 따라서 실 종자돈 없이 물건을 취득할 수도 있다. 최초의 투자금을 임대보증금으로 전액 회수할 수 있기 때문이다. 수익률에 따라서 낙찰가를 정하면 되기 때문에 시세차익을 목적으로 하는 경매보다 낙찰을 받을 수 있는 확률이 높다.

특수물건의 공략

특수물건을 공략하는 것은 경매 고수들의 영역이다. 특수물건이란 법정지상권, 지분매각, 유치권, 분묘물건 및 가짜 선순위 임차인 등 복잡한 권리관계가 얽여 있는 부동산을 뜻한다. 권리분석이 까다롭기 때문에 투자가 어렵지만 투자에 성공할 경우 큰 시세차익을 얻을 가능성도 높다.

특수물건의 공략을 경매 초보자가 하기 가장 어려운 이유는 권리분석의 문제도 있지만 자본 조달이 어려운 이유도 크다. 일반적인 물건과 달리 특수물건은 대출을 받는 것 자체가 어렵기 때문이다. 또한 단순하게 서류상의 분석만으로 될 일이 아니라 경매에 대한 수많은 경험과 협상력도 성공의 중요한 요소이다. 일반적으로 수익을 실현하기까지 투자금이 장기간 묶인다는 점도 일반 재테크를 하는 사람들에게 방해요인이 된다.

용도변경으로 수익률을 높이는 경매투자

조금은 적극적인 투자 방법이다. 가령 다가구 주택을 경매로 낙찰을 받은 후 고시원으로 전환을 한다든가 단독주택을 다가구로 용도를 전환하여 수익성을 개선하는 것이다. 빌라 1층을 상가로 전환하여 임대를 놓을 수도 있다.

관련 지식을 갖추고 실무에 대한 경험을 쌓으면 다양한 관점에서 시도해 볼 수 있다.

흥부야 재테크하자

처음의 질문으로 돌아가보자. 만약 어느 시중은행이 연 8%의 금리로 정기예금, 정기적금 상품을 판매한다면 당신은 그것을 어떻게 이용할 것인가?

A : 1천만 원 정기예금

B : 30만 원 적금

C : 예금 3천만 원 + 적금 10만 원

아직도 이렇게 소극적인 결정만 내려서는 곤란하다. 만약 이런 상품이 나온다면 은행에서 8%보다 낮은 금리로 대출을 최대한 받은 뒤 예금, 적금에 가입하는 것이 맞지 않을까? 은행과 개인의 먹고 먹히는 먹이사슬 관계가 뒤집히는 순간이므로 마다할 이유는 없다.

D : 최대한의 레버리지와 예금, 적금을 지속적으로 이용한 복

리 투자.

만약 전세를 살거나 자가 주택이 있다면, 담보설정을 해서 최대한 많은 대출을 받아 레버리지 투자를 할 수 있다. 사실 투자라고 보기도 어렵다. 금리가 높아서 그렇지 이 상품은 은행의 안전 자산이다. 대출이란 것에 막연한 두려움을 버리기 바란다.

물론 현실 세계에서 이런 은행 상품은 없다. 정상적인 시스템이라면 저렇게 높은 금리가 나올 리가 없다. 만약 나온다면 은행이 밑지는 장사를 한다는 뜻이고 거기에는 무언가 위험이 숨어 있을 확률이 높다.

하지만 은행만 벗어나면 찾아볼 여력은 충분하다. 투자의 결과는 절대 확신할 수 없지만 욕심을 내려놓으면 안정적인 구조 속에서 수익을 낼 방법은 많다. 한정된 지면에서 그것들을 모두 논하는 데 한계가 있을 뿐이다. 물론 각자의 노력도 필요하다. 앞서 은행을 벗어난 투자에 대해서는 기본적인 것들을 짚어 보았지만 주식, 펀드, 경매 등 투자에 대해서는 책에서 언급된 것 이외에 더 많은 공부를 하고 경험을 쌓아야 한다.

이 책의 역할은 기존의 재테크와 재무설계에 대한 통념을 깨고 자산 재테크라는 낯선 곳으로 안내를 하는 것이다. 그곳에는 자본경제의 승자들이 자신들만의 무기를 들고 풍요를 누리고 있다. 그리고 그들의 무기는 시중금리보다 높은 수익률을 거두는 투자다. 아직 제대로 된 무기가 손에 들려 있지는 않지만 그 세계를 알게 된 것만으로도 큰 수확이다. 이제부터 각자에 맞는 투자 무기를 구하고, 갈고 닦아서 승자의 반열에 서면 된다.

요즘은 정보가 필요하면 손에 들고 있는 스마트폰으로도 얼마든지 찾아서 자기 것으로 만들 수 있는 시대이다. 인터넷 기사, 포털 사이트. SNS에는 다양한 분야의 전문가, 준전문가들이 촘촘하게 포진해 있다. 옥석을 가려가며 다양한 재테크 전문가들이 하는 말에 귀를 기울이면 재테크와 투자에 대해서 직간접적으로 배울 것들이 정말 많다. 〈흥부야 재테크하자〉 카페 안에서도 기초적인 정보, 고급 정보 등 여러 유형의 보완할 정보가 오가고 있으므로 부족한 부분은 채울 수 있으리라 본다.

사실 투자와 재테크는 배워서 아는 것보다 의지와 실천이 중요하다. 이 책이 독자들에게 자산과 재테크에 대한 바른 관점을 심어주어 실행에 나설 수 있는 자극제가 되었으면 하는 마음이다. 그 결과 노동과 급여의 압박에서 벗어나고, 마지막엔 경제적 자유를 얻기 바란다. 흥부라고 자본사회에서 경제적으로 성공하지 말란 법은 없지 않은가.

흥부야! 재테크하자~

흥부야 재테크하자

지은이 윤효신

발행일 2016년 1월 20일

펴낸이 양근모

발행처 도서출판 청년정신 ◆ **등록** 1997년 12월 26일 제 10—1531호

주 소 경기도 파주시 문발로 115 세종출판벤치타운 108호

전 화 031)955—4923 ◆ **팩스** 031)955—4928

이메일 pricker@empas.com